Éléments de syntaxe du français

Méthodes d'analyse en grammaire générative

2e édition

ERRATUM

Veuillez noter qu'une erreur est survenue dans le processus de reconnaissance de caractères qui nous a permis de réaliser cette deuxième édition. À certains endroits, l'article « la » a été remplacé par « le », notamment aux pages 70, 71, 84, 87, 99, 101, 102, 156 et 213.

Christine Tellier

Éléments de syntaxe du français

Méthodes d'analyse en grammaire générative

2e édition

Catalogage avant publication de la Bibliothèque nationale du Canada

Tellier, Christine

Éléments de syntaxe du français : méthodes d'analyse en grammaire générative

2e éd.
Comprend des réf. bibliogr. et un index.

ISBN 2-89105-849-6

1. Français (Langue) – Syntaxe. 2. Français (Langue) – Grammaire générative. 3. Français (Langue) – Syntaxe – Problèmes et exercices. I. Titre.

PC2361.T45 2003 445 C2003-941261-X

Tableau de la couverture : ***Blues Floral***
Œuvre d'**André Prégent**

Né à Montréal en 1947, André Prégent poursuit une carrière comme cadre d'entreprise avant de se découvrir une véritable passion pour la peinture. Son objectif consistera désormais à traduire les émotions en couleurs, en formes et en lignes. Ses tableaux proposent souvent des formes qui, encadrées de lignes, créent une impression de vitrail.

On peut se procurer les œuvres d'André Prégent en communiquant avec lui à l'adresse électronique : cezanne44@hotmail.com

Mise en pages : Josée Brunelle

Gaëtan Morin Éditeur ltée
171, boul. de Mortagne, Boucherville (Québec), Canada J4B 6G4
Tél. : (450) 449-2369

Nous reconnaissons l'aide financière du gouvernement du Canada par l'entremise du Programme d'aide au développement de l'industrie de l'édition (PADIÉ) pour nos activités d'édition.

Gouvernement du Québec – Programme de crédit d'impôt pour l'édition de livres – Gestion SODEC.

Imprimé au Canada 1 2 3 4 5 6 7 8 9 0 12 11 10 09 08 07 06 05 04 03

Dépôt légal 3e trimestre 2003 – Bibliothèque nationale du Québec – Bibliothèque nationale du Canada

À Édith et à Raymond.

Je trouve que les faits sont suffisamment compliqués, Holmes, sans qu'il soit nécessaire d'y adjoindre des théories et autres foutaises.

L'inspecteur Lestrade, dans *Le mystère du Val Boscombe*, Arthur Conan Doyle.

En somme, on verra que l'homme ingénieux est toujours plein d'imagination, et que l'homme *vraiment* imaginatif n'est jamais autre chose qu'un analyste.

Edgar Allan Poe, *Double assassinat dans la rue Morgue.*

Table des matières

TROISIÈME PARTIE : CONTRAINTES

Avant-propos

Pourquoi peut-on dire, à propos d'une vieille maison, que *la porte en a été réparée*, que *la porte en semble ouverte*, mais pas que *la porte en grince* ? Qu'est-ce qui nous empêche, quand on peut affirmer d'un livre qu'il *nous a été donné, prêté, confié, rendu*, de dire aussi *qu'il nous a été fallu* ? Pourquoi, si la phrase *Quand as-tu dit que Sophie partirait* est ambiguë, la phrase *Quand as-tu dit que partirait Sophie* ne l'est-elle pas? Comment se fait-il que l'on puisse imaginer les étudiants se plaçant côte à côte dans *Les professeurs ont demandé aux étudiants de se placer l'un à côté de l'autre*, mais que ce soit impossible à envisager dans *Les professeurs ont promis aux étudiants de se placer l'un à côté de l'autre* ?

La langue est truffée, comme ça, de petits mystères. Mais comme le système nous est – ou nous paraît être – tellement familier (nous l'utilisons tous les jours, n'est-ce pas ?), il est fort probable que nous ne prêtons guère attention à ces faits qui sont là, à notre portée. Et c'est bien naturel : la plupart des Montréalais n'ont jamais visité l'oratoire Saint-Joseph, ni les Parisiens monté au sommet de la tour Eiffel.

Quand nous apprenons une langue étrangère, nous retrouvons un peu le regard curieux du touriste : nous cherchons à comprendre le système, nous nous étonnons de ce qu'il y ait deux verbes « être », l'un pour les propriétés permanentes et l'autre pour les états passagers, nous sommes fascinés par la structure d'une langue qui place son verbe à la fin dans les subordonnées et au début dans les principales. Mais notre intérêt pour le français, lui, est bien souvent utilitaire : nous voulons savoir quand utiliser le subjonctif, quelle est la préposition qui convient, comment accorder le participe passé lorsqu'il est suivi d'un verbe à l'infinitif.

À propos de l'accord du participe passé, on ne trouvera rien dans ce livre. Je vous propose plutôt que nous redevenions tous ensemble des touristes chez nous : nous allons nous demander pourquoi les choses qui nous paraissent aller de soi sont comme elles sont et pas autrement. Nous allons, en somme, considérer d'un œil nouveau les choses les plus familières et je vous promets que nous leur découvrirons des aspects fascinants dont nous ne soupçonnions même pas l'existence.

Mais un ensemble de faits, tout fascinant qu'il soit, reste une collection d'objets tant que l'on n'a pas réussi à y mettre un certain ordre et à entrevoir le système qui le sous-tend. Dans les aventures de Sherlock Holmes, il n'y a pas de relation *a priori* évidente entre la disparition d'un cheval de course et la couleur de la casquette du palefrenier. Le rapport ne peut être établi qu'au moyen d'une série d'hypothèses qui relient ces faits d'une manière cohérente. De la même façon, c'est à la lumière d'une théorie que nous allons examiner la structure syntaxique du français. Il existe, bien entendu, plus d'une théorie ; celle qui est utilisée ici est la grammaire générative transformationnelle, ou « grammaire chomskyenne», du nom de son fondateur. Le but visé n'est pas de la présenter dans son ensemble ni d'en exposer les nouveaux développements. Il s'agit surtout d'illustrer les méthodes d'analyse qui sont à la base de cette théorie et de montrer à l'aide d'exemples concrets comment ces analyses peuvent nous amener à mieux comprendre la structure de notre langue, voire des langues en général.

Parmi les étudiants qui suivent les cours d'introduction à la syntaxe dans nos universités, la linguistique est loin d'être la seule discipline à être représentée : on trouve aussi des étudiants en littérature, en communication, en orthophonie, et d'autres encore qui se destinent à la traduction, à la bibliothéconomie, à l'enseignement du français au secondaire ou au primaire. Bien que la syntaxe demeure une discipline linguistique et qu'elle implique de ce fait une dimension abstraite et un appareillage technique, j'ai tenté de faire en sorte que les étudiants de toutes ces disciplines puissent y trouver matière à accroître leur compréhension de la langue française et à stimuler leur intérêt tant pour le langage lui-même que pour le type d'argumentation qui peut être utilisé afin d'en découvrir la structure.

Chaque année, les notions de syntaxe présentées dans ce livre suscitent beaucoup de questions de la part des étudiants. C'est donc en grande partie grâce à leurs interventions que j'ai clarifié certains concepts, ajouté des détails d'analyse ou des faits pertinents, ou encore éliminé des discussions jugées trop spécialisées. Je les en remercie, en espérant que ce livre apportera quelques réponses à leurs questions.

PREMIÈRE PARTIE
STRUCTURES

1
Des enfants, des humanoïdes et du langage

Dans le film *Blade Runner,* dont l'action se passe en 2019, Harrison Ford incarne un policier membre d'une unité spéciale, les *Blade Runners,* dont la tâche consiste à traquer et à tuer quatre « réplicants » évadés d'une autre planète qui se cachent quelque part sur Terre. Les réplicants sont des robots ultra-perfectionnés en tout point identiques aux êtres humains, ce qui fait problème lorsqu'il s'agit de les identifier. Mais les réplicants n'ont pas d'émotions et ils partagent tous les mêmes souvenirs d'enfance, qui ont été implantés dans leur mémoire. Dès lors certains indices, comme l'absence de dilatation de la pupille dans des situations de stress ou la découverte de fausses photos de famille, permettront au policier de les repérer et de les éliminer.

Le scénario que nous allons imaginer, quoique nettement moins violent, est analogue. Supposons que les Martiens ont réussi à créer un prototype parfait d'humanoïde, qu'ils veulent envoyer sur Terre afin de le mêler discrètement à la population. L'humanoïde est intelligent, c'est-à-dire qu'il peut prendre des initiatives et qu'il est doué d'une capacité d'abstraction; toutes ses fonctions biologiques sont programmées, mais il lui manque encore les comportements sociaux et le langage. Un Martien est donc envoyé en éclaireur sur Terre afin de rassembler les renseignements nécessaires au perfectionnement des humanoïdes: il s'agit pour lui de découvrir, par l'observation du comportement des Terriens, quelles sont les règles qui régissent la société.

Dès son arrivée à Montréal, notre observateur extraterrestre s'applique à comprendre le fonctionnement du code de la route. Un examen attentif du comportement des automobilistes lui permet de dégager un certain nombre de constantes sur ce qu'il est permis et interdit de faire en matière de circulation. Il conclut ainsi qu'il faut avancer au feu vert, que le passage est interdit au feu rouge, qu'il est permis de doubler une voiture et qu'il vaut mieux ne pas garer son véhicule devant une borne-fontaine. Mais le rapport du Martien sur le code de la route pourra faire état d'autres règles, tirées elles aussi de l'observation des comportements humains. Ainsi, il pourrait bien conclure (à tort, évidemment) qu'il n'est pas obligatoire d'actionner le clignotant pour indiquer un changement de voie, que la limite de vitesse est chose flexible, que le panneau «arrêt» peut signifier aussi bien un ralentissement à peine perceptible qu'une immobilisation complète, et enfin, que les feux de circulation ne concernent ni les cyclistes ni les piétons du centre-ville.

Satisfait de son rapport sur le code de la route, le Martien s'attaque maintenant au fonctionnement de la langue. Comment s'y prend-il pour décoder les règles du français ? Après avoir fait l'inventaire des sons et de leurs combinaisons, il doit établir comment les mots s'agencent entre eux. Il détermine, dans un premier temps, à quelles catégories grammaticales appartiennent les mots: s'agit-il de noms, d'adjectifs, de verbes, d'adverbes ?

Vient ensuite la structure : comment les suites de mots se regroupent-elles ? Par exemple, à partir des phrases suivantes, entendues dans les transports en commun :

> *Le prochain arrêt est Côte-des-Neiges.*
> *Tout le monde descend !*
> *Le service sur la ligne bleue sera temporairement interrompu.*

il pourra conclure que les suites *le prochain arrêt, tout le monde* et *le service sur la ligne bleue* ont la même distribution et que ce sont des groupes de même catégorie. (À vrai dire, il lui faudra entendre beaucoup plus de trois phrases pour arriver à cette conclusion. Mais il y arrivera, et c'est là l'essentiel. Pour le reste, prenons la liberté de faire un télescopage temporel, radical certes, mais non sans précédent : dans le film *Autant en emporte le vent,* la guerre de Sécession ne dure-t-elle pas moins de quatre heures ?)

De la même façon, notre Martien pourra conclure, toujours en se basant sur les phrases données plus haut, que les mots *le* et *la* se rattachent à ce qui suit et non à ce qui précède.

Curieux, il voudra sans doute aussi savoir pourquoi son voisin dans le métro sourit en lisant dans son journal ces petites annonces (authentiques !) :

> *Je veux partager mon appartement avec laveuse-sécheuse.*
> *Désire acheter jeux Lego pour enfants usagés.*
> *Logement à partager avec dame possédant auto, de 9 heures à midi.*
> *Manteau de cuir noir trois-quarts pour homme réduit.*

Enfin, dans une conversation entendue à la sortie d'une polyvalente, il relève les phrases suivantes :

> *Tu as embrassé qui ?*
> *Qui as-tu embrassé ?*
>
> *Elle a copié sur qui ?*
> *Sur qui a-t-elle copié ?*

Ayant remarqué que le locuteur qui prononce ces phrases reçoit toujours une réponse, il conclura que ces phrases sont des interrogatives, et il observera qu'elles contiennent un mot ou un groupe de mots qui commencent souvent par *qu-*. Il appellera ces mots des « mots interrogatifs », et notera à juste titre qu'ils peuvent se trouver soit en tête de phrase, soit dans leur position « normale » (derrière le verbe, dans la position où se trouverait le complément non interrogatif correspondant). D'autres phrases, comme celles de l'exemple ci-dessous, l'amènent à conclure qu'avec certains verbes le mot interrogatif se trouve non pas en tête de phrase, mais en tête de la proposition subordonnée :

> *Tu ne devineras jamais qui j'ai embrassé !*
> *Le prof se demandait sur qui elle avait copié.*

Notre Martien rencontre aussi des cas plus complexes :

> *Tu dis que Steph raconte que Nathalie pense que j'ai embrassé qui ?*
> *Qui tu dis que Steph raconte que Nathalie pense que j'ai embrassé ?*

Satisfait des observations recueillies, il définit pour sa grammaire du Terrien la règle de l'interrogation :

Terrien 101 – règle de l'interrogation

> *Un mot (ou groupe de mots) interrogatif en tête de phrase peut se trouver à n'importe quelle distance de l'endroit qui correspond à sa position « normale ».*

Quelques années plus tard...

Le premier humanoïde en provenance de Mars se pose rue Mont-Royal. Il a bon espoir de pouvoir garder l'incognito : en effet, il connaît parfaitement le guide du Terrien et toute la grammaire du Terrien préparée par son compatriote a été implantée dans son cerveau. Il décroche immédiatement un emploi (nous sommes ici dans un univers fictif !), s'achète une maison et une voiture, se fait des amis et prend part à toutes les conversations sans jamais éveiller le moindre soupçon. Jusqu'au jour où, mettant en pratique trois fois de suite la règle de l'interrogation au cours d'une conversation, il formule les questions suivantes :

> *Quel garçon se demandait-elle à qui j'avais présenté ?*
> *De qui ont-ils émis l'hypothèse que nous nous inspirerions ?*
> *À quel étudiant Julie connaît-elle le prof qui a donné A+ ?*

Étrange. Moins d'une heure plus tard, à la suite d'un appel anonyme, l'humanoïde est escorté, menottes aux mains, vers un fourgon blindé par une unité spéciale de policiers qui veulent seulement l'interroger. Des *Blade Runners*...

On pourrait penser que le jeune enfant se trouve dans une situation comparable à celle du Martien de notre histoire. Il doit, à partir des phrases formulées par son entourage, découvrir les règles de la langue afin de pouvoir à son tour former des phrases. On n'enseigne pas au jeune enfant que *la table* et *mon nounours* sont des groupes de mots de même catégorie syntaxique : l'enfant arrive de toute évidence à cette conclusion par lui-même et il ne lui viendrait pas à l'esprit d'utiliser ces groupes de mots comme s'il s'agissait de verbes.

Comme le Martien donc, l'enfant ne reçoit pas – du moins au cours des premières années – d'instruction explicite quant aux règles de sa langue. Il y a toutefois entre les extraterrestres et le jeune enfant une différence fondamentale : ce dernier ne conclut *jamais* que les trois interrogatives ci-dessus sont possibles en français. On pourrait, bien sûr, rétorquer qu'un enfant qui commettrait ces erreurs serait aussitôt corrigé, ce qui l'amènerait à éliminer de son langage ce type de phrases. Or, les études consacrées aux erreurs dites de surgénéralisation chez les enfants (p. ex. *sontaient* à partir de *sont, disez* par analogie avec *visez,* etc.) ne signalent pas l'existence, à quelque stade que ce soit dans le langage des enfants, d'interrogatives erronées de ce type. Par ailleurs ces mêmes études montrent que le langage des enfants est très peu influencé par les corrections apportées par l'entourage : il suffit pour s'en convaincre de constater combien de temps *sontaient* persiste dans le vocabulaire enfantin en dépit des efforts combinés des parents et des professeurs !

Pourquoi l'enfant qui apprend le français, contrairement aux Martiens, ne commet-il jamais certains types de fautes ? Et comment expliquer le fait qu'un adulte francophone qui entend les trois interrogatives données plus haut sait immédiatement qu'elles sont impossibles en français ?

Ce sont là des questions importantes, mais auxquelles les grammaires traditionnelles n'apportent pas de réponse. De même que, dans le code de la route, les interdictions sont aussi fondamentales, sinon plus, que ce qui est permis, de même une partie essentielle de la connaissance d'une langue consiste à savoir ce qui est impossible. Or les grammaires traditionnelles s'intéressent aux constructions attestées (même lorsqu'elles nous exhortent à ne pas les employer), et non pas aux constructions impossibles et, de ce fait, jamais attestées. Ces grammaires ne seraient d'ailleurs d'aucune utilité à notre Martien (ni à l'enfant, bien sûr) puisqu'elles *présupposent* une connaissance de l'objet dont il cherche à découvrir le fonctionnement, en l'occurrence la langue française.

À la différence de la grammaire traditionnelle, la grammaire générative du linguiste américain Noam Chomsky place ces questions au centre de ses préoccupations. La grammaire générative diffère également de la grammaire traditionnelle en ceci qu'elle tente de décrire ce que les langues humaines ont en commun. En effet, l'une des observations qui guide la recherche en grammaire générative est que les langues du monde, en dépit de leur diversité apparente, sont en fait très semblables dans leurs propriétés fondamentales. Par analogie, il suffit de penser qu'entre le nez de Cléopâtre et celui de Cyrano il s'en trouve une belle variété : nez crochus, épatés, aquilins, en trompette, busqués, retroussés, pointus. Mais ces nez, si différents qu'ils soient, comportent tous du cartilage et deux narines, et aucun nez humain n'est doté d'une extrémité préhensile. De la même façon, tous les êtres humains utilisent des langues qui peuvent différer dans leur forme ; mais aucune langue humaine n'est dotée d'un processus qui consisterait, par exemple, à prononcer la phrase à l'envers pour signifier l'interrogation. L'école de Chomsky parle ainsi d'une « grammaire universelle » unique, dont les différentes manifestations sont les langues naturelles. Il s'agit donc de déterminer ce qui caractérise une langue humaine : quelles formes elle peut prendre et dans quelles limites elle peut varier.

L'objectif de ce livre est beaucoup plus modeste puisqu'il y est presque exclusivement question du français. Néanmoins la démarche adoptée est celle de la grammaire générative. Nous décrivons, au moins en partie, le fonctionnement d'une langue – le français – avec la curiosité du Martien et le génie langagier de l'enfant. En d'autres termes, nous abordons la description du français à partir d'un double point de vue. En tant qu'observateurs linguistes, nous définirons de façon systématique et précise les règles que les locuteurs appliquent inconsciemment lorsqu'ils émettent ou entendent des phrases. Nous découvrirons ainsi ce qu'il est *possible* de faire lorsque l'on construit une phrase en français. En tant que locuteurs du français et en tant que possesseurs de la grammaire universelle, nos intuitions sur le caractère bien ou mal formé des phrases nous permettront de fixer les limites du français : nous déterminerons ainsi ce qu'il est *impossible* de faire lorsque l'on veut formuler une phrase dans cette langue.

2
L'objet d'étude en syntaxe

2.1. Un organe langagier?

La structure des phrases est innée, mais la pleurnicherie est acquise.
Woody Allen, *Side Effects.*

L'idée qu'il existe dans le cerveau de tout être humain un « organe langagier » est à la base de la théorie de Noam Chomsky, fondateur de la *grammaire générative.* Selon Chomsky, l'enfant dès la naissance serait doté d'une *grammaire universelle,* c'est-à-dire d'un ensemble de règles générales qui guident son apprentissage de la langue. À quoi ressemblent ces règles? Elles sont (comme celles du code de la route) de deux types: celles qui dictent ce que l'on *doit* trouver dans une langue et celles qui dictent ce que l'on ne *peut pas* trouver dans une langue. Ainsi, en admettant que les phrases interrogatives émises par l'humanoïde de notre histoire n'existent dans aucune langue, on fera l'hypothèse que les règles suivantes font partie de la grammaire universelle:

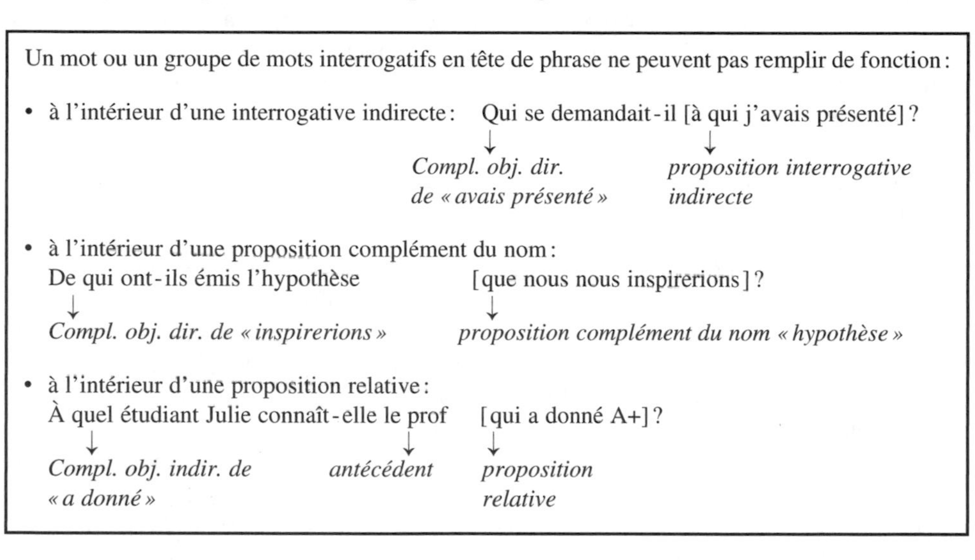
Un mot ou un groupe de mots interrogatifs en tête de phrase ne peuvent pas remplir de fonction:

- à l'intérieur d'une interrogative indirecte: Qui se demandait-il [à qui j'avais présenté]?
  Qui ↓ *Compl. obj. dir. de « avais présenté »* — [à qui j'avais présenté] ↓ *proposition interrogative indirecte*
- à l'intérieur d'une proposition complément du nom:
  De qui ont-ils émis l'hypothèse [que nous nous inspirerions]?
  De qui ↓ *Compl. obj. dir. de « inspirerions »* — [que nous nous inspirerions] ↓ *proposition complément du nom « hypothèse »*
- à l'intérieur d'une proposition relative:
  À quel étudiant Julie connaît-elle le prof [qui a donné A+]?
  À quel étudiant ↓ *Compl. obj. indir. de « a donné »* — le prof ↓ *antécédent* — [qui a donné A+] ↓ *proposition relative*

Si l'enfant ne produit ces phrases à aucun stade de son acquisition du langage, c'est précisément parce que ces constructions sont exclues d'emblée par les règles de la grammaire universelle. Autrement dit, la grammaire universelle, qui comprend les règles de l'encadré, agit comme un filtre qui, sans que le locuteur en soit conscient, empêche la production d'un certain nombre de phrases.

L'hypothèse qu'il existe une grammaire universelle innée nous amène à penser qu'une composante spécifique du cerveau régit le langage. La faculté de langage serait par conséquent distincte des autres facultés cognitives comme la vision, l'orientation spatiale, la capacité d'abstraction, etc. C'est ce que l'on appelle la thèse de *l'autonomie du langage.* Comment peut-on montrer que le langage est autonome par rapport aux autres facultés cognitives ? Il est impossible de prélever lors d'une autopsie l'« organe » langagier comme on pourrait le faire du cœur ou du pancréas. Il faut donc observer le comportement des êtres humains, et en particulier leur comportement pathologique : un dysfonctionnement des facultés cognitives entraîne-t-il nécessairement un dysfonctionnement langagier, et inversement ? Non, répondent les chercheurs qui se sont penchés sur ce problème. Des chercheurs britanniques ont rapporté récemment le cas de Christopher, un homme d'une trentaine d'années vivant dans un établissement de santé et dont le quotient intellectuel oscille autour de 65. Cet homme, incapable d'accomplir les tâches simples de la vie quotidienne, fait cependant preuve d'un talent linguistique remarquable : ainsi, il est capable de traduire un texte anglais oralement dans 15 ou 16 langues différentes et ce, à la vitesse que prendrait normalement un anglophone à lire le texte. Le cas de Christopher est un cas extrême ; mais il montre clairement que les capacités cognitives peuvent être déficientes sans que la faculté de langage le soit nécessairement.

Les recherches en aphasiologie démontrent que l'inverse est également vrai : la faculté de langage peut être dysfonctionnelle alors que les autres capacités cognitives sont normales. On sait qu'une lésion ou un traumatisme au cerveau peuvent provoquer des troubles du langage, c'est-à-dire une *aphasie.* Or, dans de nombreux cas de lésions locales, seul le langage est affecté, les autres capacités cognitives demeurant intactes. Le déficit peut même toucher seulement une partie ou un aspect du langage : par exemple, la syntaxe peut se trouver réduite alors que la phonologie n'est pas atteinte. Le cas des aphasiques montre non seulement que la faculté de langage est distincte des autres facultés cognitives, mais aussi qu'elle a bien un ancrage biologique, puisque des lésions dans des régions données du cerveau provoquent des déficits langagiers spécifiques.

Le cas de la famille britannique KE, étudié au cours des dernières années, montre de manière encore plus convaincante que le langage est non seulement autonome par rapport aux autres facultés cognitives, mais qu'il a bien une assise génétique. Dans cette famille, sur plusieurs générations, environ la moitié des membres naissent avec un déficit langagier qui affecte non seulement l'articulation de la parole, mais aussi la capacité de juger et de comprendre certaines phrases (notamment les phrases complexes). Les recherches montrent que ce déficit n'est pas en corrélation avec l'intelligence, et qu'il ne s'agit pas strictement d'un problème de motricité. Tout récemment, les chercheurs ont découvert un gène (baptisé « FOXP2 ») ayant subi une mutation chez tous les membres de la famille atteints du déficit langagier. Tout porte donc à croire que ce gène joue un rôle crucial dans le développement de certains aspects du langage.

Cette importante découverte génétique vient corroborer de manière frappante l'hypothèse de l'innéisme avancée par Chomsky dès la fin des années cinquante. Pour étayer sa thèse, Chomsky avançait des arguments qui, quoique convaincants, étaient de nature abstraite : ils visaient à montrer qu'une langue ne peut pas être acquise uniquement par induction (c'est-à-dire par généralisation à partir des phrases entendues). Autrement dit, à moins de postuler l'existence d'une grammaire universelle innée, on ne peut pas expliquer comment les locuteurs parviennent à découvrir la «bonne» grammaire pour leur langue.

Le Martien, on s'en souvient, ne peut acquérir la grammaire du Terrien qu'en généralisant à partir des phrases entendues. Nous avons déjà vu que certaines des généralisations qu'il formule à partir de ses observations sont fausses. Or les locuteurs natifs du français (c'est-à-dire ceux dont le français est la langue maternelle) ne tombent pas dans ce panneau. Pourquoi ? Le thèse voulant que l'enfant et le Martien apprennent la langue de la même façon, c'est-à-dire uniquement par induction, n'explique pas du tout la différence de comportement.

Prenons un autre exemple. Demandons à des francophones d'examiner les phrases suivantes :

Voici les livres que tu as rangés sans même avoir lus.
Quels sont les livres que tu as rangés sans même avoir lus ?
Tu ne devrais pas ranger ces livres sans même avoir lus.
Tu ne devrais pas les ranger sans même avoir lus.

La plupart des locuteurs affirmeront que les deux premières phrases, bien que légèrement marginales, sont possibles en français et que les deux dernières sont absolument impossibles. (Les locuteurs s'accorderont aussi pour dire que si l'on remplaçait *sans même avoir lus* par *sans même les avoir lus,* les deux dernières phrases seraient acceptables. L'ajout du pronom *les* est possible dans les deux premières phrases aussi, mais il n'est pas nécessaire pour que les phrases soient bien formées.)

Les deux premières phrases sont ce que l'on appelle des *constructions à vides parasites.* Elles contiennent chacune deux verbes (ici, *ranger* et *lire*) ; le complément du second verbe, même s'il n'est pas exprimé, a une interprétation identique au complément du premier verbe. Ces constructions sont soumises à certaines contraintes syntaxiques : en particulier, le complément du premier verbe doit être relativisé ou questionné. Voilà pourquoi les deux dernières phrases sont mal formées. Ce qu'il y a d'intéressant dans ces constructions, c'est qu'elles sont rarement employées (essayez, pour voir, d'en trouver des exemples dans les journaux ou les magazines !). En outre, ces constructions ne sont pas enseignées : on n'en fait mention ni dans les cours de français à l'école ni dans les grammaires traditionnelles. En fait, il y a fort à parier que la plupart d'entre vous, qui êtes pourtant en mesure de départager ces quatre phrases, n'aviez jamais lu ou entendu ce type de construction auparavant ! Comment se fait-il donc que vous et moi, locuteurs du français, ayons des intuitions claires sur ces phrases ? Comment pouvons-nous distinguer, parmi les quatre phrases ci-dessus, celles qui sont bien formées de celles qui sont mal formées ? Comment se fait-il que nous ayons tous pu apprendre cela à notre insu ?

Ces exemples nous forcent à admettre que les locuteurs ont de leur langue une connaissance qui va bien au-delà de ce qui est accessible et généralisable à partir des seules phrases entendues dans leur entourage. Autrement dit, pour certaines connaissances, le stimulus (les données à partir desquelles on pourrait dégager une règle) est inexistant. L'explication la plus plausible de ce phénomène consiste à dire que ces connaissances ne résultent pas d'un apprentissage, mais qu'elles proviennent directement d'une grammaire universelle qui fait partie de notre patrimoine génétique. Pour mesurer pleinement la force de cet argument basé sur *l'absence du stimulus,* revenons encore une fois à notre Martien : il est plus que probable que, quand bien même il resterait vingt ans à Montréal ou à Clermont-Ferrand pour parfaire sa grammaire du Terrien, il ne tomberait jamais sur de telles phrases et que, par conséquent, il n'aurait aucun moyen de soupçonner l'existence d'une règle que chacun d'entre vous vient d'appliquer inconsciemment en évaluant ces phrases.

2.2. Grammaticalité

Les jugements qui viennent d'être portés par les locuteurs du français sur les phrases à vides parasites sont des *jugements de grammaticalité.* On s'adresse généralement aux locuteurs natifs pour obtenir ce type de jugement, parce que les intuitions qu'un locuteur peut avoir des phrases dans une langue seconde, apprise plus tard et souvent de façon formelle, ne sont jamais aussi fines ni aussi claires que celles qu'il a des phrases dans sa langue maternelle.

Les phrases que les locuteurs natifs jugent bien formées, c'est-à-dire conformes à la syntaxe de leur langue, sont dites *grammaticales* ; les phrases mal formées sont dites *agrammaticales.* (Il y a aussi des phrases de statut intermédiaire, c'est-à-dire considérées comme plus ou moins grammaticales ou comme douteuses.) L'étude des règles de la langue en syntaxe générative s'appuie sur les jugements de grammaticalité des locuteurs natifs. Comme nous l'avons vu pour les constructions à vides parasites et pour les malheureuses interrogatives de l'humanoïde, les locuteurs (humains !), s'ils ne sont pas nécessairement conscients des règles qu'ils appliquent, n'éprouvent en revanche aucune difficulté à évaluer la grammaticalité des phrases. Ainsi, n'importe lequel d'entre nous peut déterminer que «ça ne tourne pas rond» dans le moteur de sa voiture ou dans son estomac ; il n'est pas nécessaire pour cela de pouvoir décrire le fonctionnement des bougies ni le rôle de la pepsine dans la digestion des protéines. De même qu'il revient au garagiste et au médecin de déterminer la nature du problème en vertu de ce qu'il sait du fonctionnement normal du moteur et du système digestif, de même c'est au linguiste qu'il appartient de dégager les règles intériorisées par chaque locuteur et d'indiquer en quoi les phrases agrammaticales ne sont pas conformes à ces règles.

Les phrases ci-dessous sont considérées agrammaticales par les locuteurs du français. Suivant l'usage, nous emploierons l'astérisque pour marquer les phrases agrammaticales.

* *Une de Nirvana chanson à la radio joue.*
* *Est mort durant la nuit.*
* *Cette eau pleut.*
* *Sébastien attribue toujours à Newton.*

Il est très important de faire la distinction entre les jugements qui portent directement sur les règles régissant la forme des phrases (jugements de grammaticalité) et tous les autres jugements que nous sommes en mesure de porter sur les phrases, mais qui mettent en jeu des connaissances autres que celles de la syntaxe. Par exemple, un locuteur jugera peu naturelle une phrase qui renferme des mots ou des constructions appartenant à des *registres* ou *niveaux de langue* différents (par exemple vulgaire, familier, soutenu). Ce type de mélange est d'ailleurs exploité à des fins humoristiques par Raymond Queneau dans *Les œuvres complètes de Sally Mara* (Gallimard, 1962), d'où sont tirées les deux citations ci-dessous :

> *[...] je n'allais pas tomber entre les mains d'un sagouin qui profiterait de ma situation délictueuse pour abuser de mes charmes et se livrer sur moi à des actes malhonnêtes comme me tirer les cheveux ou me faire panpan sur le tutu.* (P. 38.)
>
> *Soudain un cri déchirant s'élança dans le silence de la nuit et me foutit une trouille verte.* (P. 88.)

Ces jugements ne font pas appel à notre connaissance des règles de la langue, mais plutôt à notre connaissance des convenances linguistiques, en quelque sorte. Cette connaissance de « ce qui va ensemble » n'a rien à voir avec la langue en tant que telle ; elle nous empêche tout aussi bien d'assortir robe de mariée et bottes de caoutchouc que d'insérer les dernières blagues un peu crues de l'oncle Fernand au beau milieu d'une soutenance de thèse.

Il en va de même lorsque les jugements des locuteurs portent sur le *style* d'une phrase. Les jugements de grammaticalité ne sont pas des jugements esthétiques : certaines phrases peuvent être maladroites sans être pour autant agrammaticales. De la même façon, des phrases qui agacent par leur style ampoulé peuvent très bien être conformes aux règles syntaxiques de la langue. Citons à titre d'exemple un jeu qui consiste à paraphraser, dans le style le plus abscons possible, des proverbes bien connus. Le jeu consiste à remplacer les mots par leur définition, de préférence obscure et ressemblant à une définition scientifique. En voici un exemple, attribué à Louis Timbal-Duclos (à vous de deviner de quel proverbe il s'agit) :

> *Un conglomérat sédimentaire effectuant un mouvement descendant en vertu de l'accélération de la pesanteur ne se voit couvert d'aucun matériau végétal additionnel.*

Les locuteurs ne parlent pas habituellement de cette façon, et une telle phrase placée dans une conversation ordinaire serait d'un effet pour le moins inattendu. Mais il s'agit uniquement d'une question de style : pour ce qui est des règles de la syntaxe, la phrase est évidemment bien formée et parfaitement grammaticale.

Il arrive parfois que certaines phrases sont rejetées par les locuteurs natifs non pas à cause de leur forme, mais uniquement de leur sens. Il peut s'agir de phrases ininterprétables ou encore de phrases qui renferment des contradictions sémantiques, comme dans les exemples suivants :

D'incolores idées vertes s'installent furieusement.
Il était marié avec une veuve célibataire.

Ces phrases sont bien formées du point de vue de la syntaxe, mais mal formées du point de vue de la sémantique. Elles doivent donc être classées parmi les phrases grammaticales et l'étude des facteurs qui entraînent leur rejet n'est pas du ressort de la syntaxe. (Nous verrons cependant au chapitre 5 que les syntacticiens ont été amenés à intégrer *certains* aspects de la sémantique des phrases dans leurs analyses syntaxiques.)

Enfin, il faut se garder de confondre les jugements de grammaticalité avec les jugements de valeur que l'on peut porter sur la correction d'une variété de langue par rapport à une autre considérée comme plus prestigieuse. De tels jugements sont des jugements *normatifs* ; or, comme on le sait, la norme linguistique a beaucoup plus à voir avec un idéal socioculturel qu'avec le fonctionnement de la langue proprement dit. Nous y reviendrons dans la prochaine section. Disons pour l'instant qu'une façon de s'assurer que les jugements portent bien sur la grammaticalité d'une phrase et non sur son appartenance à une variété plus ou moins prestigieuse socialement est de se demander si un humanoïde en provenance de Mars pourrait la prononcer sans que l'on détecte immédiatement en lui l'étranger, voire l'extraterrestre. Ainsi, dans n'importe quel pays francophone, les phrases ci-dessous n'éveilleraient probablement pas le moindre soupçon :

Les phonologues, c'est souvent des gens sympathiques.
Ils ont rien voulu que je leur dise.
Je vais pas vous le briser, votre vélo, qu'elle me dit, la dame.

Des phrases de ce genre sont cependant condamnées sévèrement par certains puristes, notamment René Georgin dans *Pour un meilleur français* (1953). L'auteur fait remarquer qu'en bon français le verbe *être* dans la première phrase doit s'accorder en nombre avec son attribut, que *rien* dans la seconde phrase ne doit pas se trouver dans la proposition principale, et que la troisième phrase cumule des fautes propres au français populaire, « cette langue maladroite et hésitante » (p. 270) : absence du *ne* de négation, reprises pronominales (*le… votre vélo, elle… la dame,* « ces pléonasmes d'insistance qui deviennent vite lassants » [p. 266]) et addition d'un *que* « dépourvu de sens et difficile à identifier [...] introduit pour éviter l'inversion » (p. 269). Notre Martien aurait-il pu se douter que cette petite phrase, pourtant courante et acceptée par tous les locuteurs de son entourage, méritait une peine aussi infamante ?

En résumé, les phrases grammaticales sont celles que les locuteurs d'une communauté linguistique donnée considèrent comme conformes aux règles de la langue (ou de la variété de langue) parlée dans leur communauté. Le travail des linguistes et, en particulier, des syntacticiens consiste à décrire et analyser la langue parlée par les locuteurs, et non pas à donner des règles et des préceptes visant à définir le bon usage en matière de langue. En d'autres termes, la syntaxe, en tant que partie de la linguistique, est descriptive et non pas *normative* ou *prescriptive.*

2.3. Norme, variation, dialectes

> Ce ne sont pas ici des lois que je fais pour notre langue de mon autorité privée. Je serais bien téméraire, pour ne pas dire insensé ; car à quel titre et de quel front prétendre un pouvoir qui n'appartient qu'à l'usage, que chacun reconnaît comme le maître et le souverain des langues vivantes ? [...] Il y a sans doute deux sortes d'usages, un bon et un mauvais. Le mauvais se forme du plus grand nombre de personnes, qui presque en toutes choses n'est pas le meilleur, et le bon au contraire est composé non pas de la pluralité, mais de l'élite des voix, et c'est véritablement celui que l'on nomme le maître des langues. [...] Voici donc comment on définit le bon usage : c'est la façon de parler de la plus saine partie de la Cour.
>
> Vaugelas, *Remarques sur la langue françoise*, 1647.

De même qu'il existe plusieurs formes de nez dont certains sont jugés plus beaux que d'autres selon les cultures et selon les époques, de même en français les diverses variétés ou *dialectes* ne jouissent pas d'un égal prestige. Ces variétés sont définies selon deux axes qui se recoupent : l'axe social et l'axe régional. Ainsi, dans une région donnée, le français dit « standard » est une variété socialement valorisée qui s'oppose au français dit « populaire », lequel ne jouit évidemment d'aucun prestige. Dans l'axe régional, on distingue plusieurs variétés distribuées géographiquement (français hexagonal, français de Belgique, d'Afrique, du Maghreb, de l'Acadie, du Québec, etc.) : bien entendu ici aussi, une variété peut être considérée comme plus prestigieuse, auquel cas elle constituera le français « standard » par opposition au français « régional ». Cette variété prestigieuse ou « standard » constitue dorénavant la norme par rapport à laquelle les autres variétés sont évaluées (ou, plus souvent, dévaluées).

On entend parfois dire des phrases suivantes que ce n'est pas français :

À qui que tu parlais au téléphone hier ?
Je sais pas qu'est-ce que tu pensais.

Il faudrait plutôt dire que ce n'est pas du français *standard*. En effet, des phrases de ce type seraient inacceptables dans un contexte qui exige la variété standard (par exemple, une entrevue avec le premier ministre au journal télévisé), que ce soit au Québec, en France ou dans toute autre communauté francophone. Mais ces phrases sont bien formées et courantes – donc, grammaticales – dans d'autres variétés de français, notamment le français populaire parlé en France et au Québec. Et, bien sûr, avec de telles phrases, un humanoïde a toutes les chances de se faire passer pour un locuteur natif aussi bien rue Saint-Laurent que dans un bistrot à Ménilmontant. (Rappelons-nous que la mission de l'humanoïde consiste à ne pas être reconnu : il ne tient pas particulièrement à ce qu'on le prenne pour un universitaire ou un aristocrate !) Les jugements de grammaticalité sont donc relatifs à une communauté donnée et à une variété de langue donnée. Ainsi, comme nous l'avons vu, les deux phrases énoncées plus haut sont parfaitement grammaticales en français populaire québécois et hexagonal. En revanche, les deux phrases ci-dessous contreviennent aux règles du français populaire québécois et hexagonal (et, bien sûr, à celles du français standard) : elles sont agrammaticales dans ces variétés.

* *Quand à qui que tu parlais au téléphone ?*
* *Je sais pas qu'est-ce que pensais-tu.*

Chaque région où le français est parlé possède sa variété standard et sa variété populaire. Comme les variétés standard sont régies par une norme, elles évoluent moins rapidement et, par conséquent, elles se ressemblent d'une région à l'autre : ainsi, le français standard du Québec se rapproche du français standard parlé en France, mais les deux ne sont pas identiques. Les différences les plus évidentes sont d'ordre phonologique et lexical, mais on y trouve également des différences syntaxiques.

Les variétés de français partagent une même grammaire, mais elles ont aussi des règles qui leur sont propres. L'étude des différences syntaxiques entre les langues ou les dialectes d'une même langue est la *syntaxe comparative.* Nous ne comparerons pas systématiquement les différentes variétés de français dans ce livre ; cependant nous indiquerons à l'occasion les différences syntaxiques entre le français standard et le français populaire, notamment à propos des interrogatives et des relatives (chapitre 8).

En conclusion, tout locuteur peut porter des jugements de grammaticalité sur la variété de langue qu'il a acquise dans son enfance. Toutes les langues et toutes les variétés de langue, qu'elles soient prestigieuses ou non, écrites ou non, comportent des règles syntaxiques que les locuteurs appliquent de façon consciente ou inconsciente. Les phrases conformes aux règles d'une variété de langue sont grammaticales ; les autres sont agrammaticales. Ainsi, la notion de grammaticalité est relative à une variété de langue et elle est totalement indépendante de la notion de norme linguistique.

2.4. Compétence et performance

Comme nous l'avons vu au chapitre 1, l'emploi de certaines constructions fautives (en l'occurrence, des interrogatives agrammaticales) est susceptible d'empêcher les humanoïdes de passer inaperçus sur Terre. Cela tient au fait qu'aucun locuteur humain ne prononcerait de telles phrases. Mais si, comme le veut l'adage, l'erreur est humaine, on peut s'attendre à la trouver tout aussi bien dans le langage. La question est donc de savoir si les locuteurs natifs commettent des fautes de langage.

Il suffit d'écouter n'importe quelle conversation pour se rendre compte que les phrases émises ne sont pas toutes parfaites. Par exemple, alors que, dans toutes les variétés de français, la phrase doit comporter un sujet, on entend couramment des dialogues comme celui-ci :

– *Tu sais où est le plombier ?*
– *Parti en vacances. Va falloir que tu répares le tuyau toi-même.*

De même, en conversation, les phrases peuvent comporter des faux départs, des reprises, des corrections ; il peut même s'agir de phrases incomplètes. En voici des exemples :

On doit... il faut... d'habitude on met une... un astérisque devant une phrase fausse, non c'est pas ça, c'est quoi le terme déjà ? Ah oui, agrammaticale.

J'ai parlé au téléphone avec Éric, euh... je veux dire le frère d'Éric.

Quoi ? Enfin, de quel droit ? Non mais... ! Si je ne me retenais pas, tiens... !

On peut affirmer que ces phrases ne sont pas conformes aux règles, puisqu'une proposition principale doit contenir un seul sujet et un seul verbe (et non pas trois sujets et trois verbes, comme dans la première phrase ci-dessus). Les règles du français exigent aussi que le nom soit précédé d'un seul déterminant (article), alors que, dans cette première phrase, il y en a deux devant le nom *astérisque.*

Mais les locuteurs natifs qui entendent ces phrases passent par-dessus ce type d'erreurs, qui sont des erreurs dites de *performance.* Chacun sait que le locuteur qui les prononce connaît très bien les règles de sa langue, même si la réalisation effective des phrases n'est pas toujours le reflet exact de cette connaissance. De même, s'il se trouve que des erreurs typorgaphique se glissent dnas ce livre, vous n'en conclurez pas que l'auteur ignore les règles de l'orthographe. On pourrait comparer les erreurs de performance à des fausses notes dans un concert: il peut arriver un soir qu'un pianiste nous fasse entendre un *mi* bémol alors que la partition demandait un *ré.* Ces erreurs, si elles sont fréquentes, peuvent faire douter de la virtuosité de l'interprète; mais elles ne mettent pas en question sa connaissance de la partition et elles ne nous empêchent pas de reconnaître la pièce qui est interprétée.

Cette distinction entre les types d'erreurs est d'une importance capitale (au sens strict!) pour les humanoïdes sur Terre; elle est presque aussi importante pour les syntacticiens, qui ont pour but de décrire la connaissance que les locuteurs ont de leur langue, et non pas la façon dont ils utilisent réellement la langue dans des situations concrètes. Cette connaissance – notre objet d'étude – est la *compétence*; elle s'oppose à la *performance*, c'est-à-dire l'utilisation effective du langage.

L'aspect de la performance que nous venons de décrire est lié à la production des énoncés. La dichotomie compétence/performance se manifeste également en relation avec notre perception. Ainsi, il peut arriver que des énoncés soient considérés comme mal formés en raison de facteurs qui n'ont rien à voir avec la syntaxe: par exemple, des difficultés dues au manque de mémoire ou des problèmes relatifs à notre façon de traiter l'information. Ces facteurs relèvent non pas de l'étude de la compétence, mais de l'étude de la performance. Ainsi, si étonnant que cela puisse paraître, les syntacticiens affirment généralement que les phrases ci-dessous sont toutes grammaticales:

Le chat [que le chien a poursuivi] appartient au voisin.
Le chat que le chien [que le vétérinaire a vacciné] a poursuivi appartient au voisin.
Le chat que le chien que le vétérinaire [que tu m'avais conseillé] a vacciné a poursuivi appartient au voisin.

Les règles du français nous permettent d'intégrer dans une phrase un nombre illimité de propositions relatives (entre crochets ci-dessus). Or, si les relatives sont placées au centre de la phrase – c'est-à-dire en gros entre le sujet et le verbe –, nous éprouvons des difficultés de perception, ce qui n'est manifestement pas le cas lorsque les relatives terminent la phrase, comme ci-dessous :

Je n'ai plus revu le vétérinaire qui a vacciné le chien qui a poursuivi le chat qui appartient au voisin.

Les difficultés éprouvées vis-à-vis des relatives *auto-enchâssées* sont donc dues à un facteur de performance (la perception) et non à la compétence. Ces phrases sont grammaticales, mais difficiles à traiter pour des raisons qui ne concernent pas directement les règles de la syntaxe.

On admettra que le locuteur type dont nous étudions la compétence est un locuteur-auditeur idéal dont le langage n'est pas affecté par le bruit, par la fatigue ni par des troubles de la mémoire ou de la perception. Nous ferons ainsi abstraction, dans notre étude des règles du français, de tout ce qui relève de la performance.

En résumé, la notion de grammaticalité relève de la compétence. Une phrase est agrammaticale si elle n'est pas conforme à la compétence du locuteur, autrement dit, si elle contrevient aux règles de grammaire que le locuteur a intériorisées.

2.5. Et la poésie ?

Afin d'établir l'ensemble des règles du français, il faut délimiter notre champ d'étude. Il faut tout d'abord déterminer quel est le dialecte ou la variété de français qui sera étudié. Supposons qu'il s'agit de la variété standard. Quelles sont les phrases dont il faut tenir compte ? On retiendra certainement les phrases prononcées par les présentateurs de nouvelles à la télévision et à la radio d'État, puisque celles-ci font partie du français standard courant. On obtiendra sans doute aussi, dans la mesure où elles appartiennent à la variété étudiée, les phrases provenant de journaux, de revues et de romans contemporains. Mais que dire de la poésie ? Et des jeux de mots ou autres emplois ludiques du langage, comme on en trouve chez Sol ou chez Raymond Devos ?

Il faut dans ce domaine faire preuve d'une grande prudence parce que certains effets en poésie sont précisément basés sur une *transgression* des règles de la syntaxe (ou de la phonologie, ou de la morphologie). Prenons un exemple concret. Les verbes dits « atmosphériques » comme *pleuvoir, grêler, neiger, venter, bruiner,* etc., ne peuvent avoir pour sujet que le pronom impersonnel (ou « explétif ») *il.* À l'inverse, les verbes dits « agentifs » comme *pleurer, rire, vouloir* ne peuvent pas avoir pour sujet le pronom impersonnel *il.* Ainsi les phrases ci-dessous, qui transgressent cette règle, sont agrammaticales :

* *Cette eau pleut.*
* *Le vent ventait.*

** Il (explétif) rit dans cette pièce.* (La phrase est grammaticale si *il* renvoie à un être humain, mais non pas s'il s'agit du *il* impersonnel.)

Aucun locuteur natif du français ne songerait à contester la validité de ces règles. Or, elles sont transgressées dès le premier vers de chacun des extraits suivants :

> Ah ! comme la neige a neigé !
> Ma vitre est un jardin de givre
> Émile Nelligan, « Soir d'hiver ».

> Il pleure dans mon cœur
> Comme il pleut sur la ville…
> Paul Verlaine, *Romances sans paroles.*

S'il fallait tenir compte de ces utilisations lorsque l'on étudie les règles du français, pourrions-nous en même temps exclure des phrases comme **le vent ventait* ? Nous serions alors dans une situation analogue à celle du Martien face au code de la route : comment établir des règles à partir de l'observation si une partie des comportements que l'on observe ne respectent pas les règles ?

Pour éviter cette difficulté, nous conviendrons de faire abstraction dans un premier temps des effets qui relèvent strictement du langage poétique. Cela ne veut pas dire qu'il soit interdit de faire appel à la poésie dans nos exemples : en qualité de locuteurs natifs, nous pouvons, dans un poème, faire la distinction entre les constructions qui sont conformes à l'usage dit « normal » du français et celles qui ne le sont pas.

En somme, afin de pouvoir dégager les règles du français, il nous faut faire abstraction d'un certain nombres de données : erreurs dues à des facteurs de performance, variations d'un locuteur à l'autre dans les jugements de grammaticalité, constructions relevant d'un usage poétique ou ludique. Ce parti pris méthodologique, qui témoigne d'une certaine *idéalisation* de l'objet d'étude, est courant dans les sciences « dures » où les expériences sont menées dans des environnements contrôlés.

Exercices

1. *Français standard.* Déterminez (à partir de vos intuitions ou en consultant des locuteurs natifs du français) si les phrases ci-dessous sont grammaticales ou agrammaticales en français standard. Faites précéder les phrases agrammaticales d'un astérisque, et les phrases jugées marginales (ou à propos desquelles il y a désaccord) d'un point d'interrogation. Pour les phrases agrammaticales, indiquez quelle est la règle qui est transgressée.

a. Elle était arrivée au bureau de scrutin avec un jeune homme dont on voyait bien qu'il n'avait pas encore l'âge de voter.

b. Sachant que vous donnerez suite à ma demande, cet envoi contient tous les justificatifs requis.

c. Ce film, j'en ai lu ta critique.

d. Ce film, j'en ai vu une partie de la seconde moitié.

e. Je me demande bien qu'est-ce qu'il fait au juste.

f. Il était venu à l'avance, aussi pouvait-il disposer d'une bonne demi-heure pour se préparer à l'entrevue.

g. Mais il ne savait pas pourquoi devait-il faire tant d'efforts pour un poste qui n'en valait sans doute pas la peine.

h. Voilà un enfant dont on peut voir l'innocence dans les yeux.

i. On peut voir l'innocence de cet enfant dans les yeux.

2. *Français populaire du Québec*. Dites si les phrases suivantes sont grammaticales ou agrammaticales en français populaire québécois (servez-vous de votre intuition ou consultez des locuteurs natifs). Pour vous aider, comparez-les avec les phrases entre parenthèses. Sont-elles mieux ou moins bien formées que ces dernières ? (Ce type de jugement comparé s'appelle un *jugement contrastif.*) Indiquez quelle est la règle du français populaire québécois à laquelle contreviennent les phrases agrammaticales.

a. Sébastien, y'a-tu dit qu'il viendrait ? (Sébastien, qu'est-ce qu'y a-tu dit ?)

b. Les petits ont chaque acheté une boîte de crayons pastel. (Les petits ont acheté une boîte de crayons pastel chaque.)

c. Il a tout fallu que tu recommences. (J'ai tout dit que tu recommencerais.)

d. Y'a de quoi qui se passe à côté, on entend plus rien. (De quoi se passe à côté, on entend plus rien.)

e. Julie est allée au rendez-vous, mais elle a pas vu ses amis personne. (Julie est allée au rendez-vous, mais elle les a pas vus personne.)

f. Pourquoi que tu t'inquiètes au sujet de Marie-Claude ? (Pourquoi que t'inquiètes-tu au sujet de Marie-Claude ?)

g. Tu te rappelles le gars que son frère avait gagné un million à la loterie ? Il travaille comme balayeur à la STM. (Tu te rappelles le gars que le frère avait gagné un million à la loterie ? Il travaille comme balayeur à la STM.)

h. Elle parle forte, votre fille ! (Elle sent forte, votre peinture !)

i. Le gars que je te parlais l'autre jour, c'est lui. (Le gars que tout le monde rit dans la classe, c'est lui.)

j. Ils ont tellement acheté une belle maison ! (Ils ont tellement décidé qu'ils achèteraient une belle maison !)

k. Donne-le-moi pas ! (Donne-moi-le pas !)

Pour en apprendre davantage…

Les lectures suggérées sont regroupées par thèmes. Nous avons tenté d'inclure le plus possible dans ces rubriques des articles et des ouvrages rédigés ou traduits en français ; ces titres se signalent par la lettre F en exposant derrière la date de parution. Les astérisques indiquent de façon très approximative le degré de difficulté technique. Les ouvrages non suivis d'un astérisque ne demandent aucune formation préalable.

sur le langage :

Pour une introduction à divers aspects de l'étude du langage (phonologie, syntaxe, morphologie, etc.), pas nécessairement dans une perspective générativiste, on consultera entre autres Yaguello (1981)[F] et O'Grady et Dobrovolsky (1992). Le petit ouvrage de Yaguello (1988)[F], qui prend à partie quelques mythes populaires concernant le langage, est très accessible.

sur la grammaire du français :

En plus des ouvrages de grammairiens traditionnels (p. ex. Damourette et Pichon, Grevisse), on trouve maintenant des grammaires qui décrivent le fonctionnement du français en prenant appui sur des analyses linguistiques. L'ouvrage de Boivin *et al.* (2003) est un très bon exemple de ce type de grammaire nouvelle, où les concepts linguistiques sont mis en application à des fins pédagogiques. Gardes-Tamine (1998)[F] propose une description succincte de la syntaxe du français ; ce petit ouvrage se lit pratiquement d'un trait et contient des exercices. Pour une description plus détaillée, on consultera l'excellente grammaire de Riegel, Pellat et Rioul (1994)[F], qui décrit les diverses constructions du français en termes linguistiques et qui offre, en début d'ouvrage, une définition sommaire des principaux concepts employés en linguistique moderne.

sur la grammaire générative :

Conçu à l'intention du grand public, l'excellent ouvrage de Pinker (1999)[F] se lit comme un roman et est même devenu un best-seller. Il présente avec finesse et humour les principaux aspects de l'étude du langage dans une perspective chomskyenne.

Le terme « grammaire générative » désigne les théories modernes qui visent à fournir une description formelle et explicite de la compétence des locuteurs ; toutes les théories générativistes n'adoptent pas nécessairement une vision innéiste du langage. Le terme recouvre la *grammaire générative transformationnelle* de Chomsky, qui sera présentée ici, mais aussi d'autres théories dont nous ne parlerons pas dans cet ouvrage, notamment la *grammaire syntagmatique généralisée,* la *grammaire syntagmatique endocentrique* et la *grammaire lexicale fonctionnelle.* Ou trouvera un résumé de ces trois théories dans Abeillé (1993)[F]* ; Morin (1989, chap. 8)[F]* présente un aperçu de la grammaire syntagmatique généralisée. Sells (1985)* propose un résumé de la théorie de Chomsky, de la grammaire syntagmatique généralisée et de la grammaire lexicale fonctionnelle. Enfin, Borsley (1991)* présente des problèmes classiques en syntaxe et montre comment ils sont traités par différentes approches générativistes, particulièrement la grammaire transformationnelle et la grammaire syntagmatique généralisée.

On trouvera une description des méthodes, des objectifs et des concepts de la grammaire générative dans Chomsky (1971, chap. 1)[F*] et dans Ruwet (1968, chap. 1)[F]; ces deux ouvrages traitent aussi de la dichotomie compétence/performance. Cette dichotomie rappelle l'opposition langue/parole établie par Saussure; les différences entre les deux dichotomies sont exposées dans Chomsky (1964, chap. 1)* et Ruwet (1968, chap. 1, sect. 4.2)[F].

Bien que les objectifs de la grammaire générative soient demeurés les mêmes, le modèle de Chomsky a subi de nombreux changements, depuis le modèle standard de la fin des années 1950 jusqu'au programme minimaliste élaboré au milieu des années 1990. Pour un compte rendu historique très vivant de l'évolution de la grammaire générative en Amérique, voir Newmeyer (1986)* et Newmeyer (1995)*. Voir aussi Lamiroy (1990)[F*], qui offre un aperçu chronologique des développements de la théorie transformationnelle. Le modèle minimaliste n'est pas abordé dans ce livre; pour un bref aperçu, voir Brousseau et Roberge (2000, chap. 6)[F] et, pour des comptes rendus plus détaillés, Ouhalla (1999)**, Radford (1997)**, Uriagereka (1998)***, Cook et Newson (1996, chap. 9)*** et Chomsky (1995)****.

sur l'autonomie du langage et l'innéisme:

Les capacités langagières de Christopher sont décrites dans O'Connor et Hermelin (1991) et dans Smith et Tsimpli (1991)**. Un autre cas où les capacités langagières se distinguent des capacités cognitives est celui de Laura, étudié par Yamada (1990)*. Les différentes formes d'aphasie sont traitées en détail dans Lecours et Lhermitte (1979)[F]. Les déficits langagiers de la famille KE et la mutation dans le gène «langagier» FOXP2 sont décrits par Lai *et al.* (2001).

La thèse de l'innéisme de la faculté langagière est présentée par Chomsky (1985)[F*]. Les arguments basés sur la déficience et l'absence du stimulus sont résumés très clairement par Lightfoot (1982, chap. 2)*. Les constructions à vides parasites sont souvent utilisées pour illustrer l'absence du stimulus. Leurs propriétés ont fait l'objet de nombreux travaux, particulièrement dans les langues germaniques. Sur ces constructions en français, voir Tellier (1991)** et Tellier (2001)***. La grammaire générative de Chomsky s'inscrit dans le courant philosophique rationaliste (René Descartes), qui s'oppose au courant empiriste (David Hume, John Locke); voir à ce propos Chomsky (1977a, chap. 4)[F], Bracken (1984) et Chomsky (1990)[F]. Pour une réflexion sur la part de l'inné et de l'acquis dans le comportement humain et sur les conséquences qu'entraînent les diverses prises de position à ce sujet, voir Pinker (2002).

sur la norme:

La syntaxe générative n'a pas de visée normative; cependant, certains auteurs ont cru voir la défense d'une norme linguistique dans les notions de grammaticalité et de compétence ou encore dans la méthodologie utilisée (particulièrement l'idéalisation des données). Pour une réponse à ces critiques, voir Morin et Paret (1990)[F*].

sur la variation dialectale :

La syntaxe du français hexagonal populaire est décrite dans Frei (1929)[F], Guiraud (1965)[F] et Gadet (1989, 1992)[F]. Bien que le français populaire québécois se comporte à maints égards comme le français populaire hexagonal, il présente néanmoins un certain nombre de constructions syntaxiques qui lui sont propres. À ce sujet, on pourra consulter les diverses études sur la syntaxe du français québécois parues dans Lefebvre (1982)[F*], notamment les travaux de Lemieux (1982)[F*] sur *tout* (exercice 2, phrase (c)) et de Drapeau (1982)[F*] sur les adjectifs à utilisation adverbiale et les conditions dans lesquelles ils s'accordent (exercice 2, phrase (h)).

La thèse de doctorat de Daoust-Blais (1975)[F**] porte en partie sur la double négation en français québécois (*pas personne*) ; les phrases comme celles en (e) dans l'exercice 2 sont étudiées par Tellier (1987a)**. Les propriétés de l'adverbe *tellement* en français québécois (exercice 2, phrase (j)) sont décrites et analysées par Cyr (1991)[F**]. Roberge et Vinet (1989)[F***] abordent divers aspects syntaxiques de la variation dialectale. Dans une perspective non générativiste, voir Walter (1988)[F], en particulier les chapitres 3 et 4, qui décrivent les différentes variétés régionales du français (régions de France, Belgique, Afrique, etc.), surtout aux points de vue phonologique et lexical.

sur l'acquisition du langage :

Sur les erreurs dans le langage enfantin et leur imperméabilité aux corrections, voir Brown et Hanlon (1970)* et McNeill (1966)*. Pour un aperçu des recherches, des enjeux et des débats en acquisition du langage, voir Valois (2000)[F], Jakubowicz (1995)[F*], Bloom (1994)* et Atkinson (1992)**. La question de l'acquisition est abordée dans Chomsky (1990)[F*]. Pour mesurer les différences entre la théorie de l'acquisition proposée par Chomsky et la théorie constructiviste de Piaget, on consultera les actes du débat Chomsky-Piaget (Piattelli-Palmarini 1979)[F*]. Chomsky s'est aussi opposé à la théorie behavioriste de l'acquisition du langage, dominante en Amérique durant les années 1950 : on pourra lire à ce propos sa célèbre critique du livre de B.F. Skinner (Chomsky 1959)*.

sur la poésie et la linguistique :

Pour les raisons que nous avons déjà mentionnées, les études en grammaire générative font systématiquement abstraction des usages poétiques du langage. Cependant, certains auteurs ont envisagé la possibilité d'appliquer les théories génératives au domaine de la poésie, et même à d'autres domaines comme la musique. Voir notamment Ruwet (1981)[F] sur la linguistique et la poésie, et Lerdahl et Jackendoff (1983) sur la grammaire générative et la musique.

3
La structure des phrases

3.1. L'ordre des mots

Dans *Le Bourgeois gentilhomme* (acte II, scène IV), Molière fait tenir à ses personnages les propos suivants :

> MONSIEUR JOURDAIN. – Non, vous dis-je. Je ne veux que ces seules paroles-là dans le billet, mais tournées à la mode, bien arrangées comme il faut. Je vous prie de me dire un peu, pour voir, les diverses manières dont on peut les mettre.
>
> MAÎTRE DE PHILOSOPHIE. – On les peut mettre premièrement comme vous avez dit : *Belle marquise, vos beaux yeux me font mourir d'amour.* Ou bien : *D'amour mourir me font, belle marquise, vos beaux yeux.* Ou bien : *Vos yeux beaux d'amour me font, belle marquise, mourir.* Ou bien : *Mourir vos beaux yeux, belle marquise, d'amour me font.* Ou bien : *Me font vos yeux beaux mourir, belle marquise, d'amour.*
>
> MONSIEUR JOURDAIN. – Mais, de toutes ces façons-là, laquelle est la meilleure ?
>
> MAÎTRE DE PHILOSOPHIE. – Celle que vous avez dite : *Belle marquise, vos beaux yeux me font mourir d'amour.*

L'une des premières règles syntaxiques que notre Martien devra consigner dans sa grammaire concerne l'ordre des mots. Tenons tout de suite pour acquis que l'ordre de base des mots dans une langue est celui que l'on trouve dans la phrase déclarative, prononcée sans intonation particulière et sans focalisation (un peu comme le prix annoncé chez le concessionnaire vaut pour le modèle standard, et non pas pour la voiture tout équipée que l'on vous fait essayer en démonstration !). La phrase ci-dessous est un exemple de déclarative standard :

Clara connaît bien ce film de Wim Wenders.

Dans la phrase déclarative de base en français, le sujet précède le verbe et les compléments du nom ou du verbe suivent le nom ou le verbe. L'ordre des mots en français est dit SVO (sujet-verbe-objet). À partir de cet ordre de base, on peut bien entendu faire varier l'ordre des constituants, soit pour construire des interrogatives, soit pour faire ressortir l'un des constituants, soit, tout simplement, pour obtenir un effet de style. Voici des exemples de phrases où l'ordre des mots diffère de l'ordre de base :

Connaît-elle bien ce film de Wim Wenders ?
Quel film de Wim Wenders connaît-elle bien ?
Elle le connaît bien.
C'est ce film de Wim Wenders que Clara connaît bien.

Ce film de Wim Wenders, Clara, elle le connaît bien.
Elle le connaît bien, Clara, ce film de Wim Wenders.

La première phrase est une interrogative totale (question qui appelle une réponse affirmative ou négative) avec inversion du pronom sujet et du verbe. Dans la deuxième phrase, une interrogative partielle, l'objet direct précède le verbe, et le pronom sujet est placé derrière le verbe. Dans la troisième phrase, l'objet direct est représenté par un pronom : or, les pronoms faibles (ou clitiques) en français précèdent le verbe (sauf à l'impératif). La quatrième phrase est une clivée (mise en évidence d'un constituant placé entre *c'est* et *que*) : ici, l'objet direct précède le sujet et le verbe. Les deux dernières phrases sont des exemples de dislocation (ou détachement). Dans ce type de construction, un ou plusieurs constituants sont détachés de la phrase ; celle-ci contient des pronoms dont la fonction correspond à celle du constituant détaché. Les constituants peuvent être disloqués à gauche, comme dans la cinquième phrase, ou disloqués à droite, comme dans la dernière phrase. Nous reviendrons sur certaines de ces constructions et nous verrons notamment que l'ordre des mots ne peut pas varier n'importe comment. Ce qu'il faut retenir ici, c'est que l'ordre des mots dans les six phrases ci-dessus est *dérivé* de l'ordre de base. C'est en premier lieu cet ordre de base que nous nous emploierons à décrire.

L'ordre des mots n'est évidemment pas le même dans toutes les langues. Dans les déclaratives standard en japonais, par exemple, les compléments du nom et du verbe précèdent le nom et le verbe :

Taroo-ga	*gengogaku-no*	*hon-o*	*katta*
Taroo- nominatif	linguistique- génitif	livre- accusatif	acheté-passé

« Taroo a acheté un livre de linguistique. »

Le verbe (*katta*) est précédé de son complément d'objet direct (*gengogaku-no hon-o*). À l'intérieur de ce complément d'objet direct, le nom (*hon-o*) est précédé de son complément (*gengogaku-no*). L'ordre de base dans la phrase japonaise est SOV (sujet-objet-verbe).

Les règles que nous allons décrire au prochain chapitre valent pour l'ordre de base en français ; nous verrons cependant à la fin du chapitre 4 comment ces règles pourraient, moyennant des modifications mineures, s'adapter à des langues où l'ordre des mots est différent.

3.2. Les catégories grammaticales

La grammaire traditionnelle classe les mots en « parties du discours » ou catégories grammaticales : nom, pronom, adjectif, déterminant (p. ex. l'article), auxiliaire, verbe, adverbe, adverbe de degré (p. ex. *très*), préposition, conjonction, etc. Ces catégories grammaticales sont les mêmes en grammaire générative, avec parfois quelques changements terminologiques que nous définirons en temps utile. Pour analyser une phrase du français, il nous faut tout d'abord reconnaître les catégories grammaticales auxquelles appartiennent les mots.

En grammaire générative, on divise les catégories grammaticales en deux grandes classes : les *catégories majeures* et les *catégories mineures.* Font partie des catégories majeures les catégories suivantes : nom, verbe, préposition, adjectif et adverbe. Ces catégories sont celles qui peuvent en général avoir un complément et qui peuvent être précédées d'un autre élément qui les spécifie ou qui les modifie. On classe parmi les catégories mineures des mots qui ne peuvent pas être modifiés et qui font partie d'une classe fermée (c'est-à-dire qu'il est impossible d'augmenter leur nombre par création lexicale) : le déterminant, l'auxiliaire, la conjonction (de coordination), la particule de négation et le *complémenteur*, catégorie qui correspond à ce que la grammaire traditionnelle appelle la conjonction de subordination. Voici des mots appartenant à chacune de ces catégories :

Catégories majeures :

V (verbe) : *dormir, courir, analyser, donner, attribuer, salir, tintinnabuler.*

N (nom) : *australopithèque, illusion, Mélanie, pince-sans-rire, bien, événement.*

P (préposition) : *pour, sur, avec, de, à, chez, contre, sous, vers, par, avant, après.*

Adj (adjectif) : *génial, grotesque, récalcitrant, idoine, anticonstitutionnel, tragique.*

Adv (adverbe) : manière, temps : *bien, rarement, soudain, subtilement, jamais, dorénavant.*
degré, quantité : *juste, peu, très, trop, beaucoup, peu, assez, bien, tout.*

Catégories mineures :

Det (déterminant) : *le, la, une, des, mon, cette, trois, quel, plusieurs, aucun.*

Aux (auxiliaire) : *être, avoir.*

Conj (conjonction) : *et, ou, mais.*

C (complémenteur) : *que, si, de, à.*

Neg (négation) : *ne.*

Comme nous l'avons mentionné plus haut, le terme *complémenteur* désigne la conjonction de subordination qui introduit la proposition subordonnée. Lorsqu'ils sont placés devant une proposition infinitive, *de* et *à* jouent le même rôle que le complémenteur *que* devant une proposition tensée (c'est-à-dire une proposition dont le verbe est à l'indicatif, au subjonctif, au conditionnel) ; dans cet usage, ils doivent donc être classés dans la catégorie des complémenteurs et non dans celle des prépositions. Voici des exemples de phrases comportant des complémenteurs :

Marie-Ève trouve que ses patins à roues alignées sont géniaux.
Les étudiants se demandent toujours si les notes sont permises à l'examen.
La perspective des élections prochaines a incité le gouvernement à réduire les impôts.
Mais ils s'empressera sans doute de les augmenter s'il est réélu.

On aura remarqué que le mot *bien* a été classé sous deux catégories distinctes, soit nom et adverbe ; par ailleurs, à l'intérieur de la catégorie « adverbe », il peut se comporter soit comme un adverbe de manière (modificateur d'un verbe), soit comme un marqueur d'intensité (modificateur d'un autre adverbe ou d'un adjectif) :

Les compagnies d'assurances veulent votre bien. (Nom)
Nathalie travaille bien. (Adverbe de manière)
Les gens dans l'ascenseur parlent bien fort. (Adverbe de degré)

Dans ces exemples, le mot *bien* appartient à des catégories différentes (ou à un type différent d'adverbe) et il a des sens différents : il ne s'agit donc pas du même mot, mais de mots distincts qui ont la même prononciation (c'est-à-dire des homonymes). La même remarque vaut pour les mots *fort*, *dur*, *franc*, etc., qui peuvent être des adjectifs ou des adverbes.

La première démarche dans l'analyse d'une phrase consiste donc à identifier la catégorie à laquelle appartiennent les mots, ce que nous ferons pour les deux phrases ci-dessous au moyen de *parenthèses étiquetées.* (On notera que *au* et *du* dans ces exemples sont des formes contractées des prépositions *à* et *de* et du déterminant *le* ; ces formes contractées représentent, du point de vue de la syntaxe, deux catégories distinctes, soit P et Det.)

Max posera le problème au nouveau représentant de l'association très succinctement aujourd'hui.
[$_{N}$ Max][$_{V}$ posera][$_{Det}$ le] [$_{N}$ problème][$_{P}$ à][$_{Det}$ le] [$_{Adj}$ nouveau] [$_{N}$ représentant] [$_{P}$ de] [$_{Det}$ la] [$_{N}$ association] [$_{Adv}$ très] [$_{Adv}$ succinctement] [$_{Adv}$ aujourd'hui]

Le jeune fils du concierge prétend que votre sœur ira à Sumatra.
[$_{Det}$ le] [$_{Adj}$ jeune][$_{N}$ fils] [$_{P}$ de] [$_{Det}$ le] [$_{N}$ concierge][$_{V}$ prétend][$_{C}$ que] [$_{Det}$ votre] [$_{N}$ sœur] [$_{V}$ ira] [$_{P}$ à] [$_{N}$ Sumatra]

On peut se demander si les catégories grammaticales présentes en français sont universelles. De la même façon que les voyelles du français ne sont pas attestées dans toutes les langues (par exemple, la voyelle [y], comme dans *vue,* existe en allemand et en turc, mais pas en italien ni en anglais), l'inventaire des catégories n'est pas identique d'une langue à l'autre. Certaines langues connaissent des catégories grammaticales qui n'existent pas en français : c'est le cas des particules verbales qui, dans certaines langues d'Afrique de l'Ouest, notamment, expriment l'aspect (aspect « accompli » ou « perfectif » pour une action achevée, aspect « inaccompli » ou « imperfectif » pour une action inachevée). Par ailleurs, certaines des catégories qui nous sont familières pourraient être plus restreintes ou même ne pas exister dans d'autres langues. La distinction grammaticale entre nom et préposition (du moins en ce qui concerne les prépositions locatives) n'est pas claire dans certaines langues de l'Afrique de l'Ouest, où des expressions comme « devant la table », « derrière moi », « sur la chaise » se disent approximativement « ventre la table », « dos moi », « tête la chaise », etc.

La liste des principales catégories grammaticales étant établie, voyons maintenant comment les mots se combinent entre eux pour former des groupes, les *syntagmes*, à l'intérieur de la phrase.

3.3. Les syntagmes

3.3.1. Le syntagme nominal (SN)

> Seuil du roi de la nuit des fleuves d'or
> Source du jour de la fin de l'enfance
> Sifflement du charroi des météores d'avril
> Sérénité de l'abandon des images du temps
> Surprise du secret de la fin des batailles.
>
> Jean Tardieu, « Cascade de génitifs », dans *Comme ceci comme cela,* Paris, Gallimard, 1979.

Les phrases ne sont pas uniquement des suites linéaires de mots. Elles ont une structure interne. Ainsi, des suites de mots peuvent être groupées pour former des entités plus grandes que le mot mais plus petites que la phrase : ce sont les *syntagmes.* Reprenons par exemple la phrase *Le jeune fils du concierge prétend que votre sœur ira à Sumatra,* donnée à la section précédente. Dans la suite de mots *prétend que votre sœur ira à Sumatra,* on dégagera deux groupes, soit *prétend* et *que votre sœur ira à Sumatra.* Ce dernier groupe se décompose à son tour en deux groupes : *que* et *votre sœur ira à Sumatra.* Les groupes de mots *votre sœur* et *Sumatra* sont des *syntagmes nominaux* (SN). Le syntagme nominal est un groupe de mots dont l'élément central est un nom.

Un syntagme nominal peut être constitué d'un nom seul (par exemple un nom propre), d'un nom précédé d'un déterminant, d'un nom précédé d'un déterminant et d'un ou plusieurs adjectifs, d'un nom précédé d'un déterminant et suivi d'un adjectif, d'un nom précédé d'un déterminant et suivi de compléments (compléments introduits par une préposition ou propositions complétives), ou bien d'une combinaison de tous ces éléments. Ainsi, toutes les expressions données ci-dessous sont équivalentes du point de vue de leur catégorie : il s'agit dans tous les cas de syntagmes nominaux.

Nom propre :	*Clara, Ouagadougou, Platini.*
Déterminant et nom :	*la piste, un chat, des ennuis.*
Déterminant, adjectifs et nom :	*le grand méchant loup, un beau petit film.*
Déterminant, nom et adjectif :	*un homme honnête, ce livre rouge.*
Déterminant, nom et compléments :	*une biographie de Louis XIV, le fait que tu partes, le livre de solfège de Sophie, le film que tu m'as prêté, l'adieu aux armes, l'éclipse du soleil de mai 1994.*
Déterminant, adjectifs, nom, adjectif, compléments :	*le beau petit livre rouge de Mao, ce terrible incident nocturne dont les journaux ont parlé, le livre de solfège de Sophie que le chat a déchiré.*

Si l'on voit bien la nécessité de grouper en syntagmes des suites de mots comme *le grand méchant loup* ou *l'éclipse du soleil de mai 1994,* on peut toutefois se demander s'il est essentiel de spécifier qu'un nom propre (qui est normalement seul) est à la fois un nom et un syntagme nominal, ce qui est représenté de la façon suivante :

$[_{SN}\ [_{N}$ Platini]]

L'une des raisons qui justifient ce traitement du nom propre est que celui-ci a la même distribution dans la phrase qu'un groupe de mots ayant pour élément central un nom. En effet, il peut occuper les mêmes positions et remplir les mêmes fonctions grammaticales que ce groupe de mots : sujet, complément d'objet direct, complément d'une préposition. Voici des exemples qui montrent que la suite de mots *l'éclipse du soleil de mai 1994* a la même distribution que le nom propre *Platini* :

L'éclipse du soleil de mai 1994 a fait la une de tous les journaux.	(sujet)
Platini a fait la une de tous les journaux.	(sujet)
J'étais à Bombay, donc je n'ai pas vu l'éclipse du soleil de mai 1994.	(objet direct)
J'étais à Bombay, donc je n'ai pas vu Platini.	(objet direct)
Les journalistes ont parlé de l'éclipse du soleil de mai 1994.	(compl. de préposition)
Les journalistes ont parlé de Platini.	(compl. de préposition)

On pourra déduire qu'un ensemble de mots qui peut se substituer à un nom seul ou à un syntagme nominal dans toutes ces positions de la phrase constitue un syntagme nominal. (Il faut cependant être prudent : si un groupe de mots ne peut pas se substituer à un nom seul, on ne peut pas nécessairement en conclure qu'il ne s'agit pas d'un syntagme nominal. Le groupe de mots pourrait être exclu d'une position pour d'autres raisons, par exemple parce que son sens n'est pas compatible avec celui du verbe. C'est pour cela que la suite de mots *l'éclipse du soleil de mai 1994* ne peut pas se trouver en position sujet de verbes comme *parler, dormir, courir,* etc., qui demandent un sujet dénotant un être animé.) Le procédé que nous venons de décrire est basé sur la *distribution* des éléments dans la phrase et peut servir à identifier tous les types de syntagmes.

Le nom est l'élément central – la *tête* – du syntagme nominal. C'est l'élément qui détermine les propriétés grammaticales (nombre, genre) et sémantiques (sens) du syntagme. Voyons l'exemple suivant :

Les réalisatrices de ce film à petit budget sont mécontentes de la réaction du public.

Le groupe de mots *les réalisatrices de ce film à petit budget,* qui remplit la fonction de sujet de la phrase, est un syntagme nominal. Or nous savons que le verbe s'accorde en nombre (et en personne) avec son sujet, et que l'adjectif attribut s'accorde en genre et en nombre avec le sujet. Le verbe *sont* porte la marque du pluriel, et l'attribut *mécontentes* porte la marque du féminin et celle du pluriel (pour cette dernière, à l'écrit seulement ; mais la marque du pluriel apparaît à l'oral en cas de liaison : *mécontentes-z-et tristes*). Le SN sujet est donc féminin et pluriel : ces traits sont ceux du nom *réalisatrices,* qui est la tête du syntagme. Les autres noms contenus dans le syntagme, *film* et *budget,* ne fonctionnent pas comme tête du syntagme et leurs traits grammaticaux ne sont pas transmis au syntagme nominal. Les traits sémantiques du syntagme sont aussi ceux de la tête : ainsi, l'expression « être mécontent » ne peut se dire que d'un SN dénotant un être animé. Or, dans la suite de mots *les réalisatrices de ce film à petit budget,* le seul nom qui désigne un être animé est *réalisatrices,* que l'on reconnaît ainsi comme la tête du syntagme.

Admettons que la position préverbale (fonction de sujet) et la position suivant la préposition (complément de préposition) sont normalement occupées par des SN. Les pronoms, qui peuvent aussi occuper ces positions, peuvent-ils être considérés comme des SN ?

Elle a fait la une de tous les journaux.	(sujet)
Les journalistes ont parlé de lui.	(compl. de préposition)

On pourrait supposer en effet que ces pronoms sont des SN constitués d'un seul élément, tout comme le sont les noms propres :

$[_{SN}\ [_{N}\ \text{elle}]]$
$[_{SN}\ [_{N}\ \text{lui}]]$

Or le français pose ici certaines difficultés qui tiennent à la distribution des pronoms. Alors que le SN objet direct se place derrière le verbe, le pronom qui remplit cette fonction se place normalement *devant* le verbe (ou l'auxiliaire, le cas échéant) :

J'étais à Bombay, donc je n'ai pas vu Platini.	(SN objet direct)
Je serai à Bombay, donc je ne le verrai pas.	(pronom objet direct)
J'étais à Bombay, donc je ne l'ai pas vu.	(pronom objet direct)

Puisque *le* objet direct dans la deuxième et la troisième phrase n'occupe pas la même position que le SN *Platini* dans la première phrase, doit-on conclure que les pronoms ne sont pas des SN ? Pas nécessairement. Commençons par distinguer, comme le font les grammairiens traditionnels, deux types de pronoms : les pronoms forts et les pronoms faibles (ou pronoms clitiques). Les pronoms forts sont syntaxiquement autonomes, alors que les pronoms clitiques s'accrochent pour ainsi dire au verbe ou à l'auxiliaire, et ne peuvent en être séparés. La forme des pronoms varie selon qu'ils sont faibles ou forts ; en outre, la forme des pronoms faibles varie selon la fonction qu'ils remplissent (sujet, objet direct, objet indirect). La forme des pronoms de la première et de la deuxième personne *(nous, vous)* reste la même dans toutes les fonctions. Les diverses formes des autres pronoms sont les suivantes :

Pronoms forts
moi, toi, lui, elle, eux, elles

Pronoms faibles (clitiques)
Fonction sujet : je, tu, il, elle, ils, elles
Fonction objet direct : me, te, le, la, les
Fonction objet indirect : me, te, lui, leur

On doit ajouter à cette liste le pronom réfléchi, dont la forme forte est *soi* et la forme clitique *se,* et les pronoms clitiques *en* et *y,* qui remplacent des constituants de type de-SN et à-SN, respectivement (*Julie se regarde, j'en parle, j'en ai lu une partie, j'y vais.*).

La différence fondamentale entre les pronoms forts et les pronoms clitiques réside dans le fait que les seconds ne peuvent pas être séparés du verbe (sauf par un autre clitique ou par la particule de négation *ne*), alors que les premiers jouissent d'une complète autonomie. Voici des exemples où l'on a inséré un adverbe entre le sujet et le verbe :

Maxime, évidemment, dit le contraire.
Lui, évidemment, dit le contraire.
* *Il, évidemment, dit le contraire.*

Les clitiques objet direct et indirect, nous l'avons déjà dit, ont la particularité de se placer devant le verbe en français. On voit que les clitiques ont des propriétés qui les distinguent à la fois des SN non pronominaux et des pronoms forts, ce qui a amené de nombreux linguistes à se pencher sur leur analyse. Pour la commodité de notre exposé – et pour ne pas submerger outre mesure notre Martien, qui, s'il est toujours là, doit déjà y perdre son latin ! – simplifions un peu les choses. Il nous faut établir une distinction entre pronoms clitiques, d'une part, et pronoms forts, noms propres et groupes de mots à tête nominale, d'autre part. Admettons qu'il s'agit de SN dans tous les cas ; pour les distinguer, on pourra assigner aux pronoms clitiques un *trait* ou *diacritique* (disons, [+cl]) :

$[_{\text{SN}}\ [_{\text{N [+cl]}}\ \text{elle}]]$
$[_{\text{SN}}\ [_{\text{N [+cl]}}\ \text{leur}]]$

Il suffira d'admettre que la présence du trait [+cl] sur un SN indique un manque d'autonomie. Quelle qu'en soit la véritable raison, un tel SN a un comportement particulier : il doit se trouver devant le verbe ou l'auxiliaire, et il ne peut pas en être séparé.

3.3.2. Le syntagme verbal (SV)

Un syntagme verbal peut être constitué soit d'un verbe seul, soit d'un auxiliaire et d'un verbe, soit d'un verbe et de ses compléments. Les adverbes et locutions adverbiales exprimant la manière font aussi partie du SV.

Verbe :	*pleure, dormait, arrivera.*
Auxiliaire et verbe :	*a pleuré, a dormi, est arrivé.*
Verbe et compléments :	*mangeait une pomme, donnera un livre à Luc, allait à Paris, dit que le cours est terminé, convaincra son fils de se faire couper les cheveux.*
Auxiliaire, verbe, compléments, adverbiaux :	*a parlé fort, a terminé son repas rapidement, a fait ses devoirs en un rien de temps, a parlé de ses enfants avec tendresse.*

Voici sous forme de parenthèses étiquetées quelques exemples de SV :

[$_{SV}$ [$_{V}$ pleure]]
[$_{SV}$ [$_{Aux}$ a] [$_{V}$ dormi]]
[$_{SV}$ [$_{V}$ mangeait] [$_{SN}$ [$_{Det}$ une] [$_{N}$ pomme]]]
[$_{SV}$ [$_{Aux}$ a] [$_{V}$ terminé] [$_{SN}$ [$_{Det}$ son] [$_{N}$ repas]] [$_{SAdv}$ [$_{Adv}$ rapidement]]]

3.3.3. Le syntagme prépositionnel (SP)

Le syntagme prépositionnel se compose d'une préposition, qui peut être précédée d'un adverbe de degré et qui peut être suivie d'un complément. Voici des exemples de SP :

Préposition :	*avant, après, dessus, dessous.*
Adverbe et préposition :	*juste avant, immédiatement après.*
Préposition et complément :	*sur la table, dans ce jardin, à Chartres, de mon frère, avant qu'il n'arrive, après la guerre.*
Adverbe, préposition, complément :	*directement sous la table, juste avant qu'il n'arrive.*

Les représentations de quelques SP sous forme de parenthèses étiquetées sont données ci-dessous :

[$_{SP}$ [$_{P}$ avant]]
[$_{SP}$ [$_{P}$ après] [$_{SN}$ [$_{Det}$ la] [$_{N}$ guerre]]]
[$_{SP}$ [$_{SAdv}$ [$_{Adv}$ directement]] [$_{P}$ sous] [$_{SN}$ [$_{Det}$ la] [$_{N}$ table]]]

3.3.4. Le syntagme adjectival (SA)

Le syntagme adjectival est constitué soit d'un adjectif seul, soit d'un adverbe de degré et d'un adjectif, soit d'un adjectif et d'un complément :

Adjectif :	*heureux, noir, fière, joli, brillantes.*
Adverbe de degré, adjectif :	*très heureux, tout noir, bien fière, fort brillantes.*
Adjectif, complément :	*heureux que vous réussissiez, fière de son travail, furieux d'avoir manqué le train, irrité que nous ayons refusé.*
Adverbe, adjectif complément :	*bien heureux que vous réussissiez, immensément fière de son travail, tout furieux d'avoir manqué le train, fort irrité que nous ayons refusé.*

[$_{SA}$ [$_{Adj}$ noir]]
[$_{SA}$ [$_{SAdv}$ [$_{Adv}$ tout]][$_{Adj}$ noir]]
[$_{SA}$ [$_{SAdv}$ [$_{Adv}$ immensément]] [$_{Adj}$ fière] [$_{SP}$ [$_{P}$ de] [$_{SN}$ [$_{Det}$ son] [$_{N}$ travail]]]]

3.3.5. Le syntagme adverbial (SAdv)

On peut diviser les adverbes en différents types, par exemple les adverbes de manière, de degré, de quantité, etc. Ces adverbes n'ont pas tous les mêmes propriétés syntaxiques. Par exemple, les adverbes de manière et de quantité peuvent modifier un verbe d'action ; mais les adverbes de degré ne le peuvent pas. Voici des exemples :

Laurent court vite/lentement/mal/bien.	(Adverbes de manière)
Laurent court peu/beaucoup/trop.	(Adverbes de quantité)
* *Laurent court très/si/tout.*	(Adverbes de degré)

Tous les adverbes de manière peuvent être précédés d'un autre adverbe qui les spécifie ou qui les modifie. En revanche, les adverbes de degré et de quantité ne peuvent pas tous être modifiés par un autre adverbe :

très lentement, trop facilement, si vite, assez mal, plus banalement, fort éloquemment.
trop peu, presque trop.
* *très si, bien tout, si beaucoup.*

Ces adverbes manifestent donc des différences de comportement dont il faudrait éventuellement tenir compte. Pour simplifier, cependant, nous n'allons pas faire de distinction entre ces sous-types d'adverbes pour ce qui concerne leur catégorie. (À la section 3.3.7, nous établirons toutefois la différence entre les adverbes qui modifient le verbe et ceux qui modifient la phrase.)

Le syntagme adverbial peut comporter un adverbe seul, un adverbe suivi d'un complément, un adverbe précédé d'un autre adverbe, un adverbe précédé d'un autre adverbe et suivi d'un complément :

Adverbe :	*bien, souvent, violemment, toujours, aujourd'hui, fort.*
Adverbe, complément :	*indépendamment de ce problème, conjointement avec nos collègues, relativement à votre demande, conformément à nos attentes.*
Adverbe, adverbe :	*très bien, trop souvent, fort violemment, trop fort, si vaillamment, juste aujourd'hui.*
Adverbe, adverbe, complément :	*bien indépendamment de ce problème, fort heureusement pour nous, presque conformément à nos attentes.*

$[_{\text{SAdv}}\ [_{\text{Adv}}\ \text{souvent}]]$
$[_{\text{SAdv}}\ [_{\text{SAdv}}\ [_{\text{Adv}}\ \text{juste}]]\ [_{\text{Adv}}\ \text{aujourd'hui}]]$
$[_{\text{SAdv}}\ [_{\text{SAdv}}\ [_{\text{Adv}}\ \text{bien}]]\ [_{\text{Adv}}\ \text{indépendamment}]\ [_{\text{SP}}\ [_{\text{P}}\ \text{de}]\ [_{\text{SN}}\ [_{\text{Det}}\ \text{ce}]\ [_{\text{N}}\ \text{problème}]]]]$

En résumé, toutes les catégories majeures, N, V, P, Adj et Adv, peuvent se trouver au centre d'un syntagme, respectivement SN, SV, SP, SA et SAdv.

3.3.6. La phrase (Ph) et la complétive (Ph′)

Les deux syntagmes principaux de la phrase sont le SN et le SV, qui se combinent pour former une phrase, constituant que nous appellerons provisoirement Ph. Ainsi, la phrase *Ma sœur aînée dirige le service des ventes téléphoniques* se représente comme suit :

[$_{Ph}$ [$_{SN}$ [$_{Det}$ ma] [$_{N}$ sœur] [$_{SA}$ [$_{Adj}$ aînée]]] [$_{SV}$ [$_{V}$ dirige] [$_{SN}$ [$_{Det}$ le] [$_{N}$ service] [$_{SP}$ [$_{P}$ de] [$_{SN}$ [$_{Det}$ les] [$_{N}$ ventes] [$_{SA}$ [$_{Adj}$ téléphoniques]]]]]]]

La phrase ci-dessus est une proposition principale. Une phrase peut cependant apparaître en position de subordonnée, auquel cas elle est précédée par un complémenteur. Ainsi, il est possible de transformer la phrase ci-dessus en proposition subordonnée en la faisant précéder du complémenteur *que* :

Marie-Ève sait que ma sœur aînée dirige le service des ventes téléphoniques.

La proposition subordonnée ou *complétive* forme un constituant plus grand que la phrase, qu'il est convenu d'appeler Ph′ (prononcé « Ph-barre »). Le constituant Ph′ est formé d'un complémenteur (C) et d'une phrase (Ph). La subordonnée est complément du verbe *sait* dans la phrase ci-haut, et se trouve par conséquent sous SV ; la représentation complète de la phrase est donnée ci-dessous :

[$_{Ph}$ [$_{SN}$ [$_{N}$ Marie-Ève]] [$_{SV}$ [$_{V}$ sait] [$_{Ph}$ [$_{C}$ que] [$_{Ph}$ [$_{SN}$ [$_{Det}$ ma] [$_{N}$ sœur] [$_{SA}$ [$_{Adj}$ aînée]]] [$_{SV}$ [$_{V}$ dirige] [$_{SN}$ [$_{Det}$ le] [$_{N}$ service] [$_{SP}$ [$_{P}$ de] [$_{SN}$ [$_{Det}$ les] [$_{N}$ ventes] [$_{SA}$ [$_{Adj}$ téléphoniques]]]]]]]]]]

Nous reviendrons sur les propriétés des propositions complétives au chapitre 7 Nous avons dit que les deux principaux constituants de la phrase sont le SN et le SV. Il nous faut maintenant nous demander s'il existe d'autres constituants qui dépendent directement du nœud Ph.

3.3.7. Quelques mots sur les adverbes de phrase

> Depuis deux ans, je refuse de répondre à des questions oiseuses. Du style : [...] auquel de tes personnages t'identifies-tu ? Mon Dieu, mais à qui s'identifie un auteur ? Aux adverbes, bien sûr.
>
> Umberto Eco, Apostille au *Nom de la rose,* Paris, Grasset, 1985.

Nous avons vu à la section 3.3.2 que les SAdv et SP exprimant la manière (p. ex. *violemment, avec tendresse, avec délectation, rapidement,* etc.) modifient l'action exprimée par le verbe. Pour cette raison, ces SAdv et SP adverbiaux peuvent être considérés comme faisant partie du SV. Il existe cependant des adverbiaux qui modifient non pas le verbe, mais toute la phrase. Nous les appellerons des adverbiaux de phrase et nous supposerons qu'ils relèvent directement de Ph. On pourrait diviser ces adverbiaux en trois grands types. Le premier type de SAdv (ou SP) sert à exprimer l'attitude du locuteur à l'égard de ce qui est exprimé dans la proposition, et c'est à ces adverbes qu'Umberto Eco fait allusion dans la citation plus haut. Les SAdv et les SP soulignés dans les exemples suivants appartiennent à ce type :

Évidemment/malheureusement, Lucie dira qu'elle n'était pas au courant.
Charles, évidemment/de toute évidence, dira la même chose.
Il pleut encore, probablement/sûrement.
En réalité/en toute franchise/honnêtement, cette photo est plutôt moche.

Ces SAdv ou SP équivalent aux énoncés suivants: je considère comme évident/malheureux que..., il me semble probable/sûr que..., je dis la vérité, je parle franchement en affirmant que... On les appelle des adverbiaux « orientés vers le locuteur ».

Le second type d'adverbial de phrase s'emploie pour préciser le lieu ou le moment de l'événement dénoté par la phrase:

Max a lu un roman hier/durant la fin de semaine.
À Calgary/dans les cafétérias d'université/ici on mange très mal.

Nous placerons directement sous le nœud Ph ces adverbiaux parfois appelés « adverbiaux scéniques », qui indiquent les circonstances de l'événement. (Il faut mentionner cependant que certains syntacticiens placent les SAdv et SP de ce type sous le nœud SV.) Enfin, un troisième type d'adverbial peut être dégagé. Les adverbes appartenant à ce type sont des adverbes de manière; toutefois, ils modifient non pas l'action exprimée par le verbe, mais la phrase entière. Dans l'exemple ci-dessous, l'adverbe *lentement* ne qualifie pas la vitesse avec laquelle chaque invité a franchi le pas de la porte; il évoque plutôt le temps écoulé entre le départ du premier invité et celui du dernier (c'est-à-dire tout l'événement exprimé par la phrase):

Lentement, tous les invités ont quitté la salle.

Puisque ces adverbiaux modifient la phrase en son entier, il convient de les faire dépendre directement du nœud Ph.

En conclusion, le syntagme Ph est toujours formé de deux constituants: SN (le sujet) et SV (le verbe et ses compléments). Éventuellement, des SAdv ou SP de phrase peuvent se trouver de part et d'autre du SN sujet, ou encore derrière le SV.

3.4. Les arbres syntagmatiques

Jusqu'à maintenant, nous avons représenté la structure des phrases à l'aide de parenthèses étiquetées. Les syntacticiens privilégient dans leurs articles les parenthèses comme mode de représentation, parce qu'elles occupent relativement peu d'espace. La structure d'une phrase peut également être représentée au moyen des *arbres syntagmatiques.* Les arbres présentent l'avantage de mettre la structure plus en évidence. Reprenons les deux phrases que nous avons partiellement étiquetées à la section 3.2; leur structure complète est donnée ci-dessous sous forme d'arbres syntagmatiques.

Max posera le problème au nouveau représentant de l'association très succinctement aujourd'hui.

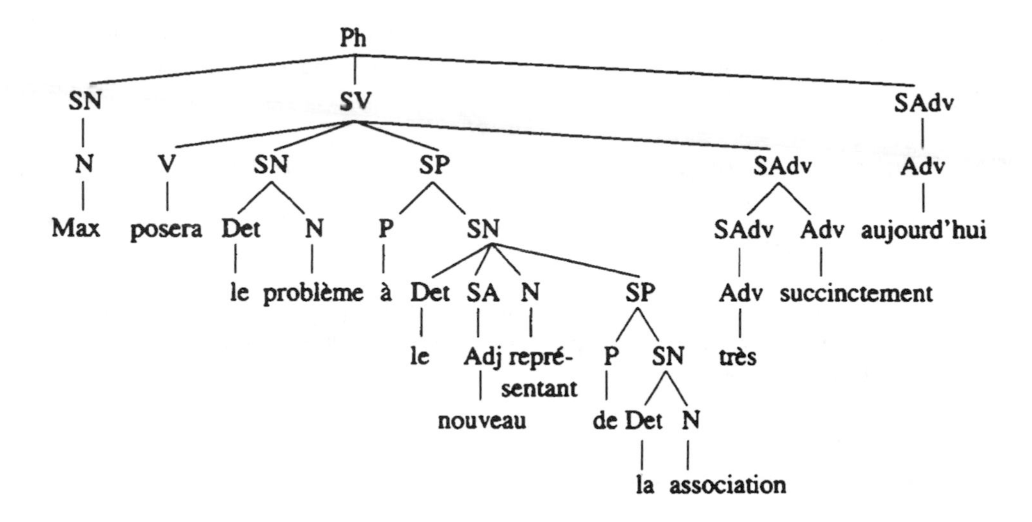

Le jeune fils du concierge prétend que votre sœur ira à Sumatra.

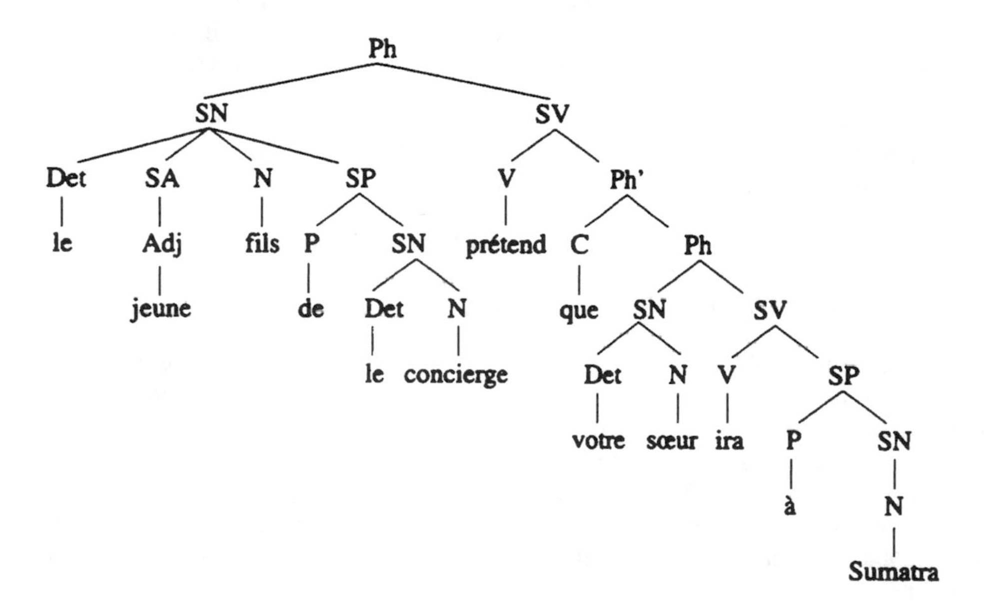

Les arbres syntagmatiques nous permettent de repérer plus facilement les relations structurales entre les nœuds de la phrase. On peut considérer la hiérarchie de la phrase comme un arbre généalogique et, de façon analogue aux relations qui unissent les membres d'une même famille, définir des relations entre les nœuds de l'arbre. Ainsi, les nœuds V et Ph′ dans l'arbre qui précède sont des *nœuds-sœurs*: ils sont dominés par le même nœud-mère, SV. SV est un des *nœuds-filles* de Ph. Un principe important dans la représentation des phrases est qu'un syntagme qui modifie une tête ou qui est complément d'une tête doit se trouver en position sœur de la tête. Ce principe peut s'énoncer de la façon suivante :

Représentation des compléments et modificateurs d'une tête :

Un syntagme modificateur d'une tête X ou complément d'une tête X doit se trouver, dans l'arbre syntagmatique, en position sœur de X.

Ce principe nous guidera dans l'analyse structurale des constituants. Il sera quelque peu modifié au chapitre 6 lorsque nous introduirons un niveau de structure supplémentaire à l'intérieur des syntagmes.

3.5. Les ambiguïtés structurales

Nous avons émis l'hypothèse que les phrases ont une structure interne et nous avons représenté cette structure au moyen de parenthèses étiquetées et d'arbres syntagmatiques. Mais est-ce là une démarche nécessaire ? Y a-t-il des raisons de croire que la connaissance (implicite) de la structure interne de la phrase fait partie de la connaissance que les locuteurs ont du français ? En d'autres termes, notre humanoïde doit-il obligatoirement analyser la structure de la phrase s'il veut passer inaperçu en ce bas monde ?

En fait, tout locuteur du français procède, consciemment ou non, à une analyse structurale de la phrase. Cela apparaît de façon très claire quand il interprète les petites annonces de journal citées au chapitre 1 et celles ci-dessous, tout aussi authentiques :

Achèterais un disque de Patof pour enfants ne sautant pas.
Prendrais bébé, ayant notions de puériculture.
À vendre, des chemises de nuit pour dames très légères.

Ces annonces permettent d'illustrer *l'ambiguïté structurale.* Une phrase est ambiguë lorsqu'elle présente plus d'un sens, et elle est structuralement ambiguë lorsque l'ambiguïté résulte de la structure de la phrase. Ainsi, *ne sautant pas,* dans la première phrase, peut être interprété comme modifiant soit le nom *disque,* soit, de façon plus loufoque, le nom *enfants.* Dans la troisième phrase, le SA *très légères* peut modifier soit le nom *chemises,* soit le nom *dames.* Comme nous l'avons vu plus haut, un syntagme qui modifie une tête doit être sœur de cette tête. Une phrase structuralement ambiguë qui a deux interprétations a donc *deux représentations structurales,* chacune d'elles correspondant à une interprétation. Par exemple, le SN *des chemises de nuit pour dames très légères* se représente comme suit :

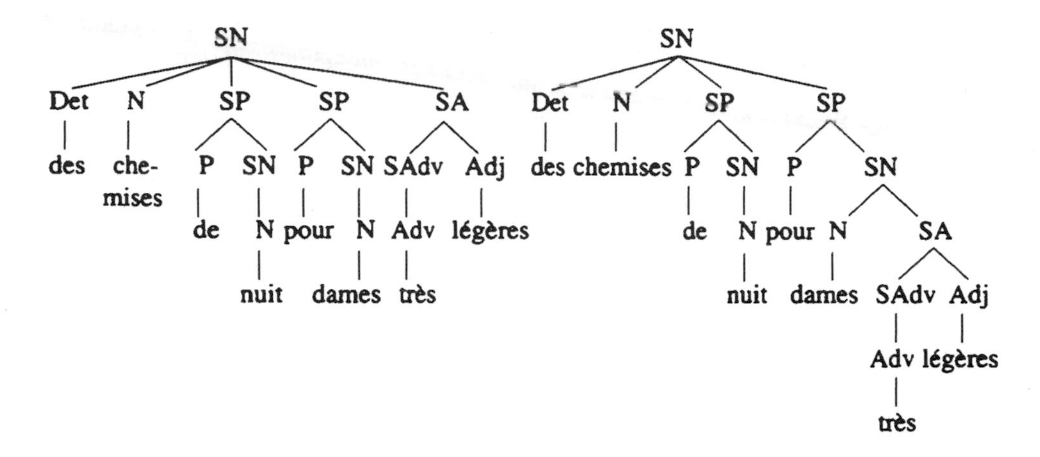

= les chemises sont légères **= les dames sont légères**

L'ambiguïté structurale est souvent la source d'effets comiques, voulus ou non, comme en témoignent ces phrases extraites de journaux et recueillies dans « La presse en délire » *(Croc)*:

Monsieur Michel R., un écologiste spécialisé dans les mammifères de l'UQAM...

« Je ne vis plus avec mon mari qui a 78 ans depuis un bon nombre d'années », écrit une lectrice.

Mme Diane M. a été trouvée morte ce matin, étranglée dans le salon de son domicile par des policiers appelés sur les lieux par le mari de la victime.

L'ambiguïté structurale est syntaxique; elle se distingue de *l'ambiguïté lexicale,* qui repose sur la présence d'un mot polysémique (ayant plusieurs sens). L'ambiguïté dans les phrases suivantes est uniquement lexicale; en conséquence, ces phrases ont une seule représentation structurale:

L'alcool est surtout mauvais pour quelqu'un qui conduit une auto: alors, il peut avoir des effets désastreux sur sa circulation. (M. Lepage, *La Parole aux enfants,* Le Nordais, 1981)

Le Gewurztraminer. Quand on a un corps aussi parfait, on n'attend pas 10 ans pour en faire des folies. (Publicité pour un vin d'Alsace)

Une chouette place, c'est la place de la Concorde, comme disait un loustic à une cuisinière qui lui demandait s'il n'avait pas une bonne place à lui indiquer. (Alphonse Allais, « Propos détachés de Sam Weller », dans *Œuvres posthumes)*

Chez le Culottier: pas question de fermeture. (« La presse en délire », *Croc)*

Le présent ouvrage étant consacré à la syntaxe, nous laisserons de côté l'étude des ambiguïtés strictement lexicales. Il existe cependant des ambiguïtés qui, à première vue, pourraient sembler uniquement lexicales, mais où l'ambiguïté lexicale a des corrélats structuraux. Tel est le cas dans les deux exemples suivants :

> *Tout le monde s'attache au Québec.* (Slogan pour promouvoir le port de la ceinture de sécurité)

> *J'aspire au calme.* (Publicité pour l'aspirateur Paris Rhône Aérospire, parue dans *Jours de France)*

Dans ces deux phrases, l'ambiguïté vient du fait que les verbes *s'attacher* et *aspirer* peuvent recevoir deux interprétations. Leur premier sens (celui que la publicité a pour objet de véhiculer) est en gros celui de « lier » (ici, « boucler sa ceinture ») et d'« avaler la poussière » ; le second sens est « avoir de l'attachement » et « prétendre à, souhaiter ». Il s'agit donc là d'une ambiguïté de type lexical. Or, cette ambiguïté lexicale a pour corrélat une distinction dans la fonction des SP *au Québec* et *au calme.* En effet, dans le premier sens de *s'attacher* et *aspirer,* les SP fonctionnent comme des compléments de phrase : il s'agit de compléments de lieu, qui répondent aux questions « Tout le monde s'attache où ? » et « J'aspire où ? ». Par contre, dans le second sens, les SP constituent des compléments d'objet indirect des verbes *s'attacher* et *aspirer :* ils répondent aux questions : « Tout le monde s'attache à quoi ? » et « J'aspire à quoi ? ». En d'autres termes, l'ambiguïté lexicale résultant de l'emploi de ces deux verbes s'accompagne d'une ambiguïté structurale : la position des compléments SP dans l'arbre syntagmatique varie en fonction de l'interprétation retenue (les compléments se trouvent alors soit sous le nœud Ph, soit sous le nœud SV). Voici les deux arbres correspondant à la phrase *J'aspire au calme* :

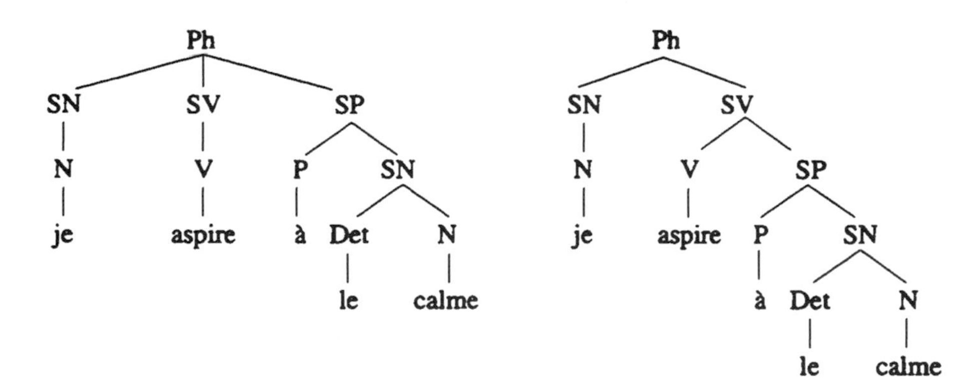

3.6. Les constituants

L'interprétation des phrases structuralement ambiguës montre que les locuteurs natifs se font une représentation mentale de la structure interne des phrases. Par ailleurs, le test de distributionnalité (section 3.3) nous montre que certains groupes de mots constituent des unités de même type : ces groupes de mots occupent les mêmes positions dans la phrase. Pour rendre compte de cela, nous avons organisé ces groupes de mots en syntagmes. Dans cette section, nous verrons des arguments supplémentaires à l'appui de l'idée que certaines suites de mots s'organisent pour former des groupes ou *constituants.*

Pour définir le terme « constituant », pensons à une famille comprenant une arrière-grand-mère, ses trois enfants, ses cinq petits-enfants et ses trois arrière-petits-enfants, relations que l'on pourrait schématiser comme suit :

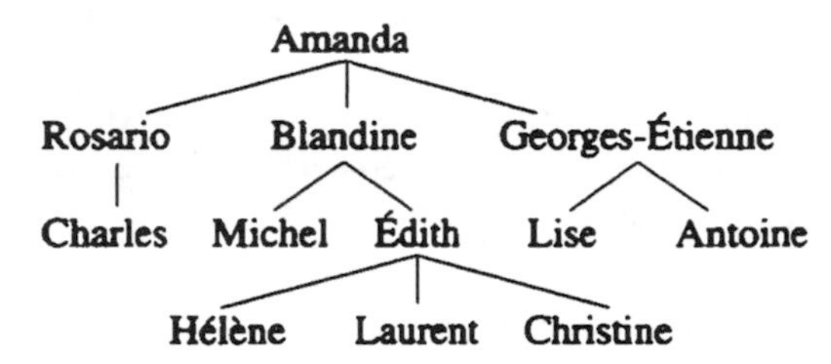

On peut définir dans ce schéma un ensemble et des sous-ensembles de descendants. Ainsi, tous les membres de cette famille (hormis Amanda elle-même) font partie de l'ensemble « descendants d'Amanda ». Par ailleurs, Lise et Antoine forment le sous-ensemble « descendants de Georges-Étienne ». Charles, à lui seul, forme l'ensemble « descendant de Rosario ». Mais Laurent et Hélène ne forment pas un ensemble de descendants : l'ensemble « descendants d'Édith » comporte nécessairement non pas deux, mais trois personnes.

Les constituants dans un arbre syntagmatique se définissent de façon analogue :

Constituant :

Une suite de mots X, Y, Z forme un constituant si et seulement si ces mots sont dominés par un même nœud W, lequel ne domine rien d'autre.

Considérons maintenant une partie d'arbre syntagmatique, afin de déterminer quelles sont les suites qui forment des constituants :

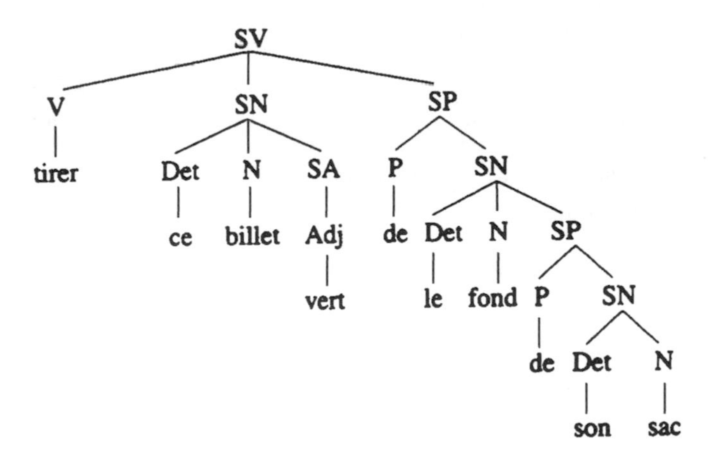

La suite de mots *ce billet vert* forme un constituant (SN); les suites *ce billet vert* et *du fond de son sac* forment deux constituants distincts (respectivement, SN et SP); la suite *le fond de son sac* forme un constituant (SN), etc. Enfin, toute la suite de mots *tirer ce billet vert du fond de son sac* forme un constituant (SV). Mais les suites *ce billet vert du fond de son sac* ou *tirer ce billet vert* ne forment pas des constituants: le nœud SV domine bien ces suites de mots, mais il domine aussi autre chose.

La notion de constituant est très importante en syntaxe. En effet, les groupes de mots qui forment un constituant se comportent, du point de vue des opérations syntaxiques, comme une unité. On entend par «opérations syntaxiques» des opérations de remplacement (par un pronom) ou de déplacement. Avant de présenter des exemples, posons d'abord le principe suivant:

Condition sur les opérations syntaxiques

Les opérations syntaxiques peuvent cibler ensemble une suite de mots seulement si cette suite de mots forme un constituant.

Il est possible, par exemple, de remplacer une suite de mots par les pronoms *le, la, les, lui, en,* etc. Dans l'exemple ci-dessus, le pronom *le* peut ainsi remplacer la suite de mots *ce billet vert*:

Elle tire ce billet vert du fond de son sac.
→ *Elle le tire du fond de son sac.*

Le pronom *le,* nous l'avons vu, est un pronom clitique, qui se place devant le verbe ou l'auxiliaire. Ce qu'il nous faut observer ici, c'est que ce pronom ne peut remplacer qu'une suite de mots qui forme un constituant SN (et non pas une suite de mots dominée par un SN et ne formant pas à elle seule un SN). La phrase suivante, où le pronom *le* remplace la suite de mots *ce billet,* est agrammaticale, puisque cette suite de mots ne forme pas un constituant dans l'arbre donné plus haut:

Elle tire ce billet vert du fond de son sac.
→ * *Elle le tire vert du fond de son sac.*

De même, le pronom *en* (qui remplace un constituant introduit par la préposition *de*) peut remplacer la suite *du fond de son sac,* qui forme un constituant dans l'arbre ci-dessus:

Elle tire ce billet vert du fond de son sac.
→ *Elle en tire ce billet vert.*

Cependant, ce pronom ne peut pas remplacer la suite de mots *du fond,* qui ne forme pas un constituant:

Elle tire ce billet vert du fond de son sac.
→ * *Elle en tire ce billet vert de son sac.*

Le *clivage* constitue un autre exemple d'opération syntaxique. Une construction clivée peut être formée à partir d'une phrase déclarative et a la forme : *c'est X que...,* où X représente un mot ou un groupe de mots de la phrase déclarative de base. On a ainsi :

Elle tire ce billet vert du fond de son sac.
→ *C'est ce billet vert qu'elle tire du fond de son sac.*
→ *C'est du fond de son sac qu'elle tire ce billet vert.*

La suite de mots en position X doit former un constituant. Les phrases suivantes sont agrammaticales, car les suites de mots soulignées ne forment pas des constituants dans l'arbre :

→ * *C'est ce billet qu'elle tire vert du fond de son sac.*
→ * *C'est ce billet vert du fond qu'elle tire de son sac.*

Enfin, l'interrogation est une autre opération syntaxique qui porte sur des constituants. On peut remplacer par *qu'est-ce (que)* un SN, mais non une suite de mots ne formant pas un constituant :

Elle tire ce billet vert du fond de son sac.
→ *Qu'est-ce qu'elle tire du fond de son sac ?*
→ * *Qu'est-ce qu'elle tire vert du fond de son sac ?*

Dans la première phrase, *qu'est-ce* (*que*) remplace la suite de mots *ce billet vert,* qui forme un constituant. Par contre, dans la seconde phrase, c'est la suite de mots *ce billet* qui est remplacée ; or, cette suite de mots ne forme pas un constituant, et la phrase est agrammaticale.

De la même façon, l'interrogation *d'où* peut porter sur un constituant introduit par *de,* mais non sur une suite de mots qui ne forme pas un constituant :

→ *D'où tire-t-elle ce billet vert ?* (*d'où* = du fond de son sac)
→ * *D'où tire-t-elle ce billet vert de son sac ?* (*d'où* = du fond)

Nous avons vu que les compléments ou modificateurs d'une tête se placent, dans l'arbre, en position sœur de la tête. La notion de constituant nous permet de vérifier la validité de la structure ainsi établie ou encore de déterminer la structure de la phrase lorsque les relations de complémentation ou de modification ne sont pas claires. Autrement dit, le principe posé plus haut nous servira de test pour déterminer la structure en constituants. Supposons que l'on veuille découvrir la structure de la suite *la combinaison idéale* dans la phrase suivante :

Natasha a trouvé la combinaison idéale.

On peut analyser la suite de mots *la combinaison idéale* comme un SN objet direct ; cette suite de mots forme alors un constituant, et il est en effet possible de l'antéposer ou de la pronominaliser :

C'est la combinaison idéale que Natasha a trouvée.
Natasha l'a trouvée. (*la* = la combinaison idéale)

Cependant, la phrase peut avoir une seconde interprétation, équivalente à « Natasha a trouvé que la combinaison était idéale ». Dans ce cas, il est probable que la suite *la combinaison idéale* aura une représentation différente. Mais quelle est cette représentation ? La notion de constituant nous aide ici à déterminer (du moins en partie) l'organisation des mots entre eux. En effet, dans la seconde interprétation, il est possible d'antéposer ou de pronominaliser la suite de mots *la combinaison* :

C'est la combinaison que Natasha a trouvée idéale.
Natasha l'a trouvée idéale. (*la* = la combinaison)

La suite *la combinaison* ne forme pas un constituant lorsque le groupe de mots *la combinaison idéale* est un SN objet direct. Mais les phrases ci-dessus nous montrent que, dans la seconde interprétation, cette même suite de mots forme un constituant et ne fait pas partie d'un SN objet direct.

L'application d'opérations syntaxiques à une phrase nous permet donc d'en vérifier la structure, en vertu du principe énoncé plus haut. Il faut toutefois être prudent lorsque l'on applique ce test. Reprenons l'exemple du SV *tirer ce billet vert du fond de son sac.* Les phrases ci-dessous, construites à partir de cette suite de mots, sont toutes agrammaticales :

* *Elle <u>en</u> tire ce billet vert du fond.*
* *C'est <u>de son sac</u> qu'elle tire ce billet vert du fond.*
* *D'où tire-t-elle ce billet vert du fond ?*

Ces phrases devraient-elles nous amener à conclure que la suite de mots *de son sac* ne forme pas un constituant, contrairement à la représentation que nous avons donnée dans l'arbre plus haut ?

C'est ici qu'il faut être attentif. Nous avons posé qu'une suite de mots ne peut être ciblée par une opération syntaxique que si elle forme un constituant. Cela n'implique pas que *toute suite de mots formant un constituant puisse être ciblée par une opération syntaxique.* Autrement dit, si une suite de mots est déplacée ou remplacée par un pronom, nous pouvons conclure qu'elle forme un constituant. Mais l'impossibilité de déplacer ou de remplacer une suite de mots ne prouve pas que cette suite ne forme pas un constituant. Il pourrait en effet y avoir d'autres facteurs qui empêchent une opération syntaxique de s'appliquer. (Pour comprendre ce type de raisonnement, pensez à la situation suivante : ce cours de syntaxe est obligatoire et vous ne pouvez obtenir votre diplôme que si vous l'avez réussi. Si dans deux ans vous êtes diplômé, on pourra déduire que vous avez réussi ce cours. Mais la réussite du cours de syntaxe ne garantit pas automatiquement l'obtention du diplôme. Si dans quelques années vous n'êtes pas diplômé, il sera impossible de conclure que vous avez échoué ce cours, car beaucoup d'autres facteurs pourraient être en cause. Vous n'auriez pas omis de régler vos frais de scolarité ?)

Dans ce chapitre, nous avons passé en revue certaines des propriétés fondamentales de la syntaxe des langues humaines. Les mots d'une phrase s'organisent selon un ordre précis. Cet ordre peut varier, mais pas n'importe comment : il faudra préciser quelles sont les variations possibles et impossibles, ce que nous ferons en partie pour le français. Tous les mots portent des étiquettes qui indiquent leur catégorie grammaticale : nom, verbe, adverbe, etc. À l'intérieur de la phrase, les mots s'organisent aussi selon une hiérarchie – ou structure – précise : ils se regroupent en syntagmes et ces syntagmes s'attachent à un niveau ou à un autre dans l'arbre syntagmatique, selon l'élément dont ils sont compléments ou qu'ils modifient. Enfin, le principe selon lequel les opérations syntaxiques ne peuvent s'appliquer qu'à des suites de mots formant un constituant nous permet de vérifier les relations hiérarchiques entre les mots de la phrase.

Exercices

1. *Représentation structurale de la phrase.* Représentez la structure des phrases ci-dessous au moyen de *parenthèses étiquetées* et *d'arbres syntagmatiques.* (Indiquez la catégorie grammaticale à laquelle appartient chaque mot et regroupez ensuite les mots en syntagmes.)

a. Je râle pour vous.
b. Ce sont les cadets de Gascogne !
c. Je suis un Berlinois.
d. J'ai une gueule d'atmosphère ?
e. On achève bien les chevaux.
f. L'amour avec vous est vraiment une expérience kafkaïenne.
g. Je crois que c'est le début d'une merveilleuse amitié.

(a : titre de livre, Joëlle Goron ; b : Edmond Rostand, *Cyrano de Bergerac*; c : trad. de l'allemand, discours de J.F. Kennedy à Berlin ; d : adapté d'une réplique d'Arletty dans *Hôtel du Nord ;* e : titre de film, Sydney Pollack ; f : réplique de Shelley Duvall dans *Annie Hall ;* g : réplique de Humphrey Bogart dans *Casablanca.)*

2. *Catégories.* Nous avons vu que certains mots peuvent appartenir à plus d'une catégorie grammaticale. À quelle(s) catégorie(s) appartiennent les nombres cardinaux *(deux, trois,* etc.) ? En vous basant sur les exemples ci-dessous, justifiez votre réponse.

a. Max a tourné *deux films.*
b. Max a tourné *ces films.*
c. Max a tourné *ces deux films.*
d. * Max a tourné *films.*

3. *Fonctions grammaticales.* Pour interpréter une phrase, le locuteur natif en analyse la structure (consciemment ou non) ; une telle analyse consiste à identifier la fonction grammaticale remplie par les syntagmes. La représentation d'une phrase sous forme d'arbre syntagmatique ou de parenthèses étiquetées présuppose une analyse *explicite*

(consciente) de la structure de la phrase. Exercez-vous à déterminer la fonction grammaticale de chaque syntagme. Les suites de mots isolées dans les phrases ci-dessous ont-elles une fonction de complément, de sujet ou de modificateur ? De quoi sont-elles le sujet ou le complément ? Que modifient-elles ?

a. L'étudiant a trouvé le livre de son professeur sous le banc du piano.
   i. de son professeur
   ii. sous le banc du piano
   iii. du piano

b. Assurément, les résultats de nos observations appuient l'hypothèse que le courrier électronique aura supplanté le téléphone avant la fin du vingtième siècle.
   i. assurément
   ii. les résultats de nos observations
   iii. l'hypothèse que le courrier électronique aura supplanté le téléphone avant la fin du vingtième siècle
   iv. le courrier électronique
   v. que le courrier électronique aura supplanté le téléphone avant la fin du vingtième siècle
   vi. le téléphone
   vii. avant la fin du vingtième siècle

4. *Syntagmes et représentation structurale.*

a. Pour chacune des suites de mots isolées dans l'exercice 3 ci-dessus, dites de quel type de syntagme il s'agit.

b. Représentez chacune des phrases de l'exercice 3 sous forme d'arbre syntagmatique.

5. *Ambiguïtés structurales.* À quoi l'ambiguïté de chacune des phrases ci-dessous tient-elle ? (Consultez au besoin des locuteurs natifs.) Donnez ensuite, sous forme d'arbre syntagmatique, la structure correspondant aux deux interprétations possibles.

a. Le copain d'Isabelle rapportera des truffes du Périgord.
b. Des amateurs de vins italiens présenteront un exposé.
c. Elle a promis qu'elle partirait ce matin.

6. *Constituants.* Les phrases ci-dessous sont toutes construites à partir de la phrase ambiguë en (a) de l'exercice 5. En vous basant sur les structures que vous avez établies pour la phrase (5a), expliquez pourquoi aucune des phrases ci-dessous n'est ambiguë.

a. Le copain d'Isabelle en rapportera du Périgord.
b. C'est du Périgord que le copain d'Isabelle rapportera des truffes.
c. Ce sont des truffes du Périgord que le copain d'Isabelle rapportera.
d. Ce sont des truffes que le copain d'Isabelle rapportera du Périgord.

Pour en apprendre davantage...

sur la structure des phrases :

Les notions présentées dans ce chapitre (catégories, structure, syntagmes, parenthèses étiquetées, arbres syntagmatiques, etc.) sont définies dans la plupart des ouvrages d'introduction à la grammaire générative. On pourra consulter entre autres Di Sciullo (1985)[F], Radford (1981), Brousseau et Roberge (2000)[F] et Jones (1996)*.

sur les adverbes :

La classe des adverbes pose des problèmes d'analyse notoires, principalement en raison de leur mobilité (ils peuvent apparaître dans diverses positions) et de leur interprétation. Jackendoff (1972, chap. 3)* a proposé une classification des adverbes en anglais ; les propriétés des adverbes de phrase, notamment, y sont décrites. À ce propos, voir aussi Rochette (1991)[F]* La revue *Langue française* a consacré à l'étude des adverbes en français un numéro spécial, intitulé *Classification des adverbes* n° 88, décembre 1990)[F]*.

4
Les grammaires syntagmatiques

4.1. Des phrases infinies et une infinité de phrases

Loi d'Hofstadter :

Il faut toujours plus de temps que prévu, même en tenant compte de la loi d'Hofstadter.

Douglas R. Hofstadter, *Gödel, Escher, Bach : les brins d'une guirlande éternelle,* Paris, InterÉditions, 1985.

La pochette du disque *Ummagumma* de Pink Floyd représente un groupe de personnes dans des attitudes diverses ; à l'avant-plan, un homme est assis devant un mur sur lequel est fixée une photographie qui représente un groupe de personnes dans des attitudes diverses avec, à l'avant-plan, le même homme assis devant un mur sur lequel est fixée une photographie qui représente des personnages dans des attitudes diverses, avec à l'avant-plan, etc. Cette image se répète en principe à l'infini ; la limite est imposée uniquement par nos capacités visuelles, puisque l'image imbriquée de taille sans cesse décroissante devient imperceptible à partir d'un certain point. Ce qui caractérise ce type d'image, c'est la *récursivité,* c'est-à-dire le fait pour un objet de se contenir lui-même. La loi citée plus haut, une invention humoristique de l'informaticien Douglas Hofstadter, constitue un autre exemple de récursivité : elle est définie partiellement en fonction d'elle-même (schématiquement, elle a la forme H → X H).

La récursivité se manifeste dans toutes les langues naturelles. Les langues humaines ont la propriété de pouvoir enchâsser des phrases dans des phrases et des compléments dans des compléments : cette propriété du langage permet de former des phrases de longueur infinie, la seule limite étant imposée par les contraintes de la mémoire (et du souffle, s'il s'agit d'une phrase prononcée à haute voix !). Les enchâssements multiples sont utilisés par Robert Desnos dans son poème « La colombe de l'arche » (1923) pour faire écho au retour en arrière chronologique (il s'agit ici d'enchâssements de relatives à l'intérieur de relatives) :

Maudit
soit le père de l'épouse
du forgeron qui forgea le fer de la cognée
avec laquelle le bûcheron abattit le chêne
dans lequel on sculpta le lit
où fut engendré l'arrière-grand-père
de l'homme qui conduisit la voiture
dans laquelle ta mère
rencontra ton père !

Eugène Ionesco, dans *la Cantatrice chauve*, va encore plus loin : la phrase suivante, prononcée par le capitaine des pompiers dans la scène VIII, contient plus de vingt relatives enchâssées !

> Mon beau-frère avait, du côté paternel, un cousin germain dont un oncle maternel avait un beau-père dont le grand-père paternel avait épousé en secondes noces une jeune indigène dont le frère avait rencontré, dans un de ses voyages, une fille dont il s'était épris et avec laquelle il eut un fils qui se maria avec une pharmacienne intrépide qui n'était autre que la nièce d'un quartier-maître inconnu de la Marine britannique et dont le père adoptif avait une tante parlant couramment l'espagnol et qui était, peut-être, une des petites-filles d'un ingénieur, mort jeune, petit-fils lui-même d'un propriétaire de vignes dont on tirait un vin médiocre, mais qui avait un petit-cousin, casanier, adjudant, dont le fils avait épousé une bien jolie jeune femme, divorcée, dont le premier mari était le fils d'un sincère patriote qui avait su élever dans le désir de faire fortune une de ses filles qui put se marier avec un chasseur qui avait connu Rothschild et dont le frère, après avoir changé plusieurs fois de métier, se maria et eut une fille dont le bisaïeul, chétif, portait des lunettes que lui avait données un sien cousin, beau-frère d'un Portugais, fils naturel d'un meunier, pas trop pauvre, dont le frère de lait avait pris pour homme la fille d'un ancien médecin de campagne, lui-même frère de lait du fils d'un laitier, lui-même fils naturel d'un autre médecin de campagne, marié trois fois de suite dont la troisième femme…

Étant donné que l'on peut construire des phrases de longueur infinie, il s'ensuit que le nombre de phrases dans une langue est lui aussi infini. En effet, chaque nouvel enchâssement résulte en une phrase nouvelle ; puisque l'on peut coordonner et enchâsser à l'infini, on peut donc créer une infinité de phrases, toutes différentes les unes des autres.

Aux propriétés du langage décrites dans le chapitre précédent s'ajoute donc celle-ci : le langage est un système qui, à partir d'un nombre fini de mots, peut *engendrer* (ou énumérer) une infinité de phrases. Dans la section suivante, nous allons construire un fragment de grammaire du français de façon à pouvoir engendrer, à partir d'un nombre fini de mots et de règles, un nombre infini de phrases.

4.2. Un fragment de grammaire du français

4.2.1. Les règles syntagmatiques

Les locuteurs natifs ont une représentation mentale de la structure de la phrase, structure que nous avons représentée à l'aide de parenthèses étiquetées et d'arbres syntagmatiques. Nous avons vu quelle est, en gros, la composition des syntagmes qui constituent la phrase. Tout cela est du domaine observable : l'existence d'une structure interne et les regroupements des différents mots entre eux se vérifient à l'aide des manipulations syntaxiques (qui nous servent de « tests de constituants ») que les locuteurs considèrent permises ou interdites, et à l'aide des interprétations que ces constructions sont susceptibles de recevoir. La description du français que nous avons donnée jusqu'ici pourrait tout aussi bien être faite par un Martien au terme d'un séjour plus ou moins long dans nos contrées. Mais n'oublions pas que le but de notre Martien n'est pas seulement de décrire : il doit encore élaborer un programme qui puisse être implanté à des humanoïdes et qui reproduise la compétence des locuteurs natifs. Un tel programme – ou grammaire – doit comprendre d'une part un lexique, c'est-à-dire une banque contenant les mots de la langue, et d'autre part des règles qui régissent l'agencement des mots et la construction des phrases.

Nous allons maintenant élaborer une telle grammaire ou, plutôt, un *fragment* de grammaire, car l'élaboration d'une grammaire exhaustive du français est une tâche considérable qui prendrait sans doute plus de temps que vous n'en disposez pour terminer vos études ! Pour constituer un fragment de grammaire, il suffit de délimiter un *corpus* (c'est-à-dire un ensemble de faits à décrire) et de formuler les règles nécessaires pour engendrer tous les objets (ici, les phrases) faisant partie du corpus.

Définissons tout d'abord quelques termes techniques. Nous utiliserons un type de grammaire formelle que l'on appelle une *grammaire syntagmatique.* Telles qu'on les utilise dans les travaux linguistiques, ces grammaires comportent un vocabulaire *non terminal* (les symboles SN, SV, SAdj, etc.), un vocabulaire *terminal* (les symboles V, P, Adj, Det, N, etc.), et un ensemble de *règles de réécriture* ou *règles syntagmatiques.* Ces règles servent à décrire ou à *engendrer* des arbres syntagmatiques tels que ceux figurant au chapitre précédent. La forme générale des règles syntagmatiques est la suivante :

X → Y

où X représente un seul élément du vocabulaire non terminal, Y représente *un ou plusieurs* éléments pouvant appartenir au vocabulaire non terminal ou au vocabulaire terminal, et où la flèche signifie « se réécrit » (pensez à la flèche comme à une relation de parenté directe, l'élément de gauche étant la mère de l'élément ou des éléments de droite). L'application des règles de réécriture a pour résultat un ou des arbres syntagmatiques. Ainsi, une grammaire syntagmatique constituée par les cinq règles ci-dessous engendre l'arbre de droite :

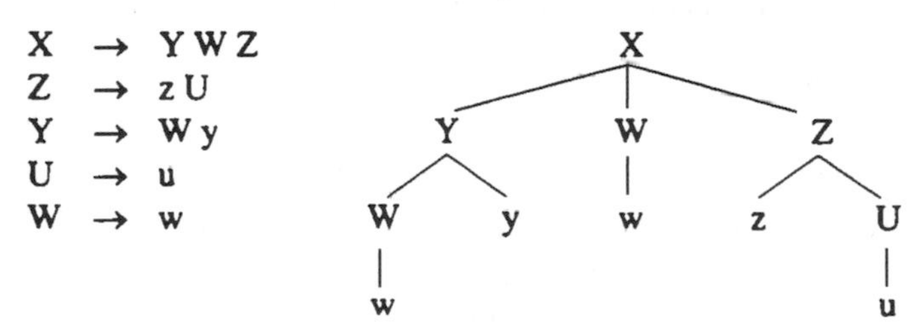

Revenons maintenant à notre fragment de grammaire du français. Pour faciliter l'exposé, nous limiterons notre corpus aux cinq phrases ci-dessous :

Max posera le problème au nouveau représentant de l'association très succinctement aujourd'hui.

Steph a dit à un étudiant que la librairie avait le roman de Beausoleil.

Votre jeune frère est tout content de son sort depuis que la gardienne est arrivée.

Le simple fait que cette situation stagne inquiète les économistes.

Notre grand-mère avait une bien meilleure mémoire avant.

La première règle syntagmatique à fixer est celle qui réécrit le symbole initial (le nœud le plus haut, en l'occurrence la phrase). Il nous faut trois règles : une pour le cas où Ph contient un syntagme adverbial de phrase, une pour les cas où Ph contient un SP de phrase, et une autre pour les phrases qui ne contiennent pas d'adverbiaux de phrase :

Ph → SN SV SAdv	*(Max posera le problème au nouveau représentant de l'association très succinctement aujourd'hui.)*
Ph → SN SV SP	*(Votre jeune frère est tout content de son sort depuis que la gardienne est arrivée ; notre grand-mère avait une bien meilleure mémoire avant.)*
Ph → SN SV	*(Steph a dit à un étudiant que la librairie avait le roman de Beausoleil ; le simple fait que cette situation stagne inquiète les économistes ; la librairie avait le roman de Beausoleil ; la gardienne est arrivée ; cette situation stagne.)*

Il faut faire en sorte que les derniers nœuds de l'arbre soient des catégories grammaticales (par opposition à des syntagmes). Nous devons par conséquent établir des règles de réécriture pour SN, SV, SAdv et SP. Commençons par le SN. En tenant compte de la composition des différents SN contenus dans les quatre phrases, nous formulons les règles de réécriture suivantes :

SN → N	*(Max ; Steph ; Beausoleil)*
SN → Det N	*(le problème ; l'association ; un étudiant ; la librairie ; ce moment ; son sort ; la gardienne ; cette situation ; les économistes ; notre grand-mère)*
SN → Det SA N	*(votre jeune frère ; une bien meilleure mémoire)*
SN → Det N SP	*(le roman de Beausoleil)*
SN → Det SA N SP	*(le nouveau représentant de l'association)*
SN → Det SA N Ph′	*(le simple fait que cette situation stagne)*

Quant au syntagme verbal, nous avons déjà vu qu'il renferme le verbe et qu'il peut comporter aussi un auxiliaire, des compléments et des modificateurs du verbe. Voici les règles de réécriture du SV nécessaires pour décrire les phrases de notre corpus :

SV → V SN SP SAdv	*(posera le problème au nouveau représentant de l'association très succinctement)*
SV → Aux V SP Ph′	*(a dit à un étudiant que la librairie avait le roman de Beausoleil)*
SV → V SN	*(avait le roman de Beausoleil ; inquiète les économistes ; avait une bien meilleure mémoire)*
SV → Aux V	*(est arrivée)*
SV → V SA	*(est tout content de son sort)*
SV → V	*(stagne)*

Les règles de réécriture du SP, du SAdv, du SA et du Ph′ sont, respectivement :

SP → P SN	*(au nouveau représentant de l'association ; de l'association ; à un étudiant ; de Beausoleil ; de son sort)*
SP → P Ph′	*(depuis que la gardienne est arrivée)*
SP → P	*(avant)*
SAdv → Adv	*(aujourd'hui)*
SAdv → SAdv Adv	*(très succinctement)*
SA → Adj	*(nouveau ; jeune ; simple)*
SA → SAdv Adj	*(bien meilleure)*
SA → SAdv Adj SP	*(tout content de son sort)*
Ph′ → C Ph	*(que la librairie avait le roman de Beausoleil ; que la gardienne est arrivée ; que cette situation stagne)*

En résumé, notre fragment de grammaire du français comporte, outre un lexique contenant tous les mots attestés dans le corpus, vingt-quatre règles syntagmatiques, numérotées pour plus de commodité :

1. Ph → SN SV SAdv
2. Ph → SN SV SP
3. Ph → SN SV
4. SN → N
5. SN → Det N
6. SN → Det SA N
7. SN → Det N SP
8. SN → Det SA N SP
9. SN → Det SA NPh′
10. SV → V SN SP SAdv
11. SV → Aux V SP Ph′
12. SV → V SN
13. SV → Aux V
14. SV → V SA
15. SV → V
16. SP → P SN
17. SP → P Ph′
18. SP → P
19. SAdv → Adv
20. SAdv → SAdv Adv
21. SA → Adj
22. SA → SAdv Adj
23. SA → SAdv Adj SP
24. Ph′ → C Ph

Nous allons maintenant voir comment cet ensemble de règles peut être formulé de façon plus condensée.

4.2.2. Abréviations

Cet ensemble de règles n'est pas très élégant: d'une part, il comporte des redondances et, d'autre part, il ne rend pas compte de certaines généralisations pourtant évidentes. Par exemple, il y a six règles de réécriture pour le SN; or chacune d'entre elles comporte à la droite de la flèche un élément de catégorie N. L'examen des six règles de réécriture du SN nous conduit à la généralisation suivante: dans un SN, seule la catégorie N est obligatoire; les autres catégories ou syntagmes sont facultatifs. Afin d'exprimer cette généralisation dans une seule règle, nous aurons recours à des mécanismes notationnels: les parenthèses et les accolades.

Les *parenthèses* expriment l'optionnalité, alors que les *accolades* marquent l'obligation de choisir entre deux catégories. La règle de réécriture de Ph, ci-dessous, est une abréviation des règles 1, 2 et 3:

Ph → SN SV (SAdv) (SP)

Les règles de réécriture du SN (règles 4 à 9) peuvent s'abréger comme suit:

SN → (Det) (SA) N (SP) (Ph′)

La règle ci-après constitue la forme abrégée des six règles de réécriture du syntagme verbal (règles 10 à 15):

SV → (Aux) V (SN) (SA) (SP) (Ph′) (SAdv)

Les trois règles de réécriture du SP (règles 16, 17 et 18) pourront, dans un premier temps, s'abréger comme ci-dessous (nous y reviendrons un peu plus loin):

SP → P (SN) (Ph′)

Les règles abrégées pour le SAdv (règles 19 et 20) et pour le SA (règles 21 à 23) sont les suivantes:

SAdv → (SAdv) Adv

SA → (SAdv) Adj (SP)

La règle de réécriture du Ph′ ne s'abrège pas, car elle est unique. Ceci nous donne sept règles au lieu de vingt-quatre.

En fait, les règles abrégées ne décrivent pas exactement le même ensemble de phrases que les règles non abrégées prises dans leur totalité. Par exemple, la règle de réécriture abrégée du SN permet d'engendrer la suite ci-dessous, qui n'est attestée nulle part dans le corpus:

[$_{SN}$ Det N SP Ph′]

En ce sens, la grammaire abrégée est moins *restrictive* que ne l'est la grammaire non abrégée : c'est-à-dire qu'elle permet plus de possibilités. Seul un examen de phrases supplémentaires (non incluses dans le corpus) nous permettra de déterminer si cette grammaire abrégée est valable pour le français. Imaginons une suite de mots correspondant au SN plus haut :

[$_{SN}$ [$_{Det}$ le] [$_{N}$ roman] [$_{SP}$ de Beausoleil] [$_{Ph'}$que Steph avait]]

Ce SN est bien formé en français ; nous conclurons donc que la règle de réécriture abrégée du SN peut faire partie d'une grammaire du français.

Mais qu'en est-il de la règle abrégée du SP ? Celle-ci permet d'engendrer la suite P-SN-Ph′, qui ne fait pas partie du corpus initial. Pour établir la validité de cette règle, il faut déterminer s'il existe des prépositions pouvant être suivies de deux compléments, appartenant aux catégories SN et Ph′, respectivement. Des prépositions telles que *avant, dès, après, depuis, sans* peuvent introduire des Ph′. Les phrases ci-dessous nous montrent que ces prépositions peuvent être aussi suivies d'un SN. Cependant, ces prépositions ne peuvent jamais être suivies *à la fois* d'un SN et d'un Ph′ :

[$_{SP}$ [$_{P}$ avant] [$_{SN}$ la guerre]]
[$_{SP}$ [$_{P}$ avant] [$_{Ph'}$ qu'elle ne commence]]
* *[$_{SP}$ [$_{P}$ avant] [$_{SN}$ la guerre] [$_{Ph'}$ qu'elle ne commence]]*

[$_{SP}$ [$_{P}$ dès] [$_{SN}$ ce matin]]
[$_{SP}$ [$_{P}$ dès] [$_{Ph'}$ qu'elle est arrivée]]
* *[$_{SP}$ [$_{P}$ dès] [$_{SN}$ ce matin] [$_{Ph'}$ qu'elle est arrivée]]*

Nous voyons par ces exemples qu'une préposition peut admettre comme complément soit un SN, soit un Ph′, mais pas les deux à la fois. En d'autres termes, le SN et le Ph′ comme compléments d'une préposition sont en *distribution complémentaire,* c'est-à-dire qu'ils s'excluent mutuellement. (Le complément de la préposition peut aussi être omis, comme dans la dernière phrase du corpus.) La règle de réécriture du SP doit par conséquent être reformulée afin d'être conforme à ces faits. Nous introduisons donc les accolades, qui indiquent l'exclusion mutuelle. La règle reformulée se présente comme suit :

$$SP \rightarrow P\left(\left\{\begin{matrix} SN \\ Ph' \end{matrix}\right\}\right)$$

Dans cette règle de réécriture, les accolades indiquent l'obligation de choisir entre SN et Ph′ ; les parenthèses encadrant les accolades signifient que l'ensemble est facultatif, c'est-à-dire que la réalisation du SN ou du Ph′ n'est pas obligatoire.

Revoyons maintenant la règle de réécriture abrégée du SV :

SV → (Aux) V (SN) (SA) (SP) (Ph′) (SAdv)

Cette règle, à la différence des règles non abrégées prises dans leur ensemble, permet d'engendrer un SV tel que celui-ci :

$[_{SV}$ V SN SA$]$

Vérifions encore une fois la validité de la règle en formant d'autres phrases à l'aide de notre lexique. L'agrammaticalité des deux dernières phrases suggère que la suite V-SN-SA est exclue en français:

Votre frère $[_{SV}$ $[_{V}$ *est*$]$ $[_{SA}$ *bien content*$]]$.
Votre frère $[_{SV}$ $[_{V}$ *avait*$]$ $[_{SN}$ *un problème*$]]$.
* *Votre frère* $[_{SV}$ $[_{V}$ *est*$]$ $[_{SN}$ *un problème*$][_{SA}$*bien content*$]]$.
* *Votre frère* $[_{SV}$ $[_{V}$ *avait*$]$ $[_{SN}$ *un problème*$][_{SA}$*bien content*$]]$.

En nous appuyant sur ces faits, nous sommes amenés à conclure que la règle de réécriture du SV, ainsi abrégée, n'est pas suffisamment restrictive. Pour rendre compte de la distribution complémentaire entre SN et SA, nous aurons encore une fois recours aux accolades.

$$SV \rightarrow (Aux)\,V\left(\begin{Bmatrix} SN \\ SA \end{Bmatrix}\right)(SP)(Ph')(SAdv)$$

En ce qui concerne la distribution complémentaire du SN et du SA sous le nœud SV, deux précisions s'imposent. Tout d'abord, on pourra noter que la phrase *Votre frère avait un problème très simple* est grammaticale. Cependant, cette phrase comporte non pas la suite V-SN-SA, mais bien la suite V-SN, le syntagme adjectival étant contenu dans le SN objet direct. Pour s'en convaincre, on appliquera les tests de constituants. La suite *un problème très simple* peut être antéposée pour former une clivée: *C'est un problème très simple que votre frère avait.* Dans la suite V-SN-SA, le SN et le SA ne forment pas un constituant et ils ne pourraient pas être antéposés ensemble. Dans cette clivée, c'est un constituant de type SN – comprenant le déterminant, le nom et le SA – qui a été antéposé. En second lieu, dans certaines constructions appelées *constructions attributives,* la suite SN-SA à l'intérieur du SV semble bien être attestée:

Je $[_{SV}$ *juge* $[_{SN}$ *vos amis*$]$ $[_{SA}$ *très malhonnêtes*$]]$.
Les jeunes $[_{SV}$ *trouvent* $[_{SN}$ *la politique*$]$ $[_{SA}$ *ennuyeuse*$]]$.

Comme nous l'avons fait remarquer à la section 3.6, dans ce type de constructions, le SN et le SA semblent se comporter comme une unité du point de vue de leur sens (et non pas comme deux compléments qui se rattachent indépendamment au verbe). Le SN et le SA s'interprètent ensemble comme une proposition et les phrases plus haut équivalent à celles-ci: *Je juge [que vos amis sont très malhonnêtes]* et *Les jeunes trouvent [que la politique est ennuyeuse].* Dans les travaux récents, on admet pour cette raison que les deux compléments forment une *proposition réduite,* c'est-à-dire une proposition sans verbe. Cette proposition s'analyse non pas comme ci-dessus, mais plutôt comme un seul constituant sélectionné par le verbe:

Je $[_{SV}$ *juge* $[$*vos amis très malhonnêtes*$]]$.
Les jeunes $[_{SV}$ *trouvent* $[$*la politique ennuyeuse*$]]$.

Revenons maintenant à notre règle abrégée du SV. Pour nous assurer de la validité de cette règle, il nous faudra encore vérifier les autres cooccurrences non attestées dans le corpus de départ, c'est-à-dire SA-Ph', Ph'-SAdv, etc. La méthode à suivre étant suffisamment claire, nous ne procéderons pas à ces vérifications et nous terminerons ici l'élaboration de notre fragment de grammaire du français, qui comporte donc les sept règles de réécriture suivantes :

Fragment de grammaire du français : règles de réécriture

Ph → SN SV (SAdv) (SP)

SN → (Det) (SA) N (SP) (Ph')

$$\text{SV} \rightarrow (\text{Aux})\,\text{V}\left(\begin{Bmatrix}\text{SN}\\ \text{SA}\end{Bmatrix}\right)(\text{SP})(\text{Ph}')(\text{SAdv})$$

$$\text{SP} \rightarrow \text{P}\left(\begin{Bmatrix}\text{SN}\\ \text{Ph}'\end{Bmatrix}\right)$$

SA → (SAdv) Adj (SP)

SAdv → (SAdv) Adv

(Ph') → C Ph

4.3. Règles syntagmatiques et grammaire universelle

Les grammaires syntagmatiques permettent de bien rendre compte des propriétés du langage. Ainsi, la partie de droite des règles de réécriture régit l'ordre des éléments et, par conséquent, l'ordre des mots à l'intérieur des syntagmes. Ces règles définissent aussi des rapports hiérarchiques : les éléments à droite de la flèche dans une règle sont des nœuds-sœurs dans l'arbre syntagmatique, et l'élément à gauche de la flèche est leur nœud-mère (la relation entre l'élément de gauche et les éléments de droite est une relation de *dominance immédiate*). Les grammaires syntagmatiques ont aussi ceci d'intéressant qu'elles permettent d'engendrer un nombre infini de phrases à partir d'un nombre fini de règles. Dans notre fragment de grammaire, cela est possible parce que les deux règles suivantes (entre autres) forment un ensemble récursif :

SN → (Det) (SA) N (SP) (Ph')

$$\text{SP} \rightarrow \text{P}\left(\begin{Bmatrix}\text{SN}\\ \text{Ph}'\end{Bmatrix}\right)$$

Dans ce système de règles, SN peut se réécrire Det-N-SP, SP peut dominer P et SN, et ce SN peut se réécrire Det-N-SP et ainsi de suite pour former une « boucle » que l'on pourrait étendre à l'infini. La représentation sous forme d'arbre syntagmatique donnerait ceci :

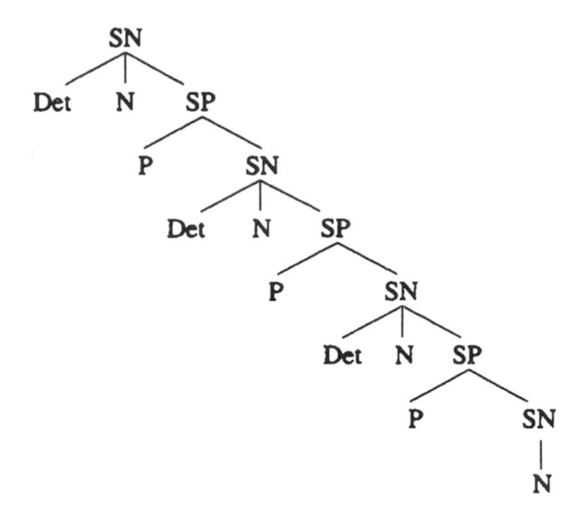

Cette structure s'applique à des syntagmes nominaux comme *le mari de la coiffeuse de la fille de Jules* ou *une photo de la porte de la cathédrale de Chartres.*

Les propriétés évoquées ici et encodées par les règles syntagmatiques ne sont pas le propre d'une langue en particulier; on les retrouve sinon dans toutes les langues, du moins dans la plupart d'entre elles. L'enchâssement (ou la récursivité) est permis dans toutes les langues, et les phrases ont universellement une structure interne résultant de la combinaison de certaines suites de mots. En ce qui concerne l'ordre des mots, la plupart des langues connaissent un ordre de base, qui peut, bien entendu, différer de celui qui prévaut en français. Il existe néanmoins un petit nombre de langues où l'ordre des mots semble entièrement libre: ces langues sont dites *non configurationnelles* (le warlpiri, une langue aborigène d'Australie, fait partie de cette classe). L'existence de langues véritablement non configurationnelles fait toutefois l'objet de controverses; ainsi des linguistes ont démontré que le japonais, autrefois considéré comme non configurationnel, a en fait un ordre de base, SOV, à partir duquel sont dérivés les autres ordres attestés.

Moyennant des modifications mineures, les règles syntagmatiques établies pour le français pourraient s'appliquer à n'importe quelle langue. Ces modifications mineures concernent par exemple l'ordre des constituants du syntagme: la règle de réécriture du SV pour le japonais différerait ainsi de celle du français par l'ordre relatif du V et de ses compléments (les compléments précèdent le verbe en japonais). La phrase ci-dessous nous permet de constater que le verbe est précédé du complément d'objet indirect et du complément d'objet direct; de plus, contrairement au français, la préposition suit son complément nominal (on parle dans ce cas d'une *postposition*).

Taroo-ga	Tookyoo	kara	okuri-mono-o	motte-kita
Taroo-nominatif	Tokyo	de	cadeau-accusatif	apporter-passé

«Taroo a apporté un cadeau de Tokyo.»

L'ordre des éléments dans les règles de réécriture du SV et du SP en japonais est le suivant:

SV → SP SN V
SP → SN P

D'autres différences que l'on peut observer entre les langues concernent la catégorie syntaxique des compléments. En français, par exemple, le complément du nom est toujours de catégorie SP. Ce n'est pas là une propriété universelle des compléments du nom: en latin, en ancien français et dans bon nombre de langues vivantes, le complément du nom est de catégorie SN. En voici des exemples:

Ancien français: *La Mort le roi Artu*
la mort le roi Arthur
«La mort du roi Arthur» (roman du XIIIe siècle)

Latin: *Ultima ratio regum*
dernier argument roi-génitif plur.
«Le dernier argument des rois»
(devise que Louis XIV, dit-on, aurait fait graver sur ses canons)

Parmi les autres différences entre les langues qui concernent les règles de réécriture, mentionnons la présence ou l'absence de déterminants devant les noms communs et les noms propres (certaines langues utilisent le déterminant avec les noms propres, d'autres omettent le déterminant même avec les noms communs), la présence ou l'absence de certaines catégories grammaticales, etc. Ces différences concernent le contenu des règles de réécriture et doivent être spécifiées dans les grammaires individuelles des langues.

En résumé, si l'ordre des mots et la liste des catégories peuvent varier d'une langue à l'autre, il y a tout lieu de supposer que les rapports exprimés par les règles de réécriture, soit les rapports de précédence linéaire et les rapports de dominance immédiate entre les constituants, font partie de la grammaire universelle.

Exercices

1. *Règles syntagmatiques.* Supposons que les symboles A, B font partie du vocabulaire non terminal et que a, b font partie du vocabulaire terminal. En utilisant les abréviations, élaborez une grammaire constituée de *deux* règles seulement qui puisse engendrer toutes les suites ci-dessous:

i. a
ii. aab
iii. aaabbb
iv. aaaabb
v. aaaaab

2. *Règles syntagmatiques : français.* La règle de réécriture du SP que nous avons formulée ne permet pas d'engendrer à la fois un SN et un Ph′ en position de complément d'une préposition. À cet égard, examinez les SP entre crochets dans les phrases ci-dessous. Leur composition doit-elle nous amener à modifier la règle de réécriture du SP ? Justifiez votre réponse.

a. [$_{SP}$ Outre le fait qu'elle est intelligente], Caroline est une copine adorable.

b. Ils sont repartis [$_{SP}$ sans le trophée qu'on leur destinait].

c. Les médecines douces recommandent le massage shiatsu [$_{SP}$ pour la relaxation qu'il apporte].

3. *La catégorie des adjectifs prénominaux.* Nous avons analysé les adjectifs prénominaux comme des syntagmes adjectivaux (SA). Du point de vue de leur catégorie, ces adjectifs ne se distinguent donc pas des adjectifs postnominaux, qui sont aussi des SA :

[$_{SN}$ [$_{Det}$ un] [$_{SA}$ [$_{Adj}$ beau]] [$_{N}$ livre]]
[$_{SN}$ [$_{Det}$ un] [$_{N}$ livre] [$_{SA}$ [$_{Adj}$ intéressant]]]

Or certains linguistes proposent de distinguer les adjectifs prénominaux des adjectifs postnominaux en français : seuls les adjectifs postnominaux seraient dominés par un SA, les adjectifs prénominaux étant des Adj seuls (non dominés par un syntagme SA). En comparant les propriétés syntaxiques des adjectifs prénominaux et postnominaux, essayez de trouver des arguments à l'appui de cette hypothèse.

4. *Règles syntagmatiques : palau.* Le palau est une langue parlée dans l'archipel de Palau (îles Carolines, Micronésie) et fait partie de la famille austronésienne occidentale.

i. Donnez, sous forme d'arbre syntagmatique, la structure de chacune des phrases du corpus de palau.

ii. En vous basant sur ce corpus limité, construisez un fragment de grammaire du palau.

N. B. : Le trait d'union représente une frontière de morphème (les éléments reliés par un trait d'union comptent pour un seul mot). L'abréviation « perf. » indique l'aspect perfectif (ou accompli).

a. te-'illebed a bilis a rengalek
3e plur.-perf.-frapper Det chien Det enfants
Traduction : « Les enfants ont frappé le chien. »

b. ng-mil'er-ar a mlai a Kasta
3e sing.-perf.-acheter Det voiture Det Costa
Traduction : « Costa a acheté la voiture. »

c. ng-mla-mei a Droteo
3e sing.-perf.-venir Det Droteo
Traduction : « Droteo est venu. »

d. ngliliang a ngalek er a bet er ngii a Latii
3e sing.-perf.-mettre Det enfant Prep (dans) Det lit Prep (de) elle Det Latii
Traduction : « Latii a mis la fillette dans son lit (littéral. : "dans le lit de elle"). »

iii. Les règles de réécriture que vous avez dégagées pour le palau diffèrent-elles de celles du français ? En quoi consistent ces différences ?

5. *Règles syntagmatiques : macushi.* Le macushi (aussi orthographié makuxi, makusi) est une langue parlée par des Indiens du Venezuela, de la Guyane et du nord du Brésil (entre 5 000 et 15 000 locuteurs selon les différentes estimations). Du point de vue de la classification des langues indiennes d'Amérique du Sud, le macushi fait partie de la famille carib, un groupe qui comprend environ 80 langues parlées au nord du continent.

i. À partir des phrases ci-dessous, construisez une mini-grammaire du macushi, et dites en quoi cette langue se distingue du français.

ii. Donnez, sous forme d'arbres syntagmatiques, la structure de chacune des phrases du corpus de macushi.

N. B. : Le trait d'union représente une frontière de morphème (les éléments reliés par un trait d'union comptent pour un seul mot). Le corpus ci-dessous ne renferme que des verbes transitifs, mais ceci n'est pas représentatif de la réalité de la langue. Le macushi connaît aussi les verbes intransitifs, mais dans ce cas l'ordre relatif du sujet et du verbe est différent de celui qui est attesté ici. ERG = ergatif (marque morphologique de cas) ; réfl. = morphème réfléchi ; SUFF = suffixe à fonction indéterminée.

a. mîrîrî koneka-'pî mîîkîrî-ya
cela fabriquer-passé il-ERG
Traduction : « Il a fabriqué cela. »

b. t-ekîn era'ma-'pî paaka esa'-ya
3e pers. réfl.-animal voir-passé vache propriétaire-ERG
Traduction : « Le propriétaire de la vache a vu son animal. »

c. arauta kure'-nan rimî era' ma-'pî to'-ya
singe gros-SUFF très voir-passé ils-ERG.
Traduction : « Ils ont vu le très gros singe. »

Pour en apprendre davantage…

Sur les grammaires syntagmatiques et sur différents types de grammaires formelles, voir Baudot (1987)F. En ce qui concerne l'ordre des mots dans les langues du monde et en particulier certaines généralisations dont nous n'avons pas parlé ici (p. ex. dans les langues SOV, les prépositions ont tendance à suivre leur complément), voir Greenberg (1963). Ces généralisations typologiques (ou « universaux ») ont été réanalysées à l'aide des concepts utilisés en grammaire générative : voir notamment Travis (1984)*** et Koopman (1984)***.

5
Le lexique

5.1. La sous-catégorisation

5.1.1. Les verbes et leurs compléments

> Le verbe [«écrire»] n'appelle aucun complément à Paris. Il suffit de dire: «En ce moment j'écris», ou «J'ai l'intention d'écrire», ou: «Tu devrais écrire.» C'est une capitale farouchement intransitive.
>
> Alain Schifres, *Les Parisiens,* Paris, Éditions Jean-Claude Lattès, 1990.

Comme pour tout produit que l'on désire mettre en marché, la grammaire que nous avons élaborée doit être testée. Supposons qu'à titre d'essai on implante à un humanoïde notre mini-grammaire du français et un vocabulaire, soit l'ensemble des mots contenus dans notre corpus de cinq phrases du chapitre précédent. Ces mots seront classés selon leur catégorie grammaticale. On donnera à l'humanoïde les instructions suivantes: il faut engendrer des arbres syntagmatiques à l'aide des règles de réécriture, puis insérer sous les nœuds correspondant aux catégories grammaticales (N, A, V, Det, etc.) des mots de même catégorie pris dans le vocabulaire. La grammaire implantée comporte donc un mini-dictionnaire du français et les sept règles de réécriture du chapitre précédent, que nous donnons de nouveau ci-après:

Vocabulaire (mots de la langue)

N: *Max, problème, représentant, association, Steph, étudiant, librairie, roman, Beausoleil, frère, sort, gardienne, fait, situation, économistes, grand-mère, mémoire.*

V: *posera, dit, avait, est, arrivée, stagne, inquiète.*
(Nous admettrons que notre liste contient toutes les formes conjuguées de chacun de ces verbes: présent, imparfait, participe passé, etc.)

Adj: *nouveau, jeune, content, simple, meilleure.*

Prép: *à, de, depuis, avant.*

Adv: *très, succinctement, aujourd'hui, tout, bien.*

Det: *le, la, un, votre, son, ce, cette, les, notre, une.*

Aux: *a, est.*

Compl: *que.*

Règles de réécriture

Ph → SN SV (SAdv) (SP)

SN → (Det) (SA) N (SP) (Ph′)

$$SV \rightarrow (Aux)\,V\left(\begin{Bmatrix} SN \\ SA \end{Bmatrix}\right)(SP)(Ph')(SAdv)$$

$$SP \rightarrow P\left(\begin{Bmatrix} SN \\ Ph' \end{Bmatrix}\right)$$

SA → (SAdv) Adj (SP)

SAdv → (SAdv) Adv

Ph′ → C Ph

L'humanoïde peut construire librement à partir de ces règles bon nombre d'arbres syntagmatiques, dont les trois suivants :

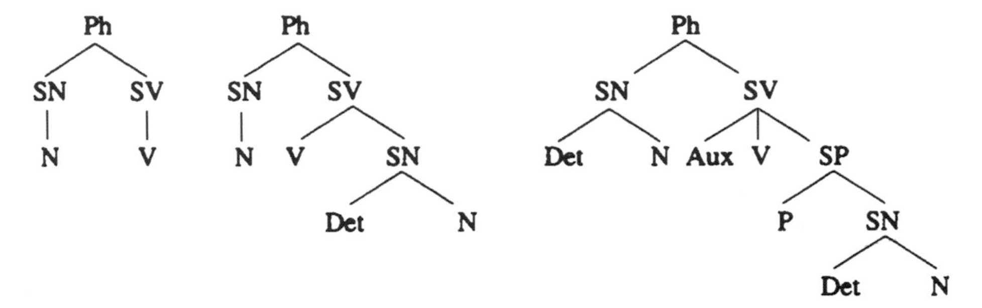

Après avoir inséré les mots sous les symboles des catégories grammaticales, notre humanoïde produira correctement un certain nombre de phrases grammaticales accompagnées de leur structure ; ces phrases sont toutes différentes de celles du corpus initial. Voici des exemples :

Max stagne.	(arbre de gauche)
Steph inquiète votre représentant.	(arbre du centre)
Beausoleil avait un roman.	(arbre du centre)
La gardienne est arrivée à l'association.	(arbre de droite)

Cependant, il peut aussi à l'aide de cette même grammaire construire un certain nombre de phrases *agrammaticales* :

* *Situation stagne.*	(arbre de gauche)
* *Steph inquiète cette étudiant.*	(arbre du centre)
* *Les économistes a arrivée à l'association.*	(arbre de droite)

Voilà des phrases qu'aucun locuteur natif ne prononcerait, et qui entraîneraient à coup sûr le repérage immédiat de l'humanoïde. Le test montre clairement que notre grammaire n'est pas au point. Afin de rectifier notre « programme », il nous faut déterminer pourquoi chacune des phrases est agrammaticale.

La première phrase est mal formée parce que le nom commun *situation* n'est pas précédé d'un déterminant. Dans la seconde phrase, l'agrammaticalité tient au fait que le déterminant *cette* n'est pas du même genre que le nom qui le suit. Enfin, la dernière phrase est agrammaticale pour trois raisons. Premièrement, le sujet est pluriel alors que le verbe est au singulier. Deuxièmement, le participe passé, lorsqu'il s'accorde, prend les traits de genre et de nombre du sujet ; or ici, bien que le sujet soit pluriel, le participe passé est singulier. Enfin, l'auxiliaire est *avoir* alors que le verbe *arriver* demande l'auxiliaire *être*.

Tous ces problèmes peuvent être résolus par la simple addition à notre programme de quelques directives qui s'appliqueront de façon générale à toutes les phrases du français. Ces règles peuvent être formulées de la façon suivante :

Règles d'accord :

- Le verbe s'accorde en nombre avec son sujet.
- Le déterminant s'accorde en genre et en nombre avec le nom tête du syntagme nominal.
- Lorsqu'il est précédé de l'auxiliaire « être », le participe passé s'accorde en genre et en nombre avec le sujet.

Règles de sélection :

- Un nom marqué [+commun] doit être précédé d'un déterminant.
- Un verbe marqué [+e] demande l'auxiliaire « être » ; un verbe marqué [-e] commande l'auxiliaire « avoir ».

Il y a, comme toujours, des exceptions à ces règles très générales : ainsi, un nom marqué [+commun] peut se passer de déterminant dans certains contextes, par exemple lorsqu'il fait partie d'un complément prépositionnel du nom spécifiant le type : *une femme de tête, un bijou de cuivre, une gueule d'atmosphère* (exercice 1, chap. 3), *un livre sans images,* etc. Les règles énoncées plus haut ne prétendent donc pas rendre compte de tous les contextes d'accord et de toutes les relations de sélection, mais elles suffiront à compléter notre fragment de grammaire.

Les règles énoncées ci-dessus supposent que les mots dans le dictionnaire sont identifiés non seulement pour leur catégorie (N, Adj, etc.) mais aussi pour certains traits à valeur binaire : par exemple, [±fém] pour le genre, [±sing] pour le nombre, [±commun] pour la distinction entre noms communs et noms propres, [±e] pour distinguer les verbes qui demandent l'auxiliaire *être* de ceux qui demandent l'auxiliaire *avoir*.

Le fragment de grammaire du français qui en résulte est toutefois encore trop permissif, car il permet d'engendrer d'autres phrases agrammaticales :

* *Max avait.*	(arbre de gauche)
* *Steph dit.*	(arbre de gauche)
* *Max stagne la situation.*	(arbre du centre)
* *Ce fait a inquiété à l'étudiant.*	(arbre de droite)
* *Le représentant a posé d'un problème.*	(arbre de droite)

L'agrammaticalité de ces phrases tient au fait que les verbes ne peuvent pas être insérés dans n'importe quelle structure. Les verbes *avoir* et *dire,* par exemple, ne peuvent pas être insérés sous un nœud V qui apparaît seul dans le SV. Inversement, le verbe *stagner* ne peut pas être inséré dans l'arbre du centre, où le nœud V est suivi d'un SN.

L'insertion du verbe *inquiéter* exige que le nœud V soit suivi d'un SN et non d'un SP, alors que celle du verbe *poser* dépend de la présence d'un SN et d'un SP.

Ces observations ont déjà été faites par les grammairiens traditionnels. Ceux-ci reconnaissent, à l'intérieur de la classe des éléments appartenant à la catégorie du verbe, des *sous-catégories*: les verbes intransitifs (p. ex. *dormir, pleuvoir*), les verbes transitifs directs (p. ex. *rencontrer, déguster*) et les verbes transitifs indirects (p. ex. *aller, plaire*). La différence entre l'humanoïde, qui applique mécaniquement les règles, et les locuteurs natifs du français réside dans le fait que ces derniers connaissent ces propriétés des verbes. Il nous faudra donc nous assurer que notre grammaire fournit, pour chaque verbe, des renseignements tels que ceux-ci: le verbe doit-il apparaître seul, ou doit-il plutôt être accompagné d'un complément, de deux compléments? S'il a un ou des compléments, s'agit-il de SN, de SP, de Ph'?

Ces renseignements sont idiosyncratiques, c'est-à-dire qu'ils varient pour chaque verbe. Les règles de réécriture nous renseignent sur le comportement des verbes dans leur ensemble; mais elles ne nous disent pas quels verbes sont transitifs et quels verbes sont intransitifs. Il nous faut donc, pour chaque verbe inclus dans notre dictionnaire ou lexique, préciser son environnement syntaxique. Le nombre de compléments requis par un verbe et la catégorie à laquelle appartiennent ces compléments constituent la *sous-catégorisation* d'un verbe. Par exemple, le verbe *rencontrer* (transitif direct) demande un SN; on dit alors que ce verbe est sous-catégorisé comme ayant un complément SN, ou encore qu'il *sélectionne* un complément de catégorie SN. Le verbe ditransitif *attribuer* appelle deux compléments: il est sous-catégorisé comme ayant un complément SN et un complément SP. Ces propriétés des deux verbes sont illustrées dans les exemples ci-dessous:

La monitrice a rencontré [$_{SN}$ *une étudiante*].
* *La monitrice a rencontré.*

On attribue [$_{SN}$ *la découverte du radium*] [$_{SP}$ *à Pierre et Marie Curie*].
* *On attribue* [$_{SN}$ *la découverte du radium*].
* *On attribue* [$_{SP}$ *à Pierre et Marie Curie*].

Supposons que notre lexique est construit comme une entrée de dictionnaire. Il faut indiquer, pour chaque mot, sa prononciation, sa catégorie grammaticale, son sens et, comme nous l'avons vu, ses traits de genre, de nombre, etc. Quant au verbe, il y aura lieu de préciser sa sous-catégorisation, tout comme le dictionnaire traditionnel signale s'il s'agit d'un verbe intransitif ou transitif. Tous ces renseignements (et d'autres que nous verrons plus loin) constituent l'*entrée lexicale* d'un mot. L'entrée lexicale (partielle) du verbe *attribuer* se présente comme ceci:

$$\textit{attribuer}: \begin{bmatrix} \text{V} \\ \text{/atribɥe/} \\ [\_\text{SN SP}] \\ \dots \end{bmatrix}$$

La première ligne de l'entrée lexicale indique la catégorie grammaticale à laquelle appartient le mot. À la seconde ligne figure sa prononciation, transcrite à l'aide de l'alphabet phonétique international (API). Vient ensuite le *cadre de sous-catégorisation*: le trait tient la place du verbe (ce qui veut dire que SN et SP suivent le verbe) et la présence de catégories à la droite du trait signifie que la présence de deux compléments de catégorie SN et SP est obligatoire.

Il faut noter que ces deux compléments obligatoires peuvent parfois être réalisés dans une position différente de celle prévue dans le cadre de sous-catégorisation. Ainsi, dans la phrase ci-dessous, les deux compléments du verbe *attribuer* prennent la forme de clitiques: ils se trouvent alors devant et non pas derrière le verbe:

On la leur attribue.

Rappelons que les cadres de sous-catégorisation représentent l'ordre de base des compléments. Or, comme nous l'avons vu, les clitiques occupent par rapport au verbe une position très particulière qui n'est pas la position de base des compléments. Nous y reviendrons au chapitre 13.

Voyons maintenant d'autres exemples d'entrées lexicales, celles des verbes *dormir* (intransitif), *aller* (transitif indirect), et *rencontrer* (transitif direct):

$$\textit{dormir}: \begin{bmatrix} \text{V} \\ \text{/dɔrmir/} \\ [\_] \\ \dots \end{bmatrix} \quad \textit{aller}: \begin{bmatrix} \text{V} \\ \text{/ale/} \\ [\_\text{SP}] \\ \dots \end{bmatrix} \quad \textit{rencontrer}: \begin{bmatrix} \text{V} \\ \text{/rãkɔ̃tre/} \\ [\_\text{SN}] \\ \dots \end{bmatrix}$$

Il est important de noter que le cadre de sous-catégorisation ne fait mention que des compléments dont la présence permet de déterminer une sous-classe de verbes. Ainsi, aucun complément n'est inclus dans le cadre de sous-catégorisation du verbe *dormir,* qui est intransitif. On sait, bien entendu, que ce verbe, bien qu'il ne tolère pas la présence d'un objet direct, peut être accompagné de compléments circonstanciels (que l'on nomme «ajouts» en grammaire générative):

Michel dort [$_{SN}$ le jour].
Michel dort [$_{SP}$ devant sa table de travail].
Michel dort [$_{SP}$ à poings fermés] [$_{SN}$ le jour][$_{SP}$ devant sa table de travail].

Ces compléments, qui précisent la manière, le temps et le lieu de l'action, ne sont pas requis par le verbe *dormir*; en fait, des compléments de ce type peuvent apparaître avec n'importe quel verbe, qu'il soit intransitif, transitif direct ou indirect ou ditransitif. Par ailleurs, ces compléments sont toujours facultatifs. Leur présence n'est par conséquent pas liée à une sous-catégorie de verbes et il n'y a pas lieu de les inclure dans les cadres de sous-catégorisation.

Nous avons établi le cadre de sous-catégorisation de verbes *attribuer, dormir, aller* et *rencontrer.* D'autres verbes, comme *annoncer,* présentent un comportement syntaxique un peu plus complexe. Les astérisques devant les phrases ci-dessous (ou leur absence) expriment les jugements des locuteurs :

Alexandre a annoncé [$_{SN}$ son départ] [$_{SP}$ à toute la classe de tai-chi].
Alexandre a annoncé [$_{Ph'}$ qu'il allait recevoir un prix] [$_{SP}$ à toute la classe de tai-chi].
Alexandre a annoncé [$_{SN}$ son départ].
Alexandre a annoncé [$_{Ph'}$ qu'il allait recevoir un prix].
* *Alexandre a annoncé.*
* *Alexandre a annoncé [$_{SP}$ à toute la classe de tai-chi].*
* *Alexandre a annoncé [$_{SN}$ son départ] [$_{Ph'}$ qu'il allait recevoir un prix].*

Ces phrases montrent que le verbe *annoncer* doit avoir au moins un complément; ce complément peut être un SN ou un Ph′. En outre, il peut facultativement avoir un complément SP. Enfin, les compléments SN et Ph′ sont en distribution complémentaire : la dernière phrase montre que l'un exclut l'autre. Nous avons déjà fourni, à propos des règles de réécriture, un moyen de représenter l'optionnalité et la distribution complémentaire (ou choix exclusif) : il s'agit des parenthèses et des accolades. Cette notation peut aussi s'employer pour la sous-catégorisation. Ainsi, l'entrée lexicale du verbe *annoncer* se représente comme suit :

$$\textit{annoncer}: \begin{bmatrix} \text{V} \\ \text{/anɔ̃se/} \\ \begin{bmatrix} - \begin{Bmatrix} \text{SN} \\ \text{Ph}' \end{Bmatrix} (\text{SP}) \end{bmatrix} \\ \dots \end{bmatrix}$$

5.1.2. Adjectifs, prépositions, adverbes et noms

Le verbe n'est pas la seule catégorie majeure qui soit susceptible d'une sous-catégorisation. Ainsi, certains adjectifs ne prennent jamais de complément (p. ex. *épisodique, équilatéral*), d'autres exigent un complément (p. ex. *enclin, réfractaire, désireux*) et d'autres enfin peuvent, facultativement, être accompagnés d'un complément (p. ex. *satisfait, heureux*). Voici des exemples :

Son intérêt pour la science est [$_{SA}$ [$_{Adj}$ épisodique]].
Luc est [$_{SA}$ [$_{Adj}$ enclin] [$_{SP}$ à la paresse]].
Luc est [$_{SA}$ [$_{Adj}$ enclin] [$_{Ph'}$ à quitter l'université]].
* *Luc est enclin.*

  Elle est [$_{SA}$ [$_{Adj}$ réfractaire] [$_{SP}$ à toute forme d'autorité]].
* *Elle est réfractaire.*
  Les étudiants sont [$_{SA}$ [$_{Adj}$ satisfaits] [$_{SP}$ de leurs résultats]].
  Les étudiants sont [$_{SA}$ [$_{Adj}$ satisfaits] [$_{Ph'}$ d'avoir réussi l'examen]].
  Les étudiants sont [$_{SA}$ [$_{Adj}$ satisfaits]].

Nous sommes donc maintenant en mesure de définir les cadres de sous-catégorisation des adjectifs *épisodique, enclin, réfractaire* et *satisfait,* dont voici les entrées lexicales :

$$\textit{épisodique}: \begin{bmatrix} \text{Adj} \\ /\text{epizɔdik}/ \\ [\_] \\ \ldots \end{bmatrix} \qquad \textit{enclin}: \begin{bmatrix} \text{Adj} \\ /\text{ɑ̃klɛ̃}/ \\ \begin{bmatrix} - \begin{Bmatrix} \text{SP} \\ \text{Ph}' \end{Bmatrix} \end{bmatrix} \\ \ldots \end{bmatrix}$$

$$\textit{réfractaire}: \begin{bmatrix} \text{Adj} \\ /\text{refraktɛr}/ \\ [\_\text{SP}] \\ \ldots \end{bmatrix} \qquad \textit{satisfait}: \begin{bmatrix} \text{Adj} \\ /\text{satisfɛ}/ \\ \begin{bmatrix} - \begin{Bmatrix} \text{SP} \\ \text{Ph}' \end{Bmatrix} \end{bmatrix} \\ \ldots \end{bmatrix}$$

Les adverbes et les prépositions peuvent aussi faire l'objet d'une sous-catégorisation. L'adverbe *impunément* n'a pas de complément, alors que *contrairement* exige un complément de catégorie SP. La préposition *dans* demande un SN comme complément, la préposition *dedans* n'a pas de complément, et la préposition *dès* appelle un complément qui peut être soit un SN, soit un Ph′:

  Ils ne commettront pas ce crime [$_{SAdv}$ [$_{Adv}$ impunément]].
  Les employés ont manifesté, [$_{SAdv}$ [$_{Adv}$ contrairement] [$_{SP}$ à nos directives]].
* *Les employés ont manifesté, [$_{SAdv}$ [$_{Adv}$ contrairement]].*
  Nous avons mis le pied [$_{SP}$ [$_{P}$ dans] [$_{SN}$ une flaque d'eau]].
* *Nous avons mis le pied [$_{SP}$ [$_{P}$ dans]].*
  Nous avons mis le pied [$_{SP}$ [$_{P}$ dedans]].
* *Nous avons mis le pied [$_{SP}$ [$_{P}$ dedans] [$_{SN}$ une flaque d'eau]].*
  Les cavaliers partiront [$_{SP}$ [$_{P}$ dès] [$_{SN}$ l'aurore]].
  Les cavaliers partiront [$_{SP}$ [$_{P}$ dès] [$_{Ph'}$ que leurs chevaux seront sellés]].
* *Les cavaliers partiront [$_{SP}$ [$_{P}$ dès]].*

Voici les entrées lexicales (partielles) de ces adverbes et prépositions :

$$\textit{impunément}: \begin{bmatrix} \text{Adv} \\ /\text{ɛ̃pynemɑ̃}/ \\ [\_] \\ \ldots \end{bmatrix} \qquad \textit{contrairement}: \begin{bmatrix} \text{Adv} \\ /\text{kɔ̃trɛrmɑ̃}/ \\ [\_\text{SP}] \\ \ldots \end{bmatrix}$$

$$\textit{dans}: \begin{bmatrix} \text{P} \\ \text{/dã/} \\ [\_\text{SN}] \\ \dots \end{bmatrix} \qquad \textit{dedans}: \begin{bmatrix} \text{P} \\ \text{/dədã/} \\ [\_] \\ \dots \end{bmatrix} \qquad \textit{dès}: \begin{bmatrix} \text{P} \\ \text{/dɛ/} \\ \left[\_\begin{Bmatrix} \text{SN} \\ \text{Ph'} \end{Bmatrix}\right] \\ \dots \end{bmatrix}$$

Quant aux noms, la majorité d'entre eux admettent un complément, et ce dernier est en général facultatif. Parce que le complément du nom peut presque toujours être omis, les noms sont plus difficiles à classer en sous-catégories que ne le sont les verbes. Nous pouvons quand même dégager trois sous-catégories de noms. Ces noms sont sous-catégorisés soit comme ayant un complément obligatoire (noms *relationnels),* soit comme ayant un complément facultatif (noms *déverbaux),* soit comme n'ayant pas de complément (noms *concrets*).

Les noms dits *relationnels* sont des noms qui expriment une relation entre deux termes. On trouve parmi ces noms ceux qui désignent les relations de parenté : *frère, sœur, cousin, tante,* etc. Ainsi, à la différence du nom *homme,* par exemple, le nom *frère* ne peut pas être employé isolément afin de désigner un être humain : on peut être un homme dans l'absolu, mais si l'on est un frère, on est nécessairement le frère de quelqu'un. Ce quelqu'un en regard de qui la relation s'interprète doit être spécifié dans le syntagme nominal sous forme de complément :

Le frère de Max est rentré à quatre heures du matin.
* *Le frère est rentré à quatre heures du matin.*

Le seconde phrase est agrammaticale si le nom *frère* désigne une relation de parenté. (Elle est grammaticale si le nom *frère* prend un autre sens, soit « membre d'une communauté religieuse ». Mais dans ce cas il s'agit, bien entendu, d'un nom différent.) Le cadre de sous-catégorisation du nom *frère* est donc le suivant :

$$\textit{frère}: \begin{bmatrix} \text{N} \\ \text{/frɛr/} \\ [\_\text{SP}] \\ \dots \end{bmatrix}$$

Une précision s'impose. Les phrases ci-dessus montrent que le complément du nom *frère* est obligatoire. Cependant, le participant à la relation familiale désigné par le complément peut parfois être réalisé par une autre catégorie qu'un SP et dans une autre position que celle de complément. Dans la phrase ci-dessous, ce participant est présent sous la forme du déterminant possessif *son* :

Son frère est rentré à quatre heures du matin.

Tout comme nous l'avons fait à la section précédente pour les compléments du verbe réalisés sous forme de clitiques, nous admettrons qu'un complément du nom peut être réalisé devant le nom en tant que déterminant possessif, mais que cela ne représente pas l'ordre de base du nom et de son complément. En d'autres termes, la phrase ci-dessus ne contredit pas le cadre de sous-catégorisation: le complément du nom obligatoire est présent, même s'il est réalisé sous une autre forme que le SP et dans une autre position que la position postnominale.

La deuxième sous-catégorie de noms comprend les noms *déverbaux*, c'est-à-dire les noms qui sont dérivés à partir de verbes (soit par l'addition d'un suffixe nominalisant, p. ex.: *-ment*, *-(a)tion*, *-age*, *-eur*, etc., soit d'une autre manière, p. ex.: *espérer/espoir*, *vouloir/volonté*).

harceler les employées → le harcèlement (des employées)
démontrer le théorème → la démonstration (du théorème)
paver des routes → le pavage (des routes)
collectionner des timbres → un collectionneur (de timbres)
espérer que les gouvernements interviennent → l'espoir (que les gouvernements interviennent)
espérer un monde meilleur → l'espoir (d'un monde meilleur)
vouloir que les choses changent → la volonté (que les choses changent)

Les propriétés de ces noms sont assez complexes et nous n'entrerons pas dans les détails ici. Mais ce que l'on peut déjà observer, c'est que le complément obligatoire d'un verbe est réalisé facultativement comme complément du nom déverbal correspondant. Par ailleurs, un complément du verbe appartenant à la catégorie SN est réalisé comme un SP lorsqu'il est complément du nom. On admettra par conséquent que les compléments entre parenthèses dans les exemples ci-dessus font partie du cadre de sous-catégorisation de ces noms déverbaux. À titre d'illustration, nous donnons les entrées lexicales partielles des noms *collectionneur* et *espoir*:

$$\textit{collectionneur}: \begin{bmatrix} \text{N} \\ \text{/kɔlɛksjɔnœr/} \\ [\_(\text{SP})] \\ \ldots \end{bmatrix} \qquad \textit{espoir}: \begin{bmatrix} \text{N} \\ \text{/ɛspwar/} \\ \left[\_\left(\begin{Bmatrix} \text{SP} \\ \text{Ph'} \end{Bmatrix}\right)\right] \\ \ldots \end{bmatrix}$$

Le troisième sous-catégorie de noms est celle des noms qui désignent des objets concrets, p. ex. *table, chaise, ordinateur, arbre, chapeau,* etc. Du point de vue de leur sous-catégorisation, ces noms se comportent comme les verbes intransitifs: ils n'appellent pas de complément. Toutefois, de la même façon qu'un verbe intransitif peut être accompagné d'un complément circonstanciel (qui ne fait pas partie de la sous-catégorisation du verbe), un nom concret peut être accompagné d'un complément non sous-catégorisant et facultatif:

La rue (de Marie-Claude)
Le stylo (de ma grand-mère)

Le complément entre parenthèses dans les phrases ci-dessus n'entre pas dans les cadres de sous-catégorisation des noms *rue* et *stylo*. Voici un exemple d'entrée lexicale pour un nom concret:

$$\textit{stylo} : \begin{bmatrix} \mathrm{N} \\ /\mathrm{stilo}/ \\ [\_] \\ \dots \end{bmatrix}$$

Nous venons de dire qu'il y a une différence entre le nom *pavage* et le nom *stylo*: le cadre de sous-catégorisation du premier, mais non celui du second, spécifie la présence d'un complément (SP) facultatif. Cette distinction est-elle justifiée? De fait, on peut observer que le complément facultatif du nom déverbal a une interprétation fixe par rapport au nom, alors que le complément facultatif du nom concret s'interprète de façon plus souple. Dans le cas des noms déverbaux, le complément désigne toujours l'objet de l'action, c'est-à-dire ce qui est pavé, démontré, etc.; la relation entre le nom et son complément ne varie pas. En revanche, le complément des noms concrets peut jouer différents rôles par rapport au nom. Ainsi, dans *le stylo de ma grand-mère,* le complément peut désigner un possesseur (le stylo appartient à ma grand-mère), mais le SN peut aussi bien désigner le stylo que ma grand-mère m'a donné, le stylo qu'elle utilise ou le stylo qui se trouve le plus près d'elle. De la même façon, le SN *la rue de Marie-Claude* peut désigner la rue où Marie-Claude habite, la rue qu'elle fréquente, la rue qu'elle préfère ou même la rue qui a été baptisée en son honneur. Le rôle qu'assume le complément par rapport au nom concret est en cela semblable à celui qu'assume un complément circonstanciel. Ce dernier peut, lui aussi, jouer différents rôles par rapport au verbe ou à l'action: il peut servir à spécifier le temps, le lieu, la manière, la cause, etc.

5.2. Compléments sélectionnés et non sélectionnés

Un dictionnaire – ou lexique – contient des renseignements idiosyncratiques, c'est-à-dire tout ce qui ne découle pas d'une règle générale. Il est évidemment plus intéressant d'énoncer des lois générales, lorsque c'est possible, que de décrire les faits de manière indépendante dans chaque entrée lexicale. Par ailleurs, il faut songer qu'un lexique doit être appris par cœur ou, s'il est conçu pour des humanoïdes, être implanté dans le cerveau. Du point de vue pratique, moins il contiendra d'éléments superflus, moins il prendra de place, et mieux cela vaudra pour tout le monde. Pour cette raison, il faut consigner dans le lexique uniquement les renseignements nécessaires, c'est-à-dire ceux qui sont distinctifs. De la même façon, si on vous demandait de décrire en trois lignes l'endroit où vous habitez, vous auriez vite gaspillé vos trois lignes si vous disiez qu'il y a un plancher, des murs, un plafond, une porte d'entrée; ce ne sont pas là des propriétés distinctives de votre appartement, puisque tous les autres les partagent.

Les cadres de sous-catégorisation, qui font partie du lexique, sont soumis eux aussi à cette règle d'économie. Aussi ne font-ils mention que des compléments sélectionnés et non pas des compléments non sélectionnés. Comment faire la différence entre un complément sélectionné et un complément non sélectionné? On dit parfois qu'un complément sélectionné est «plus près» du sens du verbe que ne l'est un complément sélectionné. Bien qu'il puisse nous servir de guide, ce critère est toutefois trop vague pour nous permettre d'établir une réelle distinction entre les deux types de compléments. Voilà pourquoi nous allons recourir à des tests syntaxiques.

Avant d'appliquer ces tests, il convient de vérifier si un complément est obligatoire : s'il l'est, nous pouvons conclure, sans l'ombre d'un doute, qu'il est sélectionné et l'application des tests est, dans ce cas, superflue.

Omission du complément

Si un complément ne peut pas être omis (l'omission du complément entraîne l'agrammaticalité de la phrase), alors ce complément est un complément sélectionné.

Voici comment appliquer ce test aux compléments des verbes *persuader* et *mettre* :

Le chef du syndicat a persuadé [$_{SN}$ les employés] [$_{Ph'}$ de retourner au travail].
* *Le chef du syndicat a persuadé [$_{SN}$ les employés].*
* *Le chef du syndicat a persuadé [$_{Ph'}$ de retourner au travail].*
Le facteur a mis [$_{SN}$ un colis] [$_{SP}$ dans ma boîte aux lettres].
* *Le facteur a mis [$_{SN}$ un colis].*
* *Le facteur a mis [$_{SP}$ dans ma boîte aux lettres].*

En conséquence, nous pouvons conclure que les compléments entre crochets sont des compléments sélectionnés par les verbes *persuader* et *mettre*.

Cependant, tous les compléments sélectionnés ne sont pas obligatoires ; si un complément peut être omis, il ne faut *pas* conclure qu'il est non sélectionné. (Voilà un raisonnement du même type que celui que nous avons vu à la section 3.6 relativement aux tests de constituants.) Les compléments qui sont facultatifs – c'est-à-dire qui peuvent être omis sans que cela entraîne l'agrammaticalité de la phrase – peuvent être soit sélectionnés, soit non sélectionnés. Pour déterminer leur statut, il nous faut appliquer d'autres tests syntaxiques qui permettent de distinguer les compléments sélectionnés des compléments non sélectionnés. Nous allons décrire ci-dessous trois de ces tests ; mais avant, voyons des exemples de compléments facultatifs.

Le bébé a dormi [$_{SN}$ toute la journée].
Le bébé a dormi.
Le facteur a mis un colis dans ma boîte aux lettres [$_{SP}$ juste après mon départ].
Le facteur a mis un colis dans ma boîte aux lettres.
Nous avons mangé du tiramisu [$_{SP}$ au bord du Grand Canal].
Nous avons mangé du tiramisu.

Les compléments entre crochets sont des compléments dits « circonstanciels ». Ils spécifient le moment et le lieu où se situe l'action, ou la manière dont se fait l'action. Comme nous l'avons vu, ces compléments peuvent accompagner n'importe quel verbe, car toutes les actions ou tous les états, quels qu'ils soient, peuvent être situés par rapport à un lieu et à un moment donnés, et toutes les actions peuvent être spécifiées quant à la manière dont elles sont faites. Il y a par conséquent lieu de penser que ce type de complément n'est pas sélectionné par le verbe, ce que nous allons confirmer au moyen de tests syntaxiques.

À part les compléments circonstanciels, il y a d'autres compléments qui sont facultatifs. Des exemples sont donnés ci-dessous :

Charlotte lisait [$_{SN}$ des romans historiques].
Charlotte lisait.
Le bébé a déjà mangé [$_{SN}$ sa purée].
Le bébé a déjà mangé.
J'ai prêté le livre [$_{SP}$ à Max].
J'ai prêté le livre.

En un certain sens, ces compléments sont étroitement associés au sens du verbe. S'agit-il alors de compléments sélectionnés ? Nous allons le démontrer à l'aide des tests ci-dessous.

Commençons par une observation due à Grevisse (1993, § 272 et § 307) et portant sur les SP. Grevisse note que, lorsque le verbe impose le choix d'une préposition en particulier, le complément est sélectionné par le verbe. C'est le cas du complément d'objet indirect du verbe *prêter,* qui est obligatoirement introduit par la préposition *à* ; toute autre préposition est impossible. En revanche, la préposition introduisant le complément de lieu dans la phrase *Nous avons mangé du tiramisu au bord du Grand Canal* n'est pas imposée par le verbe ; d'autres prépositions sont également possibles, p. ex. *dans le vaporetto, derrière le pont des Soupirs, près de la piazza San Marco,* etc. (Cela n'implique pas, bien entendu, que la préposition qui introduit un complément sélectionné soit *nécessairement* immuable : le complément de lieu du verbe *aller,* qui est obligatoire et par conséquent sélectionné, peut être introduit par différentes prépositions, p. ex. *Je suis allée à la campagne, Luc allait dans la cave, Le train va vers Saint-Jean-de-Matha.*)

Grevisse (*op. cit.*, § 272a, Rem.) propose un test syntaxique qui permet de faire la distinction entre les compléments sélectionnés et les compléments non sélectionnés. Le test consiste à insérer l'expression *et cela* ou *et ce* entre le verbe et le complément. L'insertion n'est possible que lorsque le complément n'est pas sélectionné. Autrement dit, l'expression *et cela* ou *et ce* ne peut pas séparer un complément sélectionné du verbe qui le sélectionne. La validité de ce test est confirmée par les exemples ci-dessous. Dans le premier groupe de phrases, le complément est obligatoire (donc, sélectionné) : l'insertion de *et cela* est interdite. Le deuxième groupe de phrases comporte des compléments circonstanciels de temps et de lieu ; ces derniers peuvent être précédés de l'expression *et cela.* Enfin, dans le troisième groupe, les compléments facultatifs des verbes *lire, manger* et *prêter* ne peuvent pas être précédés de l'expression *et cela* (le symbole « ?? » indique que la phrase est jugée un peu moins mauvaise que les phrases marquées d'un astérisque).

Test syntaxique 1 : insertion de « et cela »

Si l'insertion de « et cela » devant un complément conserve à la phrase sa grammaticalité, ce complément n'est pas sélectionné par le verbe. À l'inverse, si la phrase obtenue est agrammaticale, le complément est un complément sélectionné.

Compléments obligatoires

* *Mon père va, et cela à São Paulo.*
* *Les enfants ont déchiré, et cela ces notes de cours.*
* *Caroline se comporte, et cela de manière impeccable.*

Compléments facultatifs

a. Compléments circonstanciels de temps et de lieu :

Le bébé a dormi, et cela durant dix heures.
Le facteur a mis un colis dans ma boîte aux lettres, et cela juste après mon départ.
Nous avons mangé du tiramisu, et cela au bord du Grand Canal.

b. Compléments non circonstanciels :

* *Charlotte lisait, et cela des romans historiques.*
* *Le bébé a déjà mangé, et cela sa purée.*
?? *J'ai prêté le livre, et cela à Max.*

Les compléments circonstanciels se comportent donc comme des compléments non sélectionnés, et les compléments facultatifs non circonstanciels comme des compléments sélectionnés. Pour déterminer le statut d'un complément, nous pourrons dorénavant tenter d'intercaler l'expression *et cela* entre le verbe et le complément et conclure, à partir de la grammaticalité ou l'agrammaticalité de la phrase résultante, que le complément ciblé est non sélectionné ou sélectionné.

Un deuxième test syntaxique employé pour distinguer les compléments sélectionnés des compléments non sélectionnés est le remplacement d'une sous-partie du SV par l'expression *en faire autant.* L'expression *en faire autant* a la particularité de remplacer obligatoirement *le verbe et ses compléments sélectionnés* ; les compléments non sélectionnés, quant à eux, peuvent ne pas être remplacés. Voyons comment ce test peut être appliqué d'abord aux compléments obligatoires, puis aux compléments facultatifs. La suite entre crochets dans la partie gauche de la coordination représente la suite de mots qui est remplacée par *en faire autant* dans la partie droite de la coordination.

Test syntaxique 2 : remplacement par « en faire autant »

Si un complément d'un verbe d'action n'est pas inclus dans la suite remplacée par « en faire autant », c'est-à-dire si ce type de complément peut suivre l'expression « en faire autant », alors ce complément n'est pas sélectionné. À l'inverse, si un complément ne peut pas suivre l'expression « en faire autant », alors ce complément est sélectionné.

Compléments obligatoires

Mon père [va à São Paulo] et ma sœur [en fait autant].
Les enfants [ont déchiré ces notes de cours] et les plus vieux [en ont fait autant].
Caroline [se comporte de manière impeccable] et Esther [en fait autant].

* *Mon père [va] à São Paulo et ma sœur [en fait autant] à Los Angeles.*
* *Les enfants [ont déchiré] ces notes de cours et les plus vieux [en ont fait autant] ce livre.*
* *Caroline [se comporte] de manière impeccable et Esther [en fait autant] de façon admirable.*

Dans le premier groupe de phrases, tout le SV est remplacé par *en faire autant.* Cela ne nous indique pas le statut des compléments à l'intérieur du SV. C'est le second groupe de phrases qui est révélateur à cet égard. Les phrases du deuxième groupe montrent qu'un complément de même type que celui de la partie gauche ne peut pas suivre l'expression *en faire autant.* En d'autres termes, l'agrammaticalité du second groupe de phrases tient au fait que le complément sélectionné n'est pas remplacé par *en faire autant.* Voyons maintenant comment se comportent les compléments facultatifs du point de vue de ce test :

Compléments facultatifs

a. Compléments circonstanciels de temps et de lieu :

Le bébé [a dormi] durant dix heures et sa mère [en a fait autant] durant deux jours.
Le facteur [a mis un colis dans ma boîte aux lettres] juste après mon départ et un visiteur anonyme [en a fait autant] le lendemain.
Nous [avons mangé du tiramisu] au bord du Grand Canal et François [en a fait autant] devant Saint-Pierre de Rome.

b. Compléments non circonstanciels :

* *Charlotte [lisait] des romans historiques et Jules [en faisait autant] des poèmes.*
* *Le bébé [a déjà mangé] sa purée et sa mère [en a fait autant] son bœuf Stroganoff.*
* *J'[ai prêté le livre] à Max et tu [en as fait autant] à Julie.*

Le test nous permet de faire une distinction entre les deux types de compléments facultatifs : les compléments circonstanciels peuvent suivre l'expression *en faire autant* et se classent ainsi comme des compléments non sélectionnés, alors que les compléments non circonstanciels se comportent comme des compléments sélectionnés.

Le troisième test syntaxique est basé sur *l'antéposition.* On dit qu'un constituant est antéposé lorsqu'il est placé dans une position qui précède sa position dite « de base ».

Dans la phrase ci-dessous, le SP *durant dix heures* est antéposé :

Durant dix heures, le bébé a dormi.

Avant d'aller plus loin, il convient de faire la distinction entre l'antéposition simple et d'autres opérations telles que le *clivage* et la *dislocation* (ou « détachement »). Comme nous l'avons vu à la section 3.6, le clivage se caractérise par la présence des éléments *c'est* et *que* de part et d'autre du constituant antéposé. La dislocation, qui comporte aussi un constituant antéposé ou postposé (placé en fin de phrase), se distingue par la présence obligatoire d'un pronom de reprise à l'intérieur de la phrase. Voici des exemples :

Clivées : *C'est à São Paulo que mon père va.*
Ce sont ces notes de cours que les enfants ont déchirées.
C'est de manière impeccable que Caroline se comporte.
C'est durant dix heures que le bébé a dormi.
C'est juste après mon départ que le facteur a mis un colis dans ma boîte aux lettres.
C'est au bord du Grand Canal que nous avons mangé du tiramisu.

Dislocation : *À São Paulo, mon père y va.*
Ces notes de cours, les enfants les ont déchirées.
Nous y avons mangé du tiramisu, au bord du Grand Canal.

Comme on peut le constater, le clivage et la dislocation peuvent mettre en jeu l'antéposition d'un complément sélectionné ou non sélectionné. (Les possibilités de dislocation sont cependant limitées par la contrainte de reprise pronominale. Ainsi l'absence de pronom pouvant reprendre des compléments comme *de manière impeccable, durant dix heures* et *juste après mon départ* rend impossible la dislocation de ces compléments.)

Cela étant établi, revenons maintenant à l'antéposition. Contrairement aux deux opérations décrites ci-haut, l'antéposition (en français, du moins) ne peut porter que sur des compléments non sélectionnés. Les compléments sélectionnés qui sont des SN ne peuvent pas être antéposés et ceux qui sont des SP le peuvent difficilement. Les compléments obligatoires (donc, sélectionnés) ne peuvent pas être antéposés.

Test syntaxique 3 : antéposition

Si l'antéposition d'un complément du verbe donne une phrase parfaitement grammaticale, alors ce complément est un complément non sélectionné. En revanche, si l'antéposition d'un complément du verbe donne une phrase agrammaticale ou douteuse, il y a lieu de croire que ce complément est un complément sélectionné.

Compléments obligatoires

* *À São Paulo, mon père va.*
* *Ces notes de cours, les enfants ont déchiré.*
* *De manière impeccable, Caroline se comporte.*

Appliquons maintenant le test de l'antéposition aux compléments facultatifs.

Compléments facultatifs

a. Compléments circonstanciels de temps et de lieu :

Durant dix heures, le bébé a dormi.
Juste après mon départ, le facteur a mis un colis dans ma boîte aux lettres.
Au bord du Grand Canal, nous avons mangé du tiramisu.

b. Compléments non circonstanciels :

* *Des romans historiques, Charlotte lisait.*
* *Sa purée, le bébé a déjà mangé.*
?? *À Max, j'ai prêté le livre.*

(Il convient de noter que la dernière phrase peut être acceptable dans le contexte d'une liste contenant des paires destinataire-objet : *À Max, j'ai prêté le livre et à Luc, j'ai vendu le dictionnaire*. Mais prise isolément, en dehors de tout contexte, la phrase est douteuse et fait contraste avec des phrases qui, elles aussi prises isolément, sont parfaitement grammaticales.) Ce test montre que les compléments circonstanciels ne sont pas sélectionnés, alors que les compléments facultatifs non circonstanciels sont sélectionnés.

En cas de doute, c'est-à-dire lorsque le complément n'est pas obligatoire, on utilisera ces tests syntaxiques pour déterminer lesquels, parmi les compléments d'un verbe donné, sont sélectionnés, et par conséquent lesquels devraient faire partie du cadre de sous-catégorisation de ce verbe. Nous allons maintenant voir de manière plus précise quelle est la relation entre la sous-catégorisation, qui fait partie des entrées lexicales, et les arbres syntagmatiques qui résultent de l'application des règles de réécriture.

5.3. L'insertion lexicale

L'*insertion lexicale* est l'opération qui consiste à insérer des mots sous les nœuds correspondant aux catégories grammaticales dans un arbre syntagmatique. Le problème soulevé à la section 5.1.1 concernait la possibilité d'engendrer les phrases agrammaticales ci-dessous, représentées cette fois sous forme d'arbres syntagmatiques :

* *Steph dit.*
* *Max stagne la situation.*
* *Ce fait a inquiété à l'étudiant.*

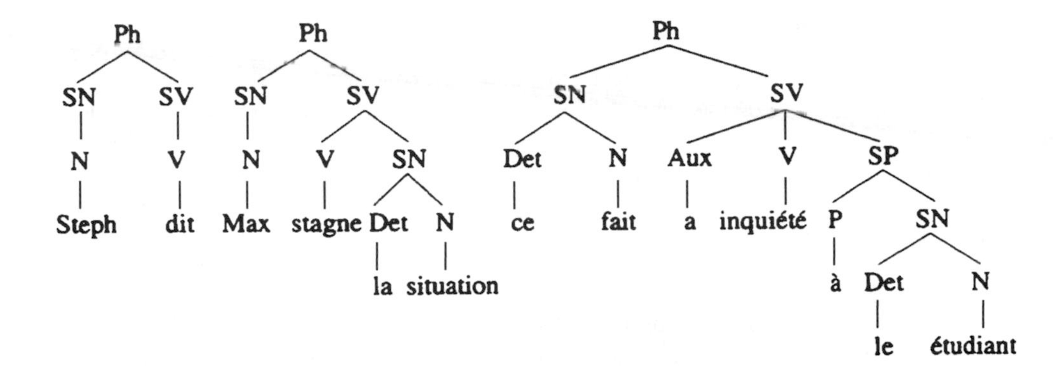

Pour exclure ces phrases agrammaticales, il suffit d'empêcher l'insertion des verbes *dire, stagner* et *inquiéter* dans les arbres ci-haut. De façon plus générale, nous dirons que l'insertion lexicale est soumise aux conditions suivantes:

Insertion lexicale:

Un élément lexical X peut être inséré sous un symbole de catégorie grammaticale Y seulement si:
1. X appartient à la catégorie Y;
2. La sous-catégorisation de X correspond à l'environnement syntaxique de Y.

Étant donné ces conditions, le verbe *dire* ne pourra pas être inséré sous le nœud V du premier arbre, puisque le cadre de sous-catégorisation de ce verbe exige la présence d'au moins un complément (qui peut être de catégorie SN ou Ph'); comme l'arbre de gauche ne contient pas cette catégorie à la droite du nœud V, la condition 2 de l'insertion lexicale n'est pas remplie. Il en va de même pour les deux autres arbres. Le verbe *stagner* est un verbe intransitif; son cadre de sous-catégorisation exclut par conséquent qu'un complément se trouve à la droite du verbe. L'arbre du centre n'étant pas conforme au cadre de sous-catégorisation de *stagner,* ce verbe ne pourra pas être inséré sous le nœud V. Enfin, le verbe *inquiéter* demande un complément SN; or, le nœud V est suivi d'un SP dans l'arbre de droite, ce qui, en vertu de la condition 2, empêche l'insertion du verbe *inquiéter* dans cet arbre.

5.4. Prédicats et arguments: les grilles thématiques

Continuons notre mise à l'épreuve de la grammaire élaborée jusqu'ici. Y a-t-il d'autres phrases qui pourraient être produites par notre humanoïde, mais qui ne seraient pas considérées comme grammaticales par des locuteurs natifs? Par exemple, la structure de la phrase ci-dessous est conforme aux règles de réécriture, et l'insertion du verbe *inquiéter* est possible puisque le cadre de sous-catégorisation de ce verbe est conforme à l'environnement syntaxique du nœud V: il y a bien un SN en position postverbale. Malgré cela, la phrase est agrammaticale:

* *Max inquiète le problème.*

L'agrammaticalité de la phrase tient au fait que le verbe *inquiéter* requiert en position postverbale un SN qui dénote un être capable de ressentir une émotion ou un sentiment, c'est-à-dire un être animé. Ainsi, certains verbes imposent à leur sujet ou à leur objet des contraintes d'ordre sémantique, que l'on appelle les *restrictions sélectionnelles.* Insistons sur le fait que le problème n'est pas lié ici à la sous-catégorisation. Celle-ci précise le nombre et la catégorie syntaxique des compléments; or le complément est présent et il est bien de catégorie SN.

On peut se demander pourquoi nous traitons de contraintes sémantiques dans un livre consacré à la syntaxe. En fait, il y a lieu de croire que certains traits sémantiques ont une incidence sur les opérations syntaxiques; c'est le cas du trait [±animé], par exemple. (Nous ne présenterons pas les arguments à l'appui de ce point de vue; on se reportera aux lectures suggérées à la fin du chapitre.) Nous admettrons donc que certains traits sémantiques sont visibles et pertinents pour la syntaxe.

Tout comme nous l'avons fait pour la sous-catégorisation, nous encoderons les restrictions sélectionnelles dans les entrées lexicales. Mais auparavant, faisons un détour par la logique afin de définir la relation entre prédicat et argument.

Les *prédicats* expriment des propriétés, des états ou des actions; typiquement, les verbes, les adjectifs et les adverbes sont des prédicats. Les *arguments,* quant à eux, représentent les participants engagés dans l'action ou subissant l'état exprimé par le prédicat. Le plupart des noms et des syntagmes nominaux sont des arguments: ils dénotent des objets, c'est-à-dire des entités concrètes (*la table, ce livre, mon vélo*) ou des entités abstraites (*l'amour, une théorie, la légèreté*). Certains syntagmes nominaux peuvent aussi assumer la fonction de prédicats lorsqu'ils expriment des propriétés; ils sont alors traditionnellement appelés «attributs». Dans les exemples ci-dessous, les prédicats sont soulignés:

Il <u>pleut</u>.
Le chat <u>dort</u>.
Charles-Henri <u>adore</u> les films de Spielberg.
La perspective d'un examen oral <u>terrorise</u> Jules.
Mon ordinateur est <u>super-performant</u>.
Les voisins <u>donnent</u> de l'argent au parti écolo.
Joëlle est <u>ministre</u>.

Chaque prédicat requiert un nombre précis d'arguments. Ainsi, *dormir, super-performant* et *ministre* ont chacun un argument (ici, représentés par les SN *le chat, mon ordinateur* et *Joëlle,* respectivement): ces prédicats sont dits «prédicats à un argument». Les prédicats *adorer* et *terroriser* ont chacun deux arguments: ils sont représentés ici par les SN *Charles-Henri* et *les films de Spielberg,* dans le premier cas, et par les SN *la perspective d'un examen oral* et *Jules,* dans le second. Enfin, *donner* est un prédicat à trois arguments: ici, il s'agit des SN *les voisins* et *de l'argent* et du SP *au parti écolo.* Quant au prédicat *pleut,* il appartient à la classe des prédicats sans argument; font aussi partie de cette classe de prédicats «atmosphériques» les expressions suivantes: *faire chaud, faire froid, neiger, faire beau,* etc. Ces expressions ont toutes pour sujet le pronom *il* impersonnel ou «explétif», qui ne dénote ni un objet concret ni une entité abstraite (en fait, du point de vue sémantique, le *il* explétif n'a pas de signification du tout).

En logique, le nombre d'arguments d'un prédicat est représenté par des variables (x, y, z) entre parenthèses, comme suit:

pleuvoir
dormir (x)
super-performant (x)
ministre (x)
adorer (x, y)
terroriser (x, y)
donner (x, y, z)

Ces renseignements sont indispensables; or, comme le nombre d'arguments varie d'un prédicat à l'autre, il faut les inclure dans les entrées lexicales de chaque mot. Cependant, nous avons vu que le *type sémantique* des arguments – et pas seulement leur nombre – doit être précisé: en effet, la variable «x» peut être remplacée par un SN inanimé dans le cas de *super-performant* ou *terroriser,* mais non pas dans le cas de *dormir.* Afin d'introduire ce type de renseignement sémantique, nous allons remplacer les variables par des étiquettes qui indiquent à quel type sémantique doivent correspondre les arguments. Ces types sémantiques sont appelés des *rôles thématiques* ou *rôles* θ («rôles thêta»).

Voici une liste des principaux rôles thématiques avec leur définition:

Rôles thématiques:

AGENT: être animé, instigateur volontaire de l'action.
ex.: *Cet enfant court dans la rue; J'ai été mordu par le chien.*

THÈME: entité qui subit l'action ou qui est l'objet de l'action.
ex.: *Max a vu un film; Le vase s'est cassé; La nuit l'effraie.*

PATIENT: entité animée qui subit l'action ou qui est l'objet de l'action.
ex.: *Le chat dort; Max a blessé son frère.*

PSY-CHOSE: être animé qui ressent un sentiment, une émotion, ou qui se trouve dans un état psychologique.
ex.: *La nuit effraie cet enfant; Nos invités adorent les huîtres.*

INSTRUMENT: objet inanimé employé pour faire l'action, ou qui est à l'origine de l'action.
ex.: *Ils ont brûlé ce livre avec une torche; Le vent a cassé la branche.*

LIEU (ou LOCATIF): endroit où se situe l'action; point d'arrivée de l'action.
ex.: *Paris se trouve en France; Ce meuble contient mes effets personnels.*

BUT: entité vers laquelle est dirigée l'action.
ex.: *J'ai donné un livre à Jules; Ils ont légué leur collection à la bibliothèque nationale.*

SOURCE: provenance d'une entité.
ex.: *Il est arrivé de Londres.*

Les variables pourront maintenant être remplacées par les rôles thématiques, de manière à indiquer, en plus de leur nombre, le type sémantique des arguments:

pleuvoir
dormir (Patient)
super-performant (Thème)
ministre (Thème)
adorer (Psy-chose, Thème)
terroriser (Thème, Psy-chose)
donner (Agent, Thème, But)

Enfin, il est utile d'indiquer lequel de ces rôles thématiques sera assigné à *l'argument externe,* c'est-à-dire en gros l'argument qui assume la fonction de sujet grammatical dans la phrase. (On dit qu'il est «externe» parce qu'il se trouve en dehors du SV, le syntagme qui contient le verbe.) Par convention, on souligne ce rôle thématique:

pleuvoir
dormir (Patient)
super-performant (Thème)
ministre (Thème)
adorer (Psy-chose, Thème)
terroriser (Thème, Psy-chose)
donner (Agent, Thème, But)

En résumé, les *grilles thématiques* (c'est-à-dire les données mises entre parenthèses) précisent: 1) le nombre d'arguments d'un prédicat; 2) le type sémantique de ces arguments; et 3) la position structurale des arguments: quel rôle thématique est assigné à l'argument externe, et quels rôles thématiques sont assignés aux arguments internes.

Voici les entrées lexicales des verbes *dormir aller, rencontrer* et *annoncer,* auxquelles on a ajouté les grilles thématiques:

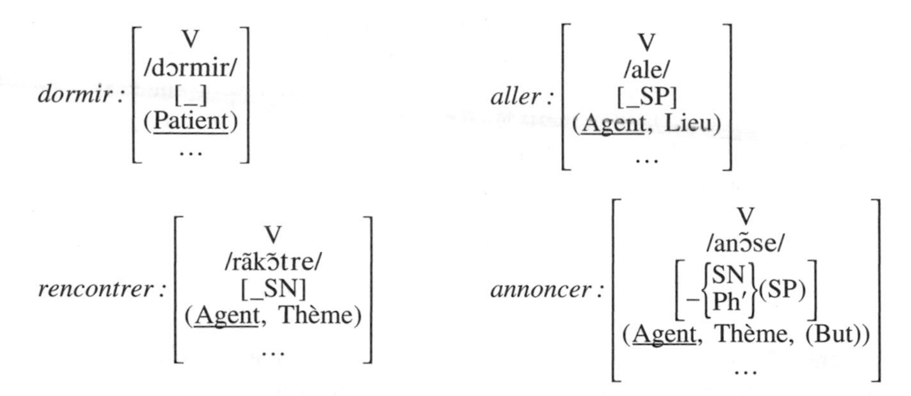

Comme nous l'avons fait pour la sous-catégorisation, il nous faut maintenant préciser quelle est la relation entre les grilles thématiques contenues dans les entrées lexicales et les structures engendrées par les règles de base. En d'autres termes, comment les grilles thématiques nous permettent-elles d'exclure des phrases comme **Max inquiète le problème*?

Les grilles thématiques, contrairement à la sous-catégorisation, ne sont pas une condition sur l'insertion lexicale (il nous faut en effet insérer d'abord tous les mots sous les nœuds de l'arbre, puis vérifier ensuite si les SN insérés, de par leur nombre et leur type sémantique, sont compatibles avec le verbe choisi). Nous allons plutôt proposer une règle générale – un *principe* – qui permette de vérifier que les exigences sémantiques du prédicat sont correctement remplies. Ce principe, qui doit être satisfait une fois que les éléments lexicaux sont insérés sous les nœuds de l'arbre syntagmatique, est le *critère thématique* (on dit aussi «critère thêta» ou «critère θ»):

Critère thématique :

a. Tout argument (constituant qui n'est pas un prédicat et qui a un contenu sémantique) doit recevoir un rôle thématique approprié et un seul.

b. Tout rôle thématique doit être assigné à un argument approprié et à un seul.

Le critère thématique vise à faire en sorte que tous les constituants de la phrase jouent un rôle approprié, qu'aucun constituant ne soit présent s'il n'a pas un rôle précis dans la phrase, et que tous les rôles soient remplis.

Pour bien comprendre comment fonctionne le critère thématique conjointement avec les grilles thématiques, imaginons la situation suivante. Vous cherchez à monter une pièce, disons *Oléanna* de David Mamet, dans laquelle l'auteur a prévu deux rôles, celui d'un professeur de littérature et celui d'une étudiante. Il vous faut donc deux acteurs, un homme dans la quarantaine et une femme dans la vingtaine. Vous n'allez pas confier le rôle du professeur à votre fils de dix ans, même s'il a un talent fou. Vous n'allez pas non plus donner les deux rôles au même acteur, et vous n'entendez sûrement pas tolérer la présence sur la scène d'un troisième acteur qui n'a strictement rien à faire dans la pièce.

Il en va essentiellement de même pour la phrase. Le prédicat – le plus souvent un verbe – impose le nombre de rôles à assigner, de même que leur type. Le verbe *inquiéter* est un prédicat à deux participants, et les deux rôles de ce verbe doivent être assignés à des arguments (les acteurs). Il requiert des acteurs d'un certain type, qui peuvent jouer les rôles de Thème et de Psy-chose. Schématiquement, le verbe distribue les rôles aux arguments de la façon suivante :

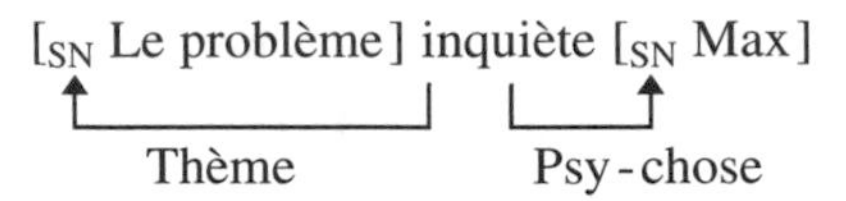

Le critère thématique prévoit que chaque rôle thématique doit être assigné à un argument approprié et à un seul, ce qui est bien le cas ci-dessus. En revanche, dans l'exemple ci-dessous, le rôle thématique Psy-chose n'est pas assigné à un argument approprié. La grille thématique du verbe précise que ce rôle est assigné à un argument interne au SV ; le SN *le problème* est bien réalisé comme complément à l'intérieur du SV, mais comme il ne dénote pas une entité animée, capable de ressentir une émotion, ce SN ne peut pas recevoir le rôle thématique Psy-chose. La phrase est par conséquent exclue :

* [$_{\text{SN}}$ Max] inquiète [$_{\text{SN}}$ le problème]

Thème Psy-chose

Le critère thématique permet d'exclure d'autres constructions qui sont mal formées. Prenons par exemple les phrases suivantes :

* *Max pleut.*
* *Il (explétif) prétend que Luc est parti.* (Comparer à : *Il (explétif) semble que Luc est parti.)*

Le première phrase est exclue en vertu de la condition (a) du critère thématique. En effet, le prédicat *pleuvoir* n'assigne pas de rôle thématique : le SN *Max,* un argument, ne peut donc pas recevoir de rôle thématique (en clair, c'est un acteur qui n'a pas de rôle). La seconde phrase est exclue par la condition (b) du critère thématique. Le verbe *prétendre* assigne deux rôles thématiques : un rôle thématique interne de Thème et un rôle thématique externe d'Agent. Le rôle thématique de Thème est assigné au Ph′ *que Luc est parti.* Cependant, le rôle thématique d'Agent ne peut pas être assigné au SN *il* qui se trouve en position sujet. Le *il* explétif n'est pas un argument, puisqu'il n'a pas de contenu sémantique : par conséquent, il ne peut recevoir aucun rôle thématique et la phrase contrevient à la condition (b) du critère thématique (ici, c'est un peu comme si l'on tentait de faire jouer le rôle du professeur par le rideau de scène ; non seulement ce n'est pas le bon type d'acteur, mais ce n'est pas un acteur du tout).

5.5. Opérations sur les grilles thématiques: le passif

Comme nous l'avons vu, les entrées lexicales précisent entre autres la catégorie grammaticale des mots, leur prononciation, leur environnement syntaxique et, le cas échéant, leur grille thématique, c'est-à-dire le nombre et le type sémantique des arguments et la position de ces arguments (internes ou externe relativement au SV). Mais le lexique n'est pas uniquement une liste de mots indépendants les uns des autres. On peut y exprimer des généralisations qui concernent les relations entre les mots. Ces généralisations sont du domaine de la *morphologie.* Par exemple, en français, l'ajout d'un suffixe *-age, -ment* ou *-(a)tion* à un verbe transitif a pour effet d'en modifier la catégorie grammaticale. Dans la colonne de droite, les mots formés d'une racine verbale (le verbe moins le suffixe de l'infinitif, *-(e)r, -(i)r,* etc.) et d'un de ces suffixes sont des noms:

V	*N*
laver	*lav+age*
passer	*pass+age*
démolir	*démoli+tion*
punir	*puni+tion*
délecter	*délect+ation*
brûler	*brûle+ment*
rouler	*roule +ment*

Il existe aussi dans le lexique des opérations qui, sans changer la catégorie des mots, ont pour effet de modifier leur grille thématique. Prenons un exemple du japonais. Dans cette langue, on peut ajouter à un verbe transitif ou intransitif le suffixe *-sase,* qui exprime la causativité. La première phrase ci-dessous contient un verbe transitif et la seconde un verbe transitif auquel on a ajouté le suffixe causatif:

Kodomo-ga gohan-o tabeta
Enfant-nomin. riz-accus. manger-passé
«L'enfant a mangé le riz.»

Keiko-ga kodomo-ni gohan-o tabesaseta
Keiko-nomin. enfant-datif riz-accus. manger-caus.-passé
«Keiko a fait manger le riz à l'enfant.»

On peut observer trois différences entre le verbe simple et le verbe à suffixe causatif. Tout d'abord, le verbe à suffixe causatif comporte un argument supplémentaire (l'Agent, «Keiko»). Deuxièmement, l'Agent du verbe transitif devient un Patient (il subit l'action dans la causative). Enfin, l'Agent externe du verbe transitif est un Patient *interne* dans la causative; en effet, il porte le cas datif, qui correspond à peu près à la fonction d'objet indirect du verbe. En résumé, l'ajout du suffixe causatif à un verbe en japonais modifie le nombre des arguments de ce verbe et la position de ces arguments. On pourra représenter la correspondance entre les grilles thématiques des deux verbes plus haut de la façon suivante:

taberu : (Agent, Thème)
↓ ↓
tabesaseru : (Agent, Patient, Thème)

En français, on trouve aussi des opérations morphologiques qui ont pour effet de modifier la grille thématique des verbes. Le cas que nous allons examiner, celui de *la passivisation,* est toutefois plus simple que la causativisation en japonais, puisqu'il se limite à modifier la *position* des arguments existants, sans toutefois ajouter d'argument. Ainsi, voyons le rapport qu'entretiennent une phrase active et sa contrepartie passive :

Les ennemis tueront des milliers de civils.
Des milliers de civils seront tués par les ennemis.

Du point de vue descriptif, le passage d'une phrase active à une phrase passive se caractérise par les changements suivants (voir, par exemple, Grevisse 1993, § 741-742, ou Riegel *et al.* 1994, p. 433-434) :

1. Le verbe prend la forme du participe passé et est précédé de l'auxiliaire *être.*
2. Le sujet devient un complément ; il est alors précédé de la préposition *par* ou, avec certains verbes, de la préposition *de.*
3. L'objet direct devient le sujet de la phrase.

Examinons maintenant ces changements du point de vue de la grille thématique des verbes. Le verbe *tuer* assigne normalement le rôle thématique d'Agent à un argument externe au SV. Or, dans la phrase passive, ce rôle thématique est assigné à un argument interne au SV. Une façon de caractériser la relation entre actif et passif serait de dire que la passivisation opère des changements sur la grille thématique des verbes. En particulier, la mise au passif aurait pour effet *d'internaliser* le rôle thématique externe. L'opération peut être représentée comme suit :

tuer : (Agent, Thème)
être tué : (Thème, Agent)
|
([$_{SP}$ par __])

La spécification catégorielle sous le rôle thématique d'Agent indique que l'argument qui reçoit ce rôle thématique doit être réalisé à l'intérieur d'un SP introduit par la préposition *par.* Plus rarement, l'argument internalisé peut être réalisé à l'intérieur d'un SP introduit par la préposition *de* : cela se produit notamment lorsque des verbes psychologiques *(aimer, admirer, craindre, estimer)* et des verbes dits « de connaissance » ou *épistémiques (connaître, savoir, oublier,* etc.) sont mis au passif :

Les étudiants estiment ce professeur de phonologie.
Ce professeur de phonologie est estimé des étudiants.

Dans le cas de ces verbes, il suffira de substituer, dans la spécification lexicale de leur forme passive, la préposition *de* à la préposition *par.*

Le seconde caractéristique du passif est le passage de l'objet direct à la position de sujet. Dans l'optique de ce que nous venons de proposer, il serait tout à fait plausible de supposer l'existence d'une seconde opération sur les grilles thématiques, opération qui aurait pour effet *d'externaliser* un des rôles thématiques internes, ici le Thème. Cependant, cette solution pose des problèmes. Prenons la phrase suivante, où le verbe *tuer* est au passif :

Il a été tué des milliers de civils.

Le sujet de la phrase est le pronom *il* impersonnel ou explétif ; or, comme nous l'avons vu en relation avec le critère thématique, ce pronom ne peut apparaître que dans une position où aucun rôle thématique n'est assigné. Si le verbe passif *être tué* assignait un rôle thématique externe de Thème, la phrase ci-dessus contreviendrait à la partie (b) du critère thématique : le rôle thématique externe ne pourrait pas être assigné au pronom *il,* qui n'est pas un argument. Autrement dit, la phrase serait exclue au même titre que la phrase **Il (explétif) prétend que Luc est parti.* Ce n'est pas là le bon résultat, puisque la phrase *Il a été tué des milliers de civils* est parfaitement grammaticale.

Nous allons par conséquent supposer que l'opération de passivisation internalise l'argument externe, mais qu'elle n'externalise aucun argument. En d'autres termes, un verbe au passif n'assigne pas de rôle thématique externe ; il est en cela semblable aux verbes *falloir, sembler, s'avérer,* qui eux aussi peuvent prendre pour sujet le pronom explétif *il.* Soulignons que, dans cette analyse, les caractères morphologiques de la mise au passif (c'est-à-dire l'ajout de l'auxiliaire *être* et de la forme du participe passé) s'accompagnent d'une opération sur la structure d'arguments : l'argument externe doit être internalisé. Si ces deux processus vont de pair, on comprend pourquoi les verbes comme *falloir, sembler* et les verbes atmosphériques (*pleuvoir, neiger*) n'admettent pas la morphologie passive :

  Il me fallait ce dossier.
* *Ce dossier m'était fallu.*
* *Il m'était fallu une quantité de dossiers.*

Comme ces verbes n'assignent pas de rôle thématique externe, l'internalisation du rôle thématique externe – et donc la mise au passif – est impossible.

Il nous reste bien entendu à déterminer comment l'argument interne qui correspond à l'objet direct en vient à occuper la position de sujet. Nous y reviendrons au chapitre 10 ; il y sera aussi question d'autres similitudes entre les verbes au passif et des verbes comme *sembler, paraître, s'avérer* et nous verrons comment on peut arriver à un traitement unifié de toutes ces constructions.

Résumons brièvement les principales propositions qui ont été faites dans ce chapitre. Nous avons ajouté à notre grammaire certaines spécifications afin d'éviter que ne soient engendrées des phrases agrammaticales. Certaines de ces spécifications ont trait aux mots eux-mêmes et sont encodées dans le lexique (ou dictionnaire). Le premier type de spécification concerne l'environnement *syntaxique* des mots appartenant aux catégories majeures (verbes, prépositions, adverbes, adjectifs et noms). Nous avons montré que chacun de ces mots détermine le nombre et la catégorie grammaticale de ses compléments sélectionnés: c'est la sous-catégorisation. Le second type de spécification concerne l'environnement *sémantique* d'un mot appartenant à une catégorie majeure: chacun de ces mots détermine le nombre de ses arguments, leur type sémantique et, en ce qui concerne les verbes, lequel de ces types sémantiques correspond à la position sujet (argument externe): ce sont les grilles thématiques.

On aura noté que les cadres de sous-catégorisation des verbes ne font pas mention des sujets. Cela est dû au fait que les verbes ne se distinguent pas les uns des autres par la présence ou l'absence d'un sujet. Autrement dit, à l'inverse des compléments dont la présence ou l'absence détermine des sous-catégories de verbes (p. ex. transitif direct, intransitif), les sujets ne déterminent pas des sous-catégories parmi les verbes. Quant à la catégorie à laquelle appartient le sujet, elle n'a pas non plus à être précisée dans le cadre de sous-catégorisation, puisqu'elle est prévisible. Dans la majorité des cas, le sujet est de catégorie SN. Avec un petit nombre de verbes, dont *être, paraître, sembler* et les verbes dits «psychologiques» (*ennuyer, inquiéter, plaire,* etc.), le sujet peut aussi être une proposition de catégorie Ph'.

Les cadres de sous-catégorisation et les grilles thématiques, bien qu'ils diffèrent du point de vue du type de renseignements qu'ils comportent, sont néanmoins liés: pour un prédicat donné, le nombre d'arguments internes correspond exactement au nombre de compléments spécifiés dans le cadre de sous-catégorisation. Ainsi, le complément circonstanciel dans *Luc lisait un roman dans le salon* n'est spécifié ni dans le cadre de sous-catégorisation ni dans la grille thématique du verbe *lire.* Étant donné le fait que les grilles thématiques indiquent le type sémantique de l'argument externe (qui, pour un verbe ou un adjectif, correspond au sujet de la phrase), le cadre de sous-catégorisation d'un prédicat comportant *n* arguments comporte nécessairement *n* ou *n-1* compléments. Par exemple, la grille thématique du verbe *persuader* comprend trois arguments et son cadre de sous-catégorisation spécifie deux compléments; le verbe *construire* a deux arguments dans sa grille thématique et un complément dans son cadre de sous-catégorisation. Enfin, le verbe *pleuvoir* n'a aucun argument dans sa grille thématique et aucun argument dans son cadre de sous-catégorisation.

Nous avons aussi ajouté à notre modèle des principes d'ordre général. L'insertion lexicale, qui consiste à insérer les éléments lexicaux sous les nœuds de l'arbre syntagmatique, ne peut se faire que si la sous-catégorisation d'un élément lexical à insérer sous un nœud X est satisfaite par l'environnement syntaxique du nœud X dans l'arbre syntagmatique. D'autres règles générales et principes, sensibles aux traits et propriétés lexicales des mots, s'appliquent une fois l'insertion lexicale faite. Ainsi, des règles générales d'accord assurent la correspondance des traits de nombre, de personne ou de genre entre le déterminant et le nom, le sujet et le verbe, le participe passé et le sujet, etc. Des règles générales de sélection font en sorte que le nom commun est précédé d'un déterminant et que l'auxiliaire adéquat est utilisé. Un principe général, le critère thématique, a pour effet de faire correspondre à des prédicats donnés des arguments dont le type sémantique correspond aux exigences de la grille thématique de ces prédicats. Enfin, nous avons analysé partiellement la correspondance entre verbes actifs et verbes passifs à l'aide d'une opération sur les grilles thématiques : l'internalisation de l'argument externe.

Exercices

1. *Sous-catégorisation.* En vous basant sur vos intuitions (ou sur celles de locuteurs natifs du français), donnez le cadre de sous-catégorisation des verbes ci-dessous. Justifiez votre réponse à l'aide de phrases grammaticales et agrammaticales.

a. disparaître
b. raconter
c. dévisager
d. redouter
e. persuader
f. inquiéter

2. *Grilles thématiques.* Donnez la grille thématique des verbes ci-dessous, c'est-à-dire le nombre, le type sémantique (rôles thématiques) et la position (interne ou externe) des arguments. Appuyez-vous sur les phrases figurant dans la colonne de droite.

a.	craindre	i.		Je crains les Grecs qui apportent des présents.
		ii.		Max craint que Julie ne soit déjà partie.
		iii.	*	Cette théorie craint les contre-exemples.
b.	somnoler	i.		Le ministre somnolait dans son bureau.
		ii.	*	Ces chiffres somnolent.
c.	ennuyer	i.		Cette conférence ennuie les étudiants.
		ii.		Le conférencier ennuie les étudiants.
		iii.		Le conférencier ennuie la classe.
		iv.	*	Le conférencier ennuie les bureaux.

3. *Rôles thématiques et fonctions grammaticales.* Reprenez les phrases données à l'exercice 2. À partir de ces seuls exemples, peut-on conclure que les rôles thématiques de même type (p. ex. Agent, Thème, etc.) ne sont pas toujours assignés à des constituants de même fonction grammaticale (p. ex. sujet, objet, etc.) ? Quels sont les exemples qui montrent cela ? Expliquez.

4. *Propriétés lexicales et agrammaticalité.* En vous servant des notions présentées dans ce chapitre (sous-catégorisation, grilles thématiques, insertion lexicale, règles d'accord et de sélection, critère thématique), expliquez pourquoi les phrases ci-dessous sont exclues.

a. * Le ministre a enjoint les manifestants.
b. * Cette étudiante faudrait qu'elle travaille plus fort.

c. * Elle est courue vers moi.
d. * Le conseiller pédagogique a persuadé à Julie de s'inscrire au baccalauréat spécialisé.
e. * Ce vendeur a mis la monnaie dans caisse.
f. * Le musique de Pearl Jam exaspère cela.
g. * Mon patron possède.
h. * L'amitié a raconté à nos voisins.

5. *Compléments sélectionnés et non sélectionnés.* Les compléments en italique dans les phrases ci-dessous sont tous facultatifs. À l'aide de tests syntaxiques, déterminez si ces compléments sont sélectionnés ou non par le verbe.

a. Augustin réfléchissait *à son problème de phonologie* durant la pause.
b. Augustin réfléchissait à son problème de phonologie *durant la pause.*
c. Elle suit des cours *pour devenir interprète.*
d. Les enfants riaient *du nouvel élève.*
e. Maxime chuchotait *les réponses de l'examen* à l'oreille de Xavier.
f. Maxime chuchotait les réponses de l'examen *à l'oreille de Xavier.*

Pour en apprendre davantage...

sur les règles de réécriture et l'insertion lexicale :

Lors de développements ultérieurs de la théorie, on a proposé que les règles de réécriture pouvaient être éliminées ; voir Stowell (1981)** et, pour un résumé plus accessible, Radford (1988, sect. 5.8)*. Ces travaux ont aussi mené à l'élimination de l'opération d'insertion lexicale : on dit maintenant que la structure argumentale (grilles thématiques + sous-catégorisation) des éléments lexicaux « projette » un arbre syntagmatique : voir Chomsky (1991)***.

sur les prédicats :

Sur la notion de prédicat en logique, voir Allwood *et al.* (1977, chap. 5), et Partee *et al.* (1990, chap. 7). En logique, le terme « prédicat » a un autre sens que celui que lui donne la grammaire traditionnelle. Pour cette dernière, le prédicat s'oppose au sujet et correspond à peu près au syntagme verbal ; voir notamment Grevisse (1993, § 237-240).

sur les rôles thématiques :

L'emploi des rôles thématiques en syntaxe n'était pas répandu avant le début des années 1980 ; voir à ce propos Chomsky (1991)***. Des arguments pour la pertinence des rôles thématiques en syntaxe ont d'abord été avancés par Gruber (1976)** et Anderson (1977)** ; voir aussi Jackendoff (1972)*. Certains de ces arguments sont résumés dans

Radford (1988, chap. 7)*. La distinction entre argument externe et arguments internes est due à Williams (1981)***. Sur la relation entre rôles thématiques et sous-catégorisation, voir Di Sciullo et Robidoux (1985)[F]*.

6
La théorie X-barre

6.1. Un niveau de structure intermédiaire

Pour bien comprendre un système, quel qu'il soit, il ne suffit pas d'en avoir décrit ou appris par cœur toutes les règles, ni d'être capable de les appliquer. il faut en outre être en mesure d'exprimer les généralisations qui sous-tendent les règles du système. Ainsi, qu'ont en commun la règle A et la règle B ? En quoi diffèrent-elles ? Y a-t-il un principe plus général qui pourrait englober ces règles, et peut-être même d'autres ? Un Martien envoyé en mission spéciale d'exploration sur la terre ne se contentera pas d'une simple énumération des règles sans chercher à comprendre le fonctionnement de la langue dont il vise à établir la grammaire. Les linguistes que nous sommes non plus.

Il s'agit donc dans ce chapitre de revoir les règles de réécriture que nous avons postulées afin de nous assurer qu'aucune généralisation importante ne nous a échappé lors de leur formulation. Nous reproduisons ci-dessous les sept règles de réécriture proposées au chapitre 4 pour décrire notre corpus du français :

Ph → SN SV (SAdv) (SP)

SN → (Det) (SA) N (SP) (Ph′)

$$\mathrm{SV} \rightarrow (\mathrm{Aux})\,\mathrm{V}\left(\begin{Bmatrix}\mathrm{SN}\\ \mathrm{SA}\end{Bmatrix}\right)(\mathrm{SP})(\mathrm{Ph'})(\mathrm{SAdv})$$

$$\mathrm{SP} \rightarrow \mathrm{P}\left(\begin{Bmatrix}\mathrm{SN}\\ \mathrm{Ph'}\end{Bmatrix}\right)$$

SA → (SAdv) Adj (SP)

SAdv → (SAdv) Adv

Ph′ → C Ph

Si nous envisageons les règles de réécriture du SN, du SV, du SP, du SA et du SAdv, une généralisation nous paraît aussitôt évidente : tous ces syntagmes dominent une catégorie grammaticale qui constitue la tête du syntagme. Cette tête est obligatoire, elle peut être précédée par d'autres catégories grammaticales ou par des syntagmes, et elle peut être suivie d'un nombre indéterminé de syntagmes. Autrement dit, tous ces syntagmes ont en gros la même composition interne. Or, cette généralisation n'est pas clairement exprimée, puisque les règles de réécriture sont indépendantes les unes des autres. Pour dégager les caractères communs aux différentes structures internes de ces syntagmes, on peut recourir à un modèle plus abstrait, valable pour toutes les catégories majeures. Soit la variable X, qui représente n'importe quelle catégorie majeure ; on dira que la forme d'un syntagme doit correspondre au modèle ou « patron » suivant :

SX → .... X ....

Nous avons ainsi atteint à partir de règles de réécriture disparates un plus haut niveau de généralisation. Mais nous pouvons faire encore mieux. Dans ce chapitre, nous verrons que le comportement de certains syntagmes nous amène à perfectionner ce patron (c'est-à-dire à y ajouter un niveau de structure intermédiaire) ; nous verrons comment ce nouveau patron s'adapte à tous les types de syntagmes.

Voyons tout d'abord cette phrase extraite du courrier du lecteur d'un hebdomadaire (exemple tiré de « La presse en délire ») :

Je suis un pompier volontaire qui d'ailleurs va en devenir un plus tard, car je compte en faire mon métier

Si la phrase fait sourire, c'est que l'auteur emploie le pronom *en* (souligné) pour remplacer le nom « pompier », alors que pour la plupart d'entre nous, ce pronom s'interprète obligatoirement comme remplaçant la suite « pompier volontaire », ce qui mène bien entendu à une interprétation loufoque. Or l'interprétation du pronom *en* sur laquelle s'entendent les locuteurs du français pose un problème pour notre analyse de la structure interne du SN. Voyons la structure du SN « un pompier volontaire » :

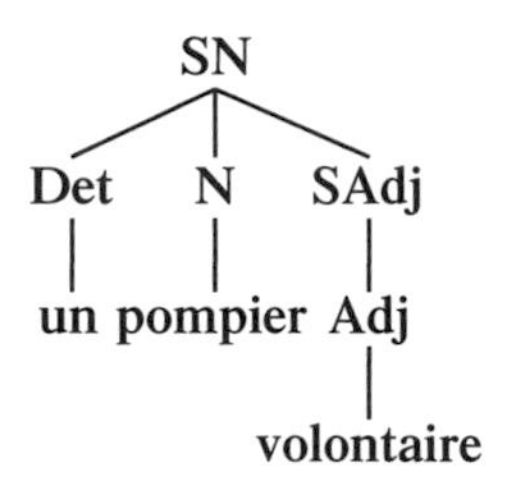

Au chapitre 3, nous avons adopté le principe suivant :

Les opérations syntaxiques ne peuvent cibler une suite de mots ensemble que si cette suite de mots forme un constituant.

Or la pronominalisation, c'est-à-dire le remplacement par un pronom, est une opération syntaxique, qui touche ici la suite « pompier volontaire » ; mais dans l'arbre ci-dessus, cette suite de mots ne forme pas un constituant. Puisque nos intuitions de locuteurs natifs ne sauraient être remises en question et que le principe plus haut nous permet d'exclure bon nombre de phrases mal formées (voir le chapitre 3), il nous reste une seule solution : modifier la structure interne du syntagme de façon à ce que le nom et le syntagme adjectival qui le suit forment un constituant.

Voici d'autres exemples de pronominalisation avec *en* qui nous amènent à la même conclusion. Dans les phrases ci-dessous, le pronom clitique *en* remplace les éléments encadrés de la première proposition :

Julie a un [$_N$ disque] de Schönberg et Maxime en a un de Chostakovitch.
Julie a un [disque de Schönberg] et Maxime en a un aussi.

Dans la première phrase, seul le nom *disque* est remplacé, ce qui ne pose pas de problème. Mais le fait que la suite de mots *disque de Schönberg* est remplacée par *en* dans la seconde phrase suggère que cette suite forme un constituant. Autrement dit, la structure interne du SN *un disque de Schönberg* n'est pas celle de gauche, comme nous l'avons supposé jusqu'ici, mais plutôt celle de droite :

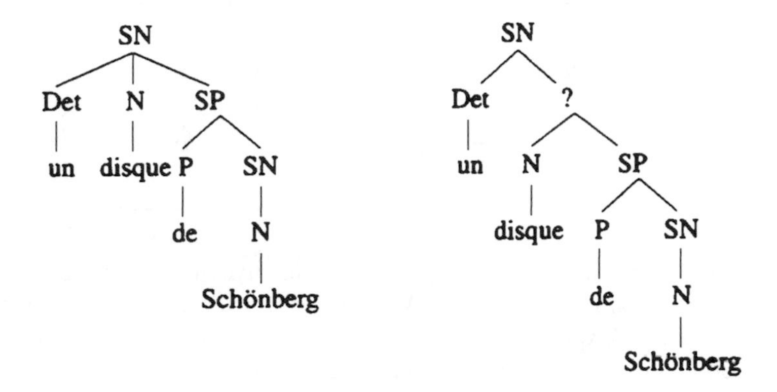

Quel est donc le nœud correspondant au point d'interrogation ? Il ne peut pas s'agir d'un SN, puisque la suite de mots *disque de Schönberg* n'a pas la distribution des syntagmes nominaux : elle ne peut pas se trouver en position sujet, en position d'objet direct ou en position de complément d'une préposition :

* *Disque de Schönberg est déjà brisé.*
* *J'ai reçu disque de Schönberg en cadeau.*
* *Il est arrivé avec disque de Schönberg.*

(Nous faisons abstraction ici de contextes un peu spéciaux comme les annonces ou les titres de journaux, où l'ellipse des déterminants, des pronoms et des auxiliaires est parfois permise, par exemple : *Vendons disque de Schönberg en parfait état, Disque de Schönberg trouvé intact dans les décombres.*)

Ces exemples nous amènent à émettre l'hypothèse qu'il existe un niveau de structure intermédiaire entre le N et le SN ; nous conviendrons d'appeler le nœud intermédiaire N-barre (représenté N′).

Le même type d'argument nous conduit à reconnaître un niveau de structure intermédiaire à l'intérieur d'un autre type de syntagme, le SA. Prenons les phrases suivantes, où le pronom *le* (élidé) remplace la partie encadrée du SA :

Maxime est [$_{SA}$ très satisfait de son travail] et Alexandre l'est aussi.
Maxime est très [satisfait de son travail] mais Alexandre l'est peu.

Le pronom *le* remplace tout le SA dans la première phrase. Dans la seconde phrase, c'est la suite *satisfait de son travail* qui est remplacée par le pronom, ce qui nous indique qu'elle forme un constituant. Par conséquent, dans ce cas aussi, on choisira l'arbre de droite plutôt que celui de gauche, et l'on appellera le nœud intermédiaire A′ (A-barre):

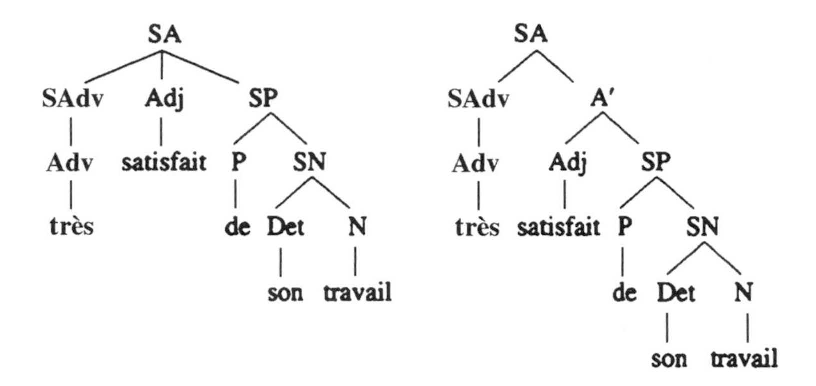

En fait, il y a lieu de croire qu'il faut postuler un niveau de structure intermédiaire pour *tous* les syntagmes. Dans le cas du SV, nous avons vu que le remplacement d'une partie du syntagme par l'expression «en faire autant» nous permet de distinguer les compléments sélectionnés des compléments non sélectionnés. Ainsi, l'expression «en faire autant» doit remplacer le verbe et son complément sélectionné lorsqu'il est présent; le complément non sélectionné, quant à lui, n'est pas obligatoirement remplacé. Voici des exemples de suites de mots remplacées par «en faire autant»:

Maryse [parlait aux enfants] avec tendresse hier et Caroline en faisait autant avec sévérité aujourd'hui.
* *Maryse [parlait] aux enfants avec tendresse hier et Caroline en faisait autant aux adolescents avec sévérité aujourd'hui.*

L'agrammaticalité de la seconde phrase nous indique que le SP *aux enfants* est un complément sélectionné (il *doit* faire partie de la suite remplacée par «en faire autant»). La première phrase nous montre que le complément de manière *avec tendresse* n'est pas, quant à lui, sélectionné par le verbe «parler»: en effet, il ne fait pas obligatoirement partie de la suite remplacée par «en faire autant».

Mais pour quelles raisons ces observations amènent-elles à postuler l'existence d'un niveau intermédiaire dans le SV? Il faut rappeler que l'opération de remplacement par l'expression «en faire autant» est une opération syntaxique. En conséquence, seule une suite de mots formant un constituant peut être remplacée par «en faire autant». Or, en l'absence d'un niveau de structure intermédiaire, la suite *parlait aux enfants* ne forme pas un constituant dans l'arbre ci-dessous:

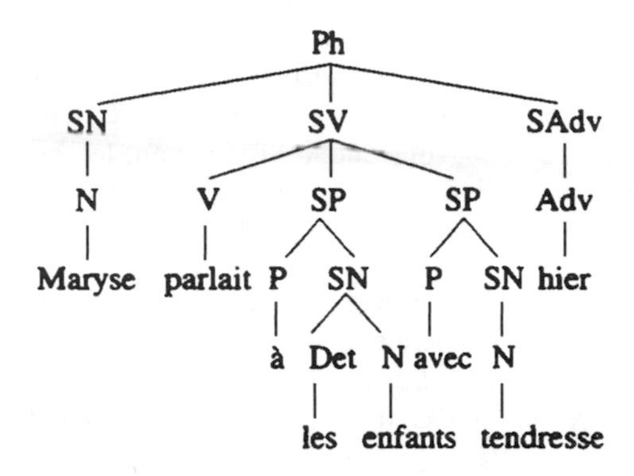

Cela nous amène à postuler, à l'intérieur du SV, l'existence d'un niveau de structure intermédiaire (appelé V-barre ou V′), qui contient le verbe et ses compléments sélectionnés. Le SV *parlait aux enfants avec tendresse* sera donc représenté comme suit:

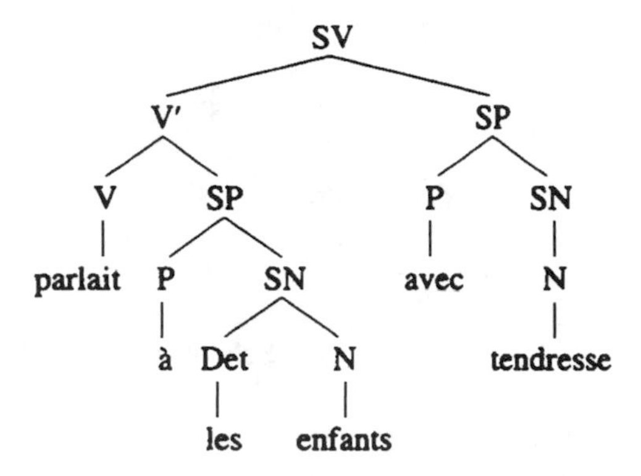

L'ajout d'un niveau intermédiaire V′ résout le problème évoqué plus haut: dans ce nouvel arbre, la suite *parler aux enfants,* remplacée par l'expression «en faire autant», forme un constituant.

D'autre part, l'ajout de ce niveau intermédiaire donne une dimension structurale à la distinction faite au chapitre 5 (section 5.2) entre compléments sélectionnés (c'est-à-dire ceux qui font partie du cadre de sous-catégorisation d'une catégorie) et non sélectionnés. On admettra que les compléments sélectionnés sont immédiatement dominés par le nœud V′, alors que les compléments non sélectionnés se trouvent à l'extérieur du V′. Cela est conforme à l'intuition selon laquelle les compléments sélectionnés sont «plus près du verbe» que ne le sont les compléments non sélectionnés. Quant à l'auxiliaire, nous pourrons supposer qu'il se trouve lui aussi sous le niveau V′ (devant V). En effet, le choix de l'auxiliaire *être* ou de l'auxiliaire *avoir* dépend du verbe: *partir, sortir, aller* demandent *être,* mais *courir, marcher, quitter* exigent *avoir.* L'auxiliaire fait donc partie de ce qui est sélectionné par le verbe.

Si le niveau V′ ne contient que le verbe et ses compléments sélectionnés, qu'en est-il du niveau N′ ? En effet, nous avons postulé, à partir du test de pronominalisation, que des suites comme «pompier volontaire» et «disque de Schönberg» formaient des constituants de type N′. Or nous savons que le SP dénotant le possesseur d'un nom concret n'est pas sélectionné par le nom: nous avons vu à la section 5.1.2 que ce type de SP se rapproche plutôt des compléments circonstanciels.

Afin de préserver l'idée que le niveau X′ contient uniquement la tête et les compléments sélectionnés, on admet généralement que le niveau N′ est *récursif,* c'est-à-dire qu'un nœud N′ peut dominer un autre nœud N′. Nous pouvons reformuler ainsi notre généralisation: le niveau X′ *minimal* contient uniquement la tête et les compléments sélectionnés. La représentation du SN *un disque de Schönberg* est donc modifiée comme ci-dessous:

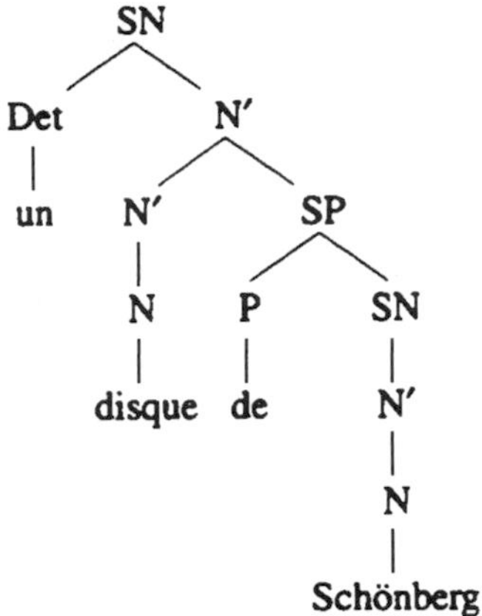

De la même façon, les modificateurs à l'intérieur du SN (p. ex. les SA) seront placés à l'extérieur du N′ minimal. Ainsi le SN *une habile démonstration du théorème* sera représenté comme suit (rappelons que le complément d'un nom déverbal est sélectionné par ce nom):

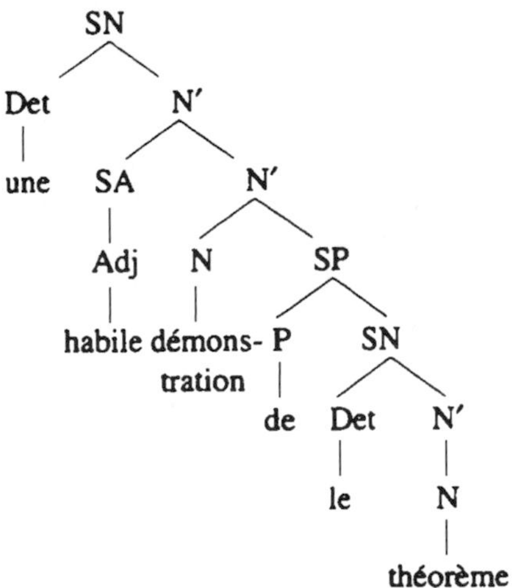

6.2. Têtes et projections

Le niveau intermédiaire (V', N', A', etc.) est appelé plus généralement « niveau une barre ». Si l'on compare la représentation arborescente du SV, par exemple, à un édifice, on pourra considérer V comme le rez-de-chaussée (« étage zéro »), V' comme le premier étage et SV comme le second. Une autre façon de représenter V, V' et SV dans l'arbre est d'indiquer le nombre de barres : nous avons alors V^0, V' et V''. On fera la même chose pour toutes les catégories majeures : les catégories grammaticales sont de niveau zéro (N^0, V^0, P^0, Adv^0, Adj^0) et les syntagmes sont de niveau deux barres (N'', V'', P'', Adv'', Adj'').

La généralisation concernant la composition des syntagmes, énoncée au début de ce chapitre, sera par conséquent reformulée comme suit :

$X'' \rightarrow \ldots X' \ldots$
$X' \rightarrow \ldots X^0 \ldots$

En termes de projections, on dira que X^0 est la tête, que X' est une *projection intermédiaire* de X^0 et que X'' est la *projection maximale* de X^0. (Dans la pratique, on omet souvent l'exposant zéro pour les catégories grammaticales.)

Il faut encore ajouter une précision. Le position sœur de X', à sa gauche, est appelée la *position de spécificateur (Spec)*. Le position à droite de la tête X est celle des compléments sélectionnés, qui sont des syntagmes. Dans la formulation ci-dessous, la notation $Z''*$ signifie qu'un nombre indéfini de syntagmes peut apparaître dans cette position :

$X'' \rightarrow \text{Spec } X' \ldots$
$X' \rightarrow \ldots X\ Z''*$

On appelle cette généralisation le *schéma X'*. La position de spécificateur est occupée par des catégories mineures ou des syntagmes, selon la nature de X. Voici des exemples de ce que l'on trouve dans la position Spec, selon les syntagmes :

[Spec,V'']:	adverbes
[Spec,N'']:	déterminant
[Spec,A'']:	adverbes
[Spec,P'']:	adverbes
[Spec,Adv'']:	adverbes

Voici la représentation des syntagmes avec leurs spécificateurs, suivant le schéma X′:

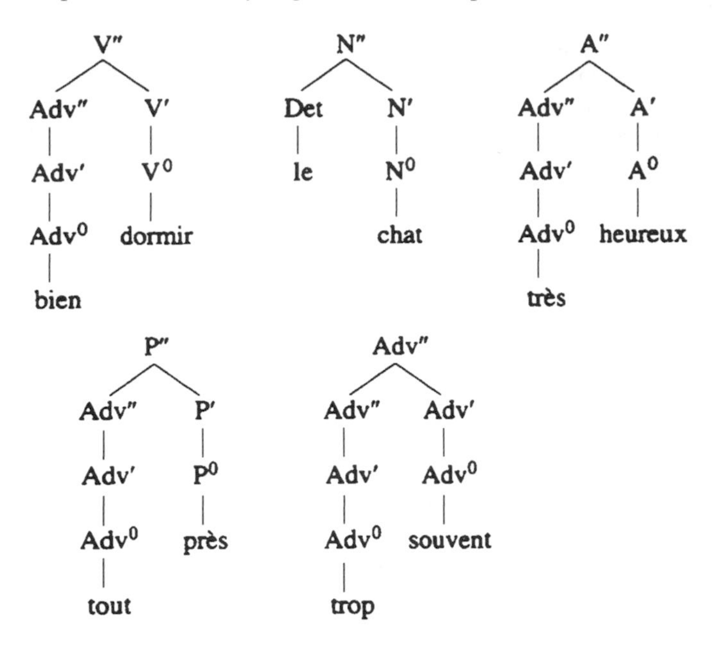

6.3. La phrase et la catégorie « flexion » (I)

Nous avons reformulé de manière plus générale à l'aide du schéma X′ les règles de réécriture des syntagmes ayant pour tête une catégorie majeure. Mais que penser du syntagme Ph, dont la règle de réécriture est reproduite ci-dessous ?

Ph → SN SV (SAdv) (SP)

Cette règle n'est pas conforme au schéma X′, puisque la partie de droite ne comprend aucune catégorie de niveau zéro qui pourrait être interprétée comme la tête du syntagme. On sait que la tête de la phrase ne peut pas être le nœud V, puisque celui-ci est déjà la tête d'un autre syntagme, le SV. Devons-nous simplement admettre que Ph est un syntagme sans tête et que la règle de réécriture du syntagme Ph constitue une exception à la théorie X-barre ? En fait, un examen plus approfondi des propriétés de la phrase nous fournira le moyen de reformuler la règle de réécriture de façon à la rendre conforme au schéma X-barre.

Les travaux menés sur l'anglais montrent que certains auxiliaires se trouvent à l'extérieur du nœud SV : il s'agit des auxiliaires modaux *can, could, will, would, shall, should,* etc. Comme ces auxiliaires se placent entre le sujet et le verbe dans la phrase, les linguistes ont été amenés à poser l'existence d'un nœud supplémentaire, appelé « Aux », entre le SN et le SV. On a par la suite proposé que ce même nœud contenait aussi les spécifications de temps et de mode de la phrase, spécifications qui sont indiquées sous forme de traits mais qui sont réalisées sous forme d'affixes de *flexion* sur le verbe ou l'auxiliaire (p. ex. le suffixe *-ons* de *parlons* indique le temps (présent) et le mode (indicatif)). Puisqu'il ne contient pas que des auxiliaires, mais aussi des renseignements concernant la flexion, on a donc modifié l'appellation de ce nœud intermédiaire : on le désigne maintenant par le symbole I (pour *inflection* en anglais). En admettant l'existence de ce nœud I pour le français, la représentation d'une phrase simple au présent de l'indicatif serait comme ci-dessous :

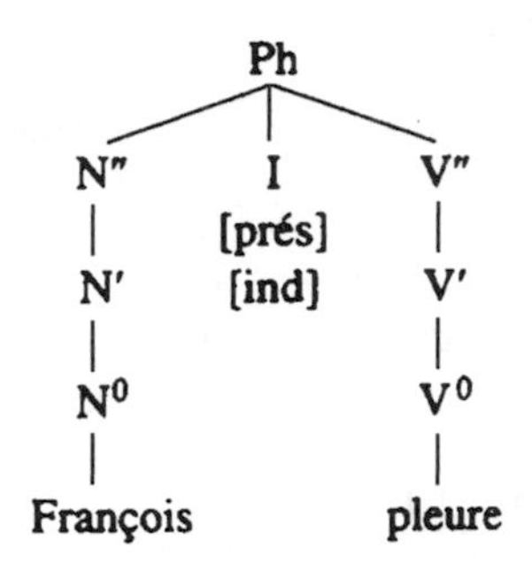

Ainsi, les traits de temps et de mode, bien que leur *réalisation morphologique* prenne la forme d'un suffixe verbal, sont situés sous un nœud indépendant du nœud V. La catégorie I (flexion) est donc une catégorie de type abstrait, car elle domine des traits et non pas des mots. Étant donné la présence du nœud I, la règle de réécriture de la phrase se présente comme suit :

Ph → SN I SV

Le règle comporte maintenant une catégorie grammaticale (de niveau zéro) à sa droite. Pourrions-nous alors considérer le nœud I comme étant la tête de la phrase ? On peut avancer des arguments à l'appui de cette hypothèse. Rappelons tout d'abord que la tête d'un syntagme détermine les traits grammaticaux et les traits sémantiques du syntagme. Or, on peut considérer que la valeur du nœud I (c'est-à-dire les traits de temps et de mode) détermine la valeur de la phrase. En effet, un changement de temps et de mode modifie les conditions de vérité d'une phrase. Ainsi, les situations décrites par les phrases suivantes ne se vérifient pas dans les mêmes contextes :

Je suis allée à Bruxelles.
J'irai à Bruxelles.

Il paraît donc logique de supposer que le nœud I est la tête de la phrase. Nous pouvons par conséquent analyser la phrase comme une projection maximale du nœud I. Conformément au schéma X-barre, le nœud Ph est réinterprété comme I″. Comme tous les autres syntagmes, I″ comporte un niveau intermédiaire (I′), qui contient la tête et son complément sélectionné (V″). Voici la représentation de la phrase *François pleure* :

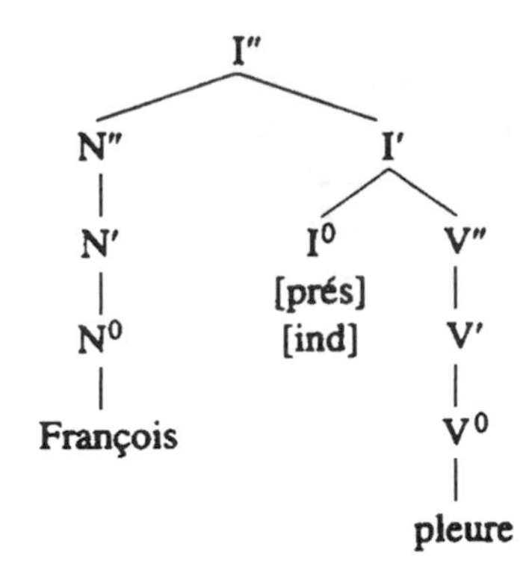

On notera que la position de spécificateur de I″ est occupée par le sujet de la phrase. Nous ajoutons donc ceci à notre liste de constituants pouvant occuper la position de spécificateur :

[Spec,I″]: sujet (N″ ou Ph′)

Nous allons maintenant voir que le syntagme Ph′ peut, lui aussi, être analysé conformément à la théorie X-barre.

6.4. La complétive et la catégorie C

Le règle de réécriture du syntagme Ph′ se présente comme suit :

Ph′ → C Ph

Le catégorie C domine le complémenteur, *que* et *si* dans les complétives tensées, *de* et *à* dans les complétives infinitives. Comme cette catégorie est une catégorie de niveau zéro, il est possible de supposer qu'elle constitue la tête du syntagme. Cela rendrait ce syntagme conforme au schéma X-barre ; mais, encore une fois, il faut se demander s'il existe des faits indépendants qui justifieraient cette analyse.

Lorsqu'une tête sélectionne un complément d'un type particulier, la sélection porte en fait sur la tête de ce complément. Prenons un exemple. Le verbe *effrayer* sélectionne un complément de catégorie SN auquel il assigne un rôle thématique Psy-chose ; ce N″ doit par conséquent dénoter un être animé capable de ressentir une émotion. Le nom qui désigne l'être animé doit être la *tête* du N″ ; il ne peut pas s'agir de n'importe quel nom contenu dans ce N″ :

Le travail n'effraie pas $[_{N''}$ *les étudiants* $_{[+animé]}$ *du doctorat* $_{[-animé]}$ *en linguistique* $_{[-animé]}]$.

* *Le travail n'effraie pas* $[_{N''}$ *le doctorat* $_{[-animé]}$ *en linguistique* $_{[-animé]}$ *des étudiants* $_{[+animé]}]$.

De la même façon, lorsqu'un verbe sélectionne une proposition subordonnée (une complétive), il sélectionne en fait la tête de la subordonnée. Or le fait de changer le complémenteur peut entraîner l'agrammaticalité de la phrase :

Je me demande [$_{Ph'}$ [$_{C}$ si] Luc est parti].
* *Je me demande [$_{Ph'}$ [$_{C}$ que] Luc est parti].*

L'agrammaticalité de la deuxième phrase s'explique par les propriétés de sélection du verbe *se demander*. Lorsque ce verbe sélectionne une complétive, celle-ci doit être une interrogative indirecte. Mais puisque dans ces phrases c'est le complémenteur qui détermine si Ph' est une interrogative indirecte ou une déclarative, il nous faut admettre que c'est ce complémenteur lui-même qui est sélectionné. En d'autres termes, c'est le complémenteur qui est la tête de la complétive.

Nous concluons que le syntagme Ph′ peut être réanalysé comme C″, c'est-à-dire la projection maximale de sa tête, C. Comme pour tous les autres syntagmes, C″ comprend un niveau de structure intermédiaire, C′, qui contient la tête C et son complément sélectionné, I″. Nous y reviendrons plus en détail dans le chapitre suivant, consacré à la structure interne des complétives.

Exercices

1. En utilisant la notation X′, représentez sous forme d'arbres syntagmatiques la structure des phrases ci-dessous. Justifiez à l'aide de tests syntaxiques le niveau d'attachement de chaque complément et de chaque modificateur.

a. Cette journaliste résume des dossiers complexes très clairement.
b. L'intra comporte une question sur l'insertion lexicale.
c. Marcia donne des leçons de piano aux enfants dans le sous-sol de l'église.

2. La division faite entre compléments sélectionnés et non sélectionnés dans le schéma X-barre implique que dans l'ordre de base, les compléments sélectionnés précèdent linéairement les compléments non sélectionnés. Cela se confirme par le contraste suivant, la seconde phrase étant jugée agrammaticale :

Judith a rapporté cela avec empressement.
* Judith a rapporté avec empressement cela.

Dans certains cas cependant, le complément sélectionné peut suivre le complément non sélectionné :

Judith a rapporté avec empressement son ordinateur défectueux.

En construisant d'autres exemples, essayez de déterminer dans quelles conditions le complément sélectionné peut suivre le complément non sélectionné en français.

Pour en apprendre davantage...

La théorie X-barre prend son origine dans un article de Chomsky (1975)[F]** ; elle a été développée surtout par Jackendoff (1977)**. On trouvera un résumé des arguments en faveur d'un niveau de structure intermédiaire pour l'anglais dans Radford (1981, chap. 3)* et Hornstein et Lightfoot (1981)**, et pour le français dans Di Sciullo (1985, chap. 3)[F]*.

Nous avons proposé que le niveau N′ est récursif. On trouvera des arguments à l'appui de cette hypothèse dans Radford (*op. cit.*), Hornstein et Lightfoot (*op. cit.*) et Radford (1988, chap. 4)*. La structure interne des catégories I″ et C″ selon le schéma X-barre est présentée par Chomsky (1986)***. Les raisons qui ont amené à analyser I et C comme têtes de la phrase et de la complétive, respectivement, sont exposées notamment dans Radford (1988, sect. 9.11)* et Ouhalla (1999)**. Dans les travaux plus récents, les catégories I et C ont été subdivisées en diverses catégories fonctionnelles : Agr (pour « Accord ») et T (pour « Temps »), notamment. À ce sujet, voir Pollock (1989)*** et Rizzi (1997)*** et, pour un résumé succinct et un inventaire des catégories fonctionnelles, Brousseau et Roberge (2000, chap. 6)[F].

7
Les complétives

7.1. Les complétives tensées

Les complétives sont des propositions subordonnées (c'est-à-dire des syntagmes de catégorie C″) qui apparaissent en position de complément du verbe, du nom, de l'adjectif, de la préposition et, plus rarement, de l'adverbe. On appelle aussi parfois complétives les propositions qui apparaissent en position de sujet (voir notamment Riegel *et al.*, 1994, p. 493). En voici des exemples :

Le gouvernement [$_{V''}$ [$_{V'}$ [$_{V}$ prétend] [$_{C''}$ que ce budget éliminera le déficit]]].
Il envisage [$_{N''}$ la [$_{N''}$ [$_{N'}$ possibilité] [$_{C''}$ que les taxes augmentent]]].
Estelle est [$_{A''}$ [$_{A'}$ [$_{A}$ heureuse] [$_{C''}$ que vous soyez venu]]].
Frédéric fait des économies [$_{P''}$ [$_{P'}$ [$_{P}$ pour] [$_{C''}$ que son fils aille à l'université]]].
[$_{Adv''}$ [$_{Adv'}$ [$_{Adv}$ heureusement] [$_{C''}$ que vous arrivez à temps]]] !
[$_{C''}$ Que les médias aient boudé le congrès] a déçu les organisateurs.

Dans ces exemples, les complétives sont de type déclaratif. Comme nous l'avons vu au chapitre précédent, les complétives peuvent aussi être des interrogatives indirectes :

Chantal se demande [$_{C''}$ si elle réussira son examen].
Chantal se demande [$_{C''}$ quel cours elle prendra le trimestre prochain].

Enfin, les complétives peuvent aussi être des propositions relatives. Dans ce cas, elle se trouvent à l'intérieur d'un syntagme nominal ; elles modifient un nom qui fonctionne comme antécédent de la relative :

Jeff a acheté le [$_{N''}$ le roman [$_{C''}$ dont tous les critiques parlent]].

Dans ce chapitre, nous nous intéresserons uniquement aux complétives de type déclaratif ; les interrogatives et les relatives seront étudiées au chapitre 8.

Les complétives déclaratives tensées (c'est-à-dire celles qui comprennent un verbe à l'indicatif, au subjonctif, au conditionnel, etc.) sont toujours introduites par le complémenteur *que*. Elles appartiennent donc à la catégorie C″. Nous donnons ci-dessous sous forme d'arbres la représentation de deux phrases qui comportent une complétive : dans la première, C″ est complément du verbe et dans la seconde, C″ est en position sujet.

Le gouvernement prétend que ce budget éliminera le déficit.

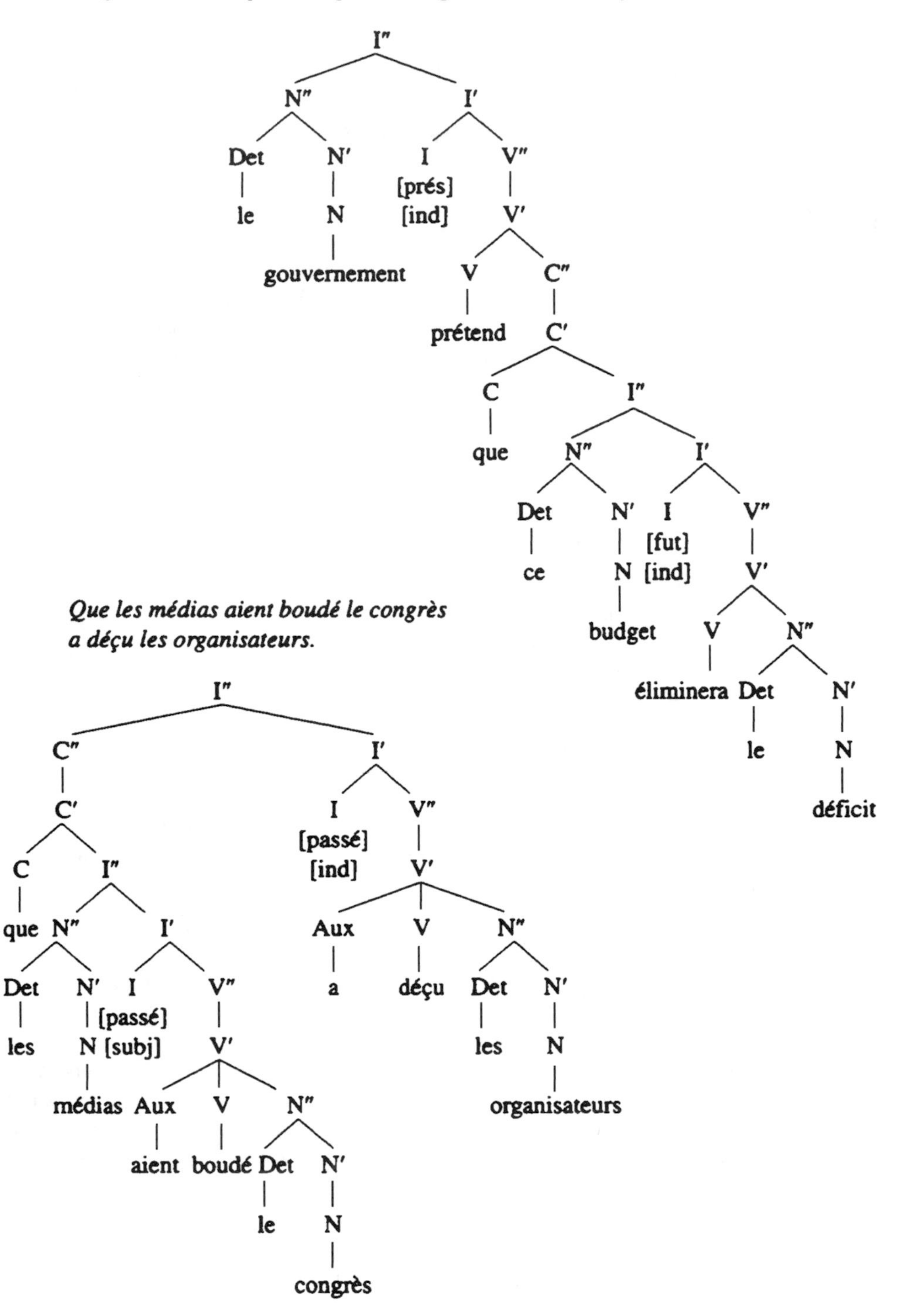

Nous avons établi la distribution et la structure des complétives déclaratives tensées. Nous allons maintenant nous intéresser aux complétives dont le verbe est à l'infinitif.

7.2. Les complétives infinitives

Les complétives à l'infinitif ont essentiellement la même distribution dans la phrase que les complétives tensées. On les trouve en position de complément du verbe, du nom, de l'adjectif et de la préposition (cependant, l'adverbe n'admet pas de complétive infinitive comme complément). De plus, les complétives infinitives peuvent apparaître en position de sujet :

Le gouvernement [$_{V''}$ [$_{V'}$ [$_{V}$ consent] [$_{C''}$ à éliminer le déficit]]].
Il envisage [$_{N''}$ la [$_{N'}$ [$_{N}$ possibilité] [$_{C''}$ d'augmenter les taxes]]].
Estelle est [$_{A''}$ [$_{A'}$ [$_{A}$ heureuse] [$_{C''}$ de vous voir]]].
Frédéric fait des économies [$_{P''}$ [$_{P'}$ [$_{P}$ afin] [$_{C''}$ d'envoyer son fils à l'université]]].
[$_{C''}$ De confesser son mensonge à Clara] soulagerait Charles.

La présence des complémenteurs *à* et *de* dans les exemples ci-dessus nous amène à analyser les complétives infinitives comme des C″. Cependant, à la différence des complétives tensées, un complémenteur n'apparaît pas toujours dans les complétives à l'infinitif. Voici des exemples de complétives infinitives sans complémenteur :

Rachel veut [aller en Italie].
Frédéric fait des économies pour [envoyer son fils à l'université].
[Confesser son mensonge à Clara] soulagerait Charles.

Ces phrases nous amènent à poser la question suivante : à quelle catégorie appartiennent les infinitives qui ne sont pas introduites par un complémenteur ? Devrions-nous généraliser l'analyse et supposer que *toutes* les infinitives sont des C″, ou bien vaudrait-il mieux supposer qu'en l'absence d'un complémenteur, une infinitive appartient à une autre catégorie que celle du C″ ? Des raisons d'économie nous incitent à opter pour la première solution ; en effet, le cadre de sous-catégorisation du verbe *vouloir* précise déjà que le complément peut être de catégorie N″ (*vouloir des bonbons*) ou de catégorie C″ (*vouloir que la guerre cesse*). Si l'on analyse la complétive infinitive sélectionnée par *vouloir* comme un C″, il n'est pas nécessaire d'ajouter une troisième catégorie dans le cadre de sous-catégorisation du verbe.

Nous pouvons aussi avancer un argument plus solide à l'appui de cette analyse. Il nous faut toutefois anticiper quelque peu et tenir pour acquises certaines des conclusions sur la structure des interrogatives auxquelles nous arriverons au chapitre suivant. Admettons dès maintenant qu'un syntagme interrogatif antéposé fait toujours partie du constituant C″:

Je sais [$_{C''}$ à qui tu parles].
Clara cherche [$_{C''}$ à quel endroit elle a mis son sac].

Dans ces interrogatives indirectes, les syntagmes interrogatifs *à qui* et *à quel endroit* occupent la position initiale du C″. Or, on trouve aussi des interrogatives indirectes à l'infinitif, ce qui montre qu'il s'agit bien dans ce cas aussi de C″:

Je sais [$_{C''}$ à qui parler].
Clara cherche [$_{C''}$ à quel endroit mettre son sac].

Nous admettrons par conséquent que, jusqu'à preuve du contraire, les complétives à l'infinitif appartiennent à la catégorie C″.

7.2.1. Le sujet des infinitives

Cette analyse amène deux conséquences. Premièrement, il nous faut admettre que la catégorie C, bien qu'elle doive être présente dans l'arbre puisqu'elle est la tête du C″, ne domine pas nécessairement un mot complémenteur. (Autrement dit, l'insertion lexicale d'un mot sous un nœud C n'est pas obligatoire partout). Il n'y a là rien d'étonnant; il y a déjà un autre nœud, le nœud flexion (I), sous lequel il n'est pas nécessaire d'insérer un mot du lexique. De fait, ces deux catégories se distinguent des autres à un second point de vue: bien qu'elles se comportent comme des têtes de syntagme, elles sont des catégories soit mineure (C), soit de type abstrait (I). Ces têtes sont dites *fonctionnelles*; elles ont un comportement un peu différent des autres têtes, que l'on appelle des têtes *lexicales*.

La seconde conséquence de cette analyse concerne le sujet de la phrase. Un C″ domine un nœud C et un nœud I″; or, dans l'expansion (la réécriture) du I″, le N″ sujet est obligatoire. Cependant, dans les infinitives que nous avons vues jusqu'ici, le sujet est absent. Faut-il modifier la règle de réécriture du I″ pour rendre le sujet facultatif? Sûrement pas, puisqu'en français toutes les phrases, à l'exception des infinitives, doivent comporter un sujet audible.

En réalité, le sujet est-il véritablement absent dans les infinitives? Traditionnellement, on dit que le sujet de l'infinitive est sous-entendu: on entend par là que le sujet, même s'il n'est pas prononcé, a quand même une interprétation, et que sa présence se manifeste de façon indirecte dans les phénomènes d'accord grammatical. Soient les deux phrases suivantes:

Marie-Ève a promis à Laurent [$_{C''}$ d'être présente].
Marie-Ève a permis à Laurent [$_{C''}$ d'être présent].

Le sujet de l'infinitive a une interprétation différente selon les contextes: c'est Marie-Ève qui sera présente dans le premier cas et Laurent dans le second. D'autre part nous savons que l'attribut s'accorde en genre et en nombre avec le sujet du verbe *être*: or l'adjectif *présent* est féminin singulier dans la première phrase et masculin singulier dans la seconde. Voilà donc de très bonnes raisons de penser que l'infinitive comporte un sujet qui porte des traits sémantiques et des traits grammaticaux (genre, nombre, personne); seulement, à la différence des autres N″, le sujet de l'infinitive ne porte pas de traits phonétiques.

Le critère thématique, que nous avons défini au chapitre 5 (voir la section 5.4), nous fournit une autre raison de conclure à la présence d'un sujet inaudible dans les infinitives. Selon la partie (b) du critère thématique, tout rôle thématique doit être assigné à un argument approprié et à un seul. Voyons comment les rôles thématiques sont assignés dans la phrase ci-dessous :

Il faut regretter la hausse des taxes.

La phrase contient deux verbes assignateurs de rôles thématiques, *falloir* et *regretter,* dont la grille thématique se présente ainsi :

falloir : (Thème)
regretter : (Psy-chose, Thème)

Le verbe *falloir* assigne son rôle thématique Thème à son complément, c'est-à-dire la complétive infinitive *regretter la hausse des taxes.* Le verbe *regretter,* quant à lui, assigne son rôle thématique interne Thème au N″ *la hausse des taxes.* Mais si l'infinitive ne contient pas de sujet, à quel constituant ce verbe peut-il assigner son rôle thématique externe Psy-chose ? Le sujet de la principale, *il,* ne peut pas recevoir le rôle thématique Psy-chose, puisque ce rôle thématique est réservé à des N″ qui dénotent des êtres animés (susceptibles de ressentir un sentiment ou une émotion). D'ailleurs, le pronom *il* dans cette phrase n'est pas un argument, mais un pronom explétif qui n'a pas de valeur sémantique. On sait que selon le critère thématique, les rôles thématiques doivent être assignés à des arguments et non à des explétifs.

En somme, si la proposition infinitive ne comportait pas de sujet, la phrase ci-dessus serait rejetée à cause du critère thématique. Puisque la phrase est grammaticale, force nous est de conclure au contraire que la phrase est conforme aux exigences du critère thématique. Le sujet du verbe *regretter* est donc présent dans cette phrase et il reçoit le rôle thématique externe Psy-chose, comme l'illustre le schéma ci-dessous :

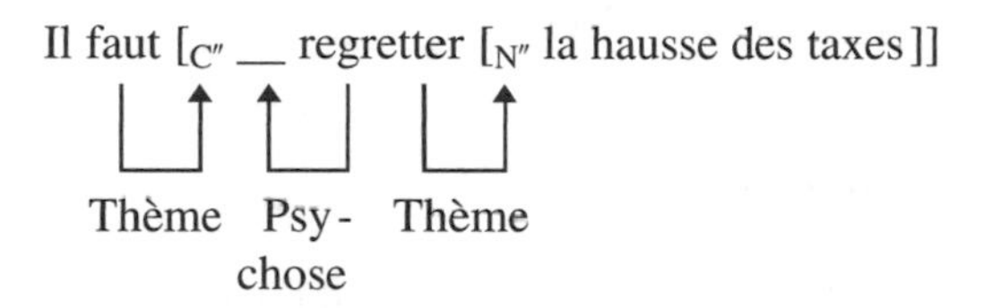

Puisque le sujet des infinitives est présent du point de vue de la syntaxe, ce sujet doit, comme tous les autres, être représenté dans les arbres syntagmatiques. Évidemment, étant donné que le sujet est inaudible, nous le représenterons non pas par un mot, mais par un symbole. Par convention, on représente le sujet de l'infinitive à l'aide du symbole PRO, qui évoque le terme « pronom ». Voici, sous forme d'arbre, la représentation d'une phrase comportant un C″ infinitif :

```
                I"
        ________|________
       N"               I'
       |           _____|_____
       N'         I          V"
       |        [prés]       |
       N        [ind]        V'
       |                 ____|____
     Rachel             V         C"
                        |         |
                       veut       C'
                              ____|____
                             C         I"
                             |     ____|____
                             Ø    N"        I'
                                  |     ____|____
                                  N'   I         V"
                                  |              |
                                  N              V'
                                  |          ____|____
                                 PRO        V         P"
                                            |         |
                                          aller       P'
                                                  ____|____
                                                 P         N"
                                                 |         |
                                                 en        N'
                                                           |
                                                           N
                                                           |
                                                         Italie
```

7.2.2. *L'interprétation du sujet PRO*

La façon dont le sujet de l'infinitive est interprété dépend du contexte. Dans certaines constructions, l'interprétation de PRO est déterminée par un antécédent, c'est-à-dire par un autre N″ présent dans la phrase: on dit dans ce cas que l'interprétation de PRO est *contrôlée* par ce N″. Dans d'autres constructions, en revanche, aucun antécédent n'est présent. Dans ce cas, l'interprétation de PRO n'est pas contrôlée et PRO a alors une valeur générique, semblable à celle du pronom *on* dans des phrases comme : *On a souvent besoin d'un plus petit que soi.* Voyons tout d'abord les contextes où le sujet de l'infinitive n'est pas contrôlé. C'est le cas lorsqu'aucun antécédent n'est présent dans la phrase et que l'infinitive est soit en position sujet, soit en position de complétive dans une construction impersonnelle. Pour indiquer que l'interprétation de PRO est générique, on utilise l'indice « arb », qui signifie « arbitraire » :

Infinitive en position sujet :

$[_{C''}$ $[_{I''}$ PRO_{arb} penser aux autres]] est important.

Infinitive complément en construction impersonnelle :

Il est bon $[_{C''}$ de $[_{I''}$ PRO_{arb} faire du sport régulièrement]].
Il faut $[_{C''}$ $[_{I''}$ PRO_{arb} penser aux autres]].

Dans la plupart des autres cas, PRO doit être contrôlé par un antécédent. On représente au moyen de la *coindexation* le fait que le SN antécédent et PRO ont la même interprétation (par convention, on utilise les indices i, j, k, etc.).

$Rachel_i$ veut $[_{C''}$ $[_{I''}$ PRO_i aller en Italie]].
$[_{C''}$ $[_{I''}$ PRO_i faire les courses]] plairait à $Julie_i$.

Lorsque la phrase contient deux N″ pouvant remplir la fonction d'un antécédent, PRO peut être contrôlé par le sujet, par l'objet direct ou par l'objet indirect de la principale. Le choix de l'antécédent dépend du verbe. Ainsi, le verbe *promettre* est un verbe à contrôle par le sujet, alors que les verbes *convaincre*, *permettre*, *forcer*, *autoriser*, *persuader* sont des verbes à contrôle par l'objet. On assigne le même indice à PRO et au N″ qui le contrôle, comme le montrent les représentations ci-dessous :

Marie-$Ève_i$ a promis à $Laurent_j$ $[_{C''}$ de $[_{I''}$ PRO_i être présente]].
Marie-$Ève_i$ a permis à $Laurent_j$ $[_{C''}$ de $[_{I''}$ PRO_j être présent]].
Marie-$Ève_i$ a autorisé $Laurent_j$ $[_{C''}$ à $[_{I''}$ PRO_j être présent]].

Enfin, certains verbes créent une ambiguïté car le sujet de l'infinitive peut être contrôlé aussi bien par leur sujet, par leur objet, ou encore par le sujet et l'objet conjointement. Dans ce dernier cas, on dit que PRO a des *antécédents multiples* ; on représente cette interprétation au moyen de la conjonction des indices des antécédents (p. ex. $i + j$). Voici des exemples :

$Jules_i$ a proposé à $Véronique_j$ $[_{C''}$ de $[_{I''}$ PRO_i faire tout le travail (à lui seul)]].
$Jules_i$ a proposé à $Véronique_j$ $[_{C''}$ de $[_{I''}$ PRO_j faire tout le travail (à elle seule)]].
$Jules_i$ a proposé à $Véronique_j$ $[_{C''}$ de $[_{I''}$ PRO_{i+j} vivre ensemble]].

En résumé, nous avons vu dans ce chapitre que les infinitives sont de catégorie C″. Comme les autres propositions, les infinitives contiennent un sujet qui est représenté syntaxiquement ; cependant, à la différence des propositions tensées (du moins en français), le sujet des infinitives est absent du strict point de vue phonétique. Dans les constructions que nous avons étudiées ici, ce sujet peut être contrôlé par un antécédent, qui lui transmet alors ses propres traits sémantiques et grammaticaux ; l'identité de traits entre PRO et son antécédent est représenté au moyen de la coindexation. Au chapitre 10, il sera question d'autres verbes qui prennent un complément à l'infinitif ; il s'agit de verbes comme *sembler, paraître, s'avérer, se révéler,* etc. Nous verrons que les complétives de ces verbes doivent s'analyser différemment et en particulier que le sujet (sous-entendu) de ces infinitives a des propriétés différentes de celles du sujet PRO.

Exercices

1. *Représentations.* Représentez sous forme d'arbres syntagmatiques les phrases ci-dessous, en indiquant au moyen des indices appropriés l'interprétation du sujet des infinitives.

a. Il faut pratiquer longtemps avant de réussir à exécuter un triple Axel.

b. Le shérif a sommé Jesse James de quitter la ville.

c. L'autre façon de gouverner. (Slogan du Parti québécois durant la campagne électorale de 1994)

d. Nous sommes fiers d'annoncer que nos actionnaires recevront leurs dividendes en janvier.

2. *Gérondifs.* Dans les constructions avec participe présent (ou constructions gérondives), le sujet du participe (ou du gérondif) peut n'être pas exprimé:

Nous avons téléphoné à Dominique [en arrivant].

[Ayant terminé son travail], Sophie est partie à Rio.

En vous appuyant sur l'argumentation présentée dans ce chapitre et en donnant des exemples, indiquez si le sujet dans ces constructions est absent ou phonétiquement nul, analogue à PRO. Dans la seconde éventualité, dites si l'interprétation du sujet est déterminée de la même façon que dans les infinitives. Justifiez votre réponse.

3. *Antécédents multiples.* Nous avons vu que le verbe *proposer* permet le contrôle de PRO par des antécédents multiples. Construisez des exemples afin de déterminer si PRO peut être contrôlé par des antécédents multiples dans tous les contextes. Y a-t-il des verbes qui ne permettent pas le contrôle par plus d'un antécédent?

Pour en apprendre davantage...

sur les verbes à contrôle et sur la catégorie syntaxique des infinitives:

On trouvera dans Ruwet (1972)F* et Ruwet (1983)F** des études sur les verbes à contrôle du français. Les infinitives sont considérées comme des constituants de catégorie C″ par Chomsky (1991)F***. Pour d'autres auteurs, notamment Bresnan (1982)***, les infinitives doivent plutôt être analysées comme des V″. Ce point de vue a été critiqué par Koster et May (1982)**, qui apportent des arguments à l'appui de l'analyse C″. Rochette (1988)*** propose, quant à elle, que les complétives infinitives n'appartiennent pas toutes à la même catégorie syntaxique: la catégorie diffère selon le type sémantique (action, événement, proposition) de la complétive sélectionnée.

sur le complémenteur dans les infinitives :

Pour une étude détaillée des infinitives en français et des particules *de* et *à* qui les introduisent, voir Huot (1981)F*. Sur les contextes dans lesquels le complémenteur en infinitive peut n'être pas réalisé, voir Long (1974)***, Rochette (1988)*** et Vinet (1985)F*.

sur l'élément PRO :

La distribution et l'interprétation de l'élément PRO sont soumises à des contraintes d'ordre structural que nous n'examinerons pas dans ce livre ; à ce sujet, on pourra consulter, entre autres, Di Sciullo (1985)F, van Riemsdijk et Williams (1986, chap. 8)*, Haegeman (1994)*, Lasnik et Uriagereka (1988, chap. 2, sect. 2.2)**, Cowper (1992, chap. 10, sect. 10.7)*, Ouhalla (1999)**.

8
Les interrogatives et les relatives

Le Devin, Dargaud Éditeur, © 1995 – Les Éditions Albert René / Goscinny - Uderzo.

Les interrogatives et les relatives sont des constructions particulièrement intéressantes à bien des égards. Tout d'abord, comme l'apprennent parfois à leurs dépens les extraterrestres, on ne peut pas interroger ou relativiser n'importe quel constituant à partir de n'importe quelle position dans la phrase. Les règles (ou « contraintes ») qui régissent l'interrogation et la relativisation de ce point de vue sont assez complexes à décrire, nous le verrons au chapitre 14. Fort heureusement, les locuteurs n'ont pas à apprendre ces contraintes : elles font partie de leur grammaire universelle et ils s'y conforment de manière tout à fait inconsciente.

Mais si la grammaire universelle contient les principes qui régissent la syntaxe de ces constructions, on pourrait s'attendre à ce que les locuteurs n'éprouvent aucune difficulté à les produire ni à les interpréter. Or, comme le savent très bien les enseignants au secondaire, les interrogatives et les relatives comptent parmi les constructions qui posent le plus de problèmes aux étudiants. Pourquoi ? Une étude comparative – même sommaire – de la syntaxe de ces constructions en français standard (la variété enseignée à l'école) et en français populaire (la variété de français qui constitue la langue maternelle de nombreux locuteurs) nous fournira des éléments de réponse à cette question.

Enfin, du point de vue de leur analyse, les interrogatives et les relatives posent des problèmes particulièrement intéressants et ces constructions ont constitué un secteur important de la recherche en grammaire générative depuis ses débuts. Ces analyses, qui seront présentées au chapitre 9, présupposent une connaissance des différences et similitudes entre interrogatives et relatives et une bonne compréhension des différentes fonctions syntaxiques que peuvent remplir les « pronoms » relatifs et interrogatifs. Le présent chapitre a pour but de présenter ces notions essentielles et d'établir la structure interne des interrogatives et des relatives.

8.1. Les interrogatives

On peut diviser les interrogatives en deux grands types, selon qu'elles contiennent ou non ce que certains grammairiens traditionnels appellent un « pronom interrogatif » :

As-tu rencontré Luc ?
As-tu parlé à Luc ?
Qui as-tu rencontré ?
À quel étudiant as-tu parlé ?

Les deux premières interrogatives sont des *interrogatives totales* : elles appellent une réponse affirmative ou négative. Les deux dernières phrases sont des *interrogatives partielles* : dans ce cas, l'interrogation porte sur l'identité d'un élément inconnu du locuteur. Nous nous intéresserons particulièrement dans les chapitres qui suivent aux interrogatives partielles, c'est-à-dire à celles qui comportent un « pronom interrogatif ». Du point de vue de la terminologie, nous utilisons le terme *syntagme Qu-* ou *mot Qu-* plutôt que « pronom interrogatif ». Cette appellation est plus adéquate, car les mots interrogatifs ne sont pas nécessairement des pronoms (rappelons que les pronoms sont considérés ici comme appartenant à la catégorie N). Par exemple, *quel* dans la quatrième des interrogatives données plus haut appartient à la catégorie Det. La terminologie adoptée ici est donc la même que celle utilisée par Grevisse (1993, § 383b), qui parle de « mots interrogatifs ».

Un *syntagme Qu-* est constitué d'un mot interrogatif ou d'une suite de mots contenant un mot interrogatif ; ce mot ou cette suite de mots ont la propriété de pouvoir se placer au début de la proposition principale ou, dans une interrogative indirecte, au début de la proposition enchâssée. Voici quelques exemples de syntagmes Qu- classés selon leur catégorie :

N″ : *qui, quoi, quel enfant, laquelle de ces histoires, combien de livres.*
P″ : *à qui, sur quoi, de quelle ville, à quelle heure, où, sur l'appui de quel candidat.*
Adv″ : *pourquoi, quand, comment.*

Les interrogatives peuvent de nouveau se diviser en deux autres catégories selon que le syntagme Qu- se trouve au début de la proposition principale ou au début de la proposition enchâssée. Dans le premier cas, on parle d'une interrogative partielle *directe* ; dans le second, d'une interrogative partielle *indirecte*. En voici des exemples :

Interrogatives partielles directes

À quel film de Truffaut fais-tu allusion ?
Où est-il passé ?
Qui a-t-il assassiné dans sa critique ?

Interrogatives partielles indirectes

Je ne sais pas du tout à quel film de Truffaut tu fais allusion.
On se demande où il est passé.
Il ne se souvient pas qui il a assassiné dans sa critique.

Les interrogatives indirectes n'appellent pas de réponse. (Précisons qu'il existe aussi des interrogatives totales indirectes: l'interrogative appelant normalement une réponse affirmative ou négative se trouve alors en position de subordonnée: *Je me demande s'il viendra.*) Le fait qu'une proposition enchâssée puisse ou non être une interrogative dépend du verbe qui sélectionne cette proposition (il s'agit ici du verbe de la proposition principale). Ainsi, les verbes *se demander* et *chercher* exigent que la proposition sélectionnée soit une interrogative; les verbes *savoir, dire, se souvenir* peuvent être suivis d'une proposition interrogative ou d'une proposition déclarative, et les verbes *croire, regretter, prétendre* ne peuvent pas prendre pour complément une proposition interrogative. Les phrases suivantes illustrent ces propriétés des différents verbes:

Je cherche à qui j'ai prêté ce livre.
* *Je cherche que ce livre n'est plus dans ma bibliothèque.*
Il a dit de quel auteur il s'était inspiré.
Il a dit qu'il s'était inspiré de Shakespeare.
* *Charles croit à qui il pourrait s'attaquer.*
Charles croit qu'il pourrait remporter le match.

Au chapitre 5, nous avons marqué les noms communs dans le lexique d'un trait [+commun] afin de les distinguer des noms propres. Le même type de notation nous servira à distinguer les mots interrogatifs des autres mots: dans le lexique, les mots interrogatifs seront marqués d'un trait [+Qu].

8.2. La position des syntagmes Qu-

Pour être en mesure de représenter la structure des interrogatives sous forme d'arbres ou au moyen de parenthèses étiquetées, il nous faut d'abord déterminer quelle est la position occupée par les syntagmes Qu-.

Linéairement, ces syntagmes précèdent le sujet, qu'ils se trouvent au début de la proposition principale ou au début de la proposition enchâssée. Or nous savons qu'en français le SN sujet est en général le premier constituant à gauche dans la phrase (I″). Nous pouvons ainsi supposer que les syntagmes Qu- se trouvent à l'extérieur de I″. Nous avons aussi vu au chapitre 6 (section 6.4) qu'il existe un constituant plus grand que la phrase, soit le syntagme complémenteur (C″). Si les syntagmes Qu- dans les interrogatives se trouvent à l'extérieur de I″, il est naturel de supposer qu'ils sont dominés par le nœud C″. Or la tête de C″ est C, qui domine normalement le complémenteur *que*; mais ce complémenteur est absent dans toutes les interrogatives partielles données en exemple au début du chapitre. Cela nous amène à nous poser deux questions:

1) Est-il justifié de supposer que la catégorie qui domine une interrogative (directe ou indirecte) est C″, alors que le complémenteur, qui en constitue la tête, semble être toujours absent dans ces interrogatives?
2) Si le syntagme Qu- est bien dominé par C″, quelle est sa position exacte à l'intérieur de C″?

Pour répondre à ces questions, nous allons faire appel à une variété de français qui permet – contrairement au français standard – la cooccurrence des syntagmes Qu- et du complémenteur. Dans une variété populaire de français parlée en France et au Québec, les interrogatives que voici sont grammaticales:

Quels cours que tu prends?
Comment que tu t'appelles?
Elle se demande à qui que Julien parlait au téléphone.
Je sais sur qui que tu comptes.

Ces phrases montrent que le complémenteur *que* peut être réalisé même en présence d'un syntagme Qu- au début de la proposition. Nous pouvons ainsi déterminer la position du syntagme Qu- par rapport au nœud C, puisque le syntagme interrogatif précède obligatoirement le complémenteur (l'ordre inverse est impossible: **Que quels cours tu prends? *Je sais que sur qui tu comptes*).

Suivant le schéma X′, le syntagme C″ se réécrit comme suit:

C″ → Spec C′
C′ → C I″

Les syntagmes Qu- se trouvent donc dans la position de spécificateur de C″ (notée Spec,C″ ou encore [Spec,C″]), position dans laquelle ils précèdent linéairement le complémenteur. Nous complétons ainsi l'inventaire des positions de spécificateurs du chapitre 6: la position de spécificateur de C″ est occupée par des syntagmes interrogatifs, qui peuvent être de catégorie N″ (*qui, quels livres, combien de personnes*, etc.), P″ (*à qui, de quoi, depuis quand, sur qui*, etc.) ou Adv″ (*comment, pourquoi, quand*, etc.).

Nous allons provisoirement représenter la structure des interrogatives directes et indirectes comme ci-dessous; cette structure sera modifiée au chapitre 9. Notons que cette structure vaut pour le français standard et le français populaire, à cette différence près que le complémenteur *que* ne peut pas être réalisé phonétiquement en français standard. Par ailleurs, nous faisons abstraction ici (et dorénavant) de l'inversion entre pronom sujet et verbe, qui ne se manifeste qu'en français standard dans les interrogatives directes (p. ex. *quel cours prends-tu?*); nous y reviendrons très brièvement à la fin de ce chapitre.

Interrogative directe (représentation provisoire) :

Quels cours (que) tu prends ?

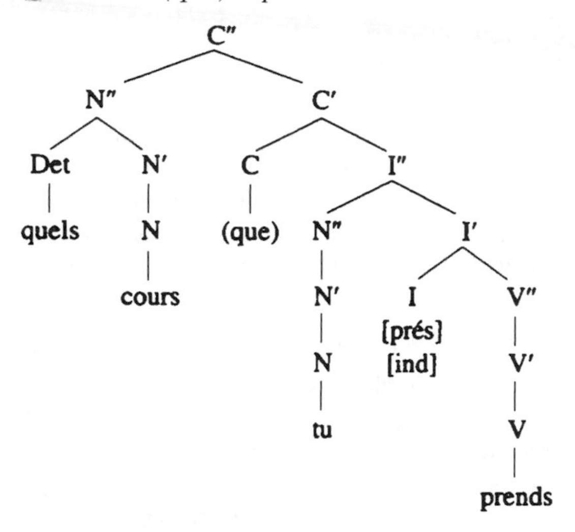

Interrogative indirecte (représentation provisoire) :

Je sais sur qui (que) tu comptes.

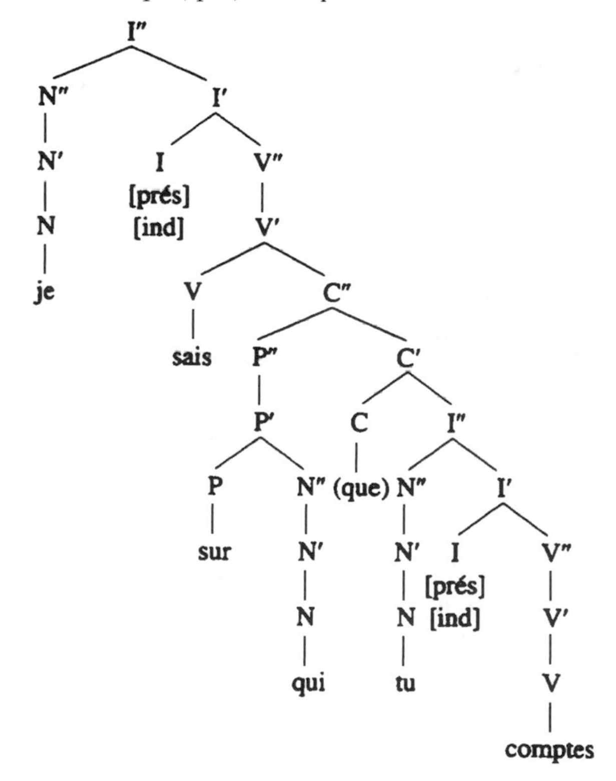

8.3. Les relatives

Les relatives ont ceci de commun avec les interrogatives qu'elles comportent la plupart du temps un syntagme Qu - :

L'homme de qui Julie parlait est architecte.
Sarah empruntera un livre auquel tu tiens.

À la différence de l'interrogative, la relative comporte un antécédent nominal : le syntagme C″ qui domine la proposition relative (*auquel tu tiens, de qui Julie parlait*) est contenu dans le N″ qui comprend aussi l'antécédent. Si l'on applique le test de pronominalisation décrit aux chapitres 3 et 6, nous constatons que l'antécédent et la proposition relative forment un constituant : dans la phrase ci-dessous, la suite de mots *livre auquel tu tiens* est remplacée par le pronom *en* :

Sarah empruntera [$_{N''}$un [livre auquel tu tiens]] et sa sœur en empruntera [$_{N''}$trois].

Cependant, la relative n'est pas un complément sélectionné par le nom. On peut modifier à l'aide d'une relative à peu près n'importe quel nom commun, et les noms ne se classent pas en sous-catégories selon qu'ils admettent ou non une relative. Ainsi, comme nous l'avons fait pour le complément des noms concrets, nous placerons la proposition relative (le C″ contenant le syntagme Qu-) sous N′, mais non pas sous le N′ minimal. Voici la représentation provisoire des deux phrases données plus haut ; ces représentations seront, elles aussi, modifiées au chapitre 9. (Pour le français standard, qui n'admet pas la cooccurrence d'un syntagme Qu- et d'un complémenteur en début de proposition, le nœud C demeure vide.)

Relatives (représentation provisoire) :

L'homme de qui Julie parlait est architecte.

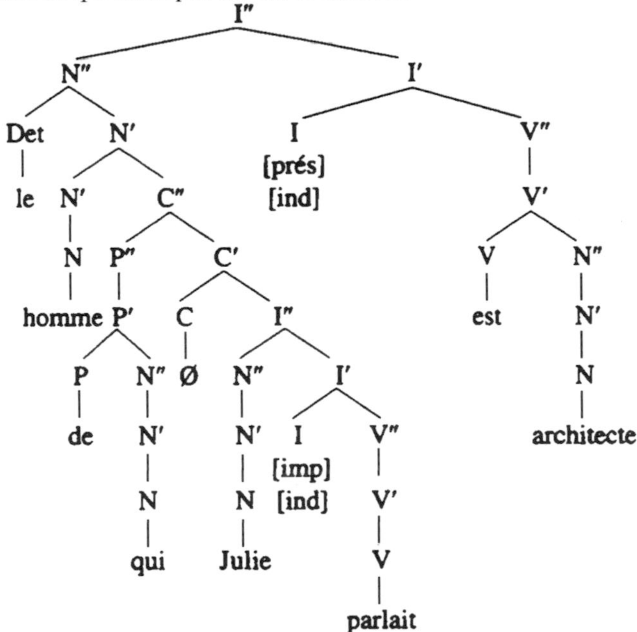

Sarah empruntera un livre auquel tu tiens.

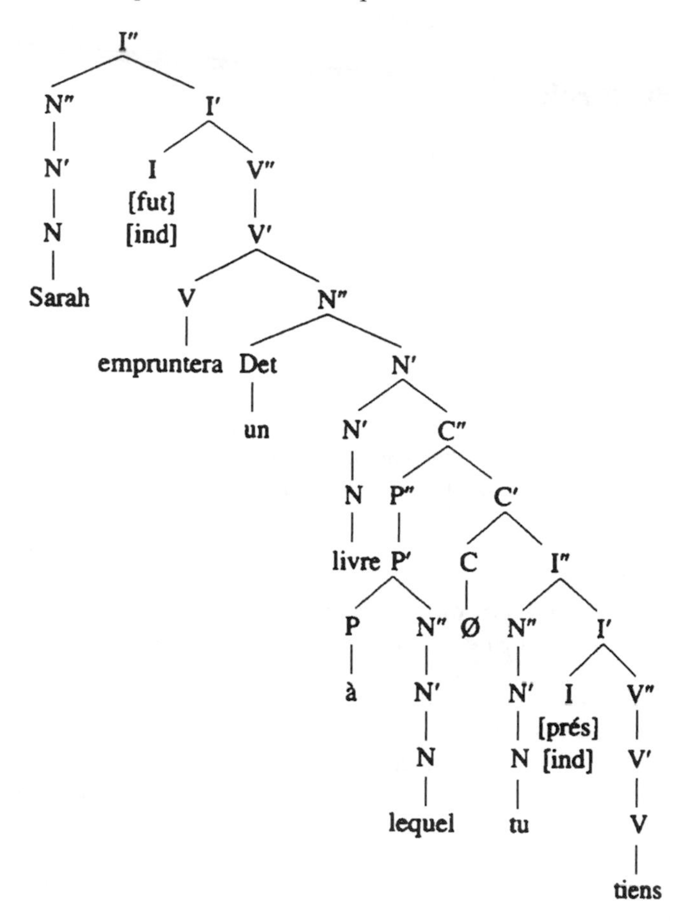

Une seconde différence entre interrogatives et relatives en français moderne réside dans le fait que l'inventaire des syntagmes Qu- n'est pas tout à fait identique dans les deux cas. Par exemple, alors que des SP comme *de qui, duquel, de laquelle* peuvent être utilisés dans les interrogatives aussi bien que dans les relatives, le SP *dont* ne se trouve qu'en contexte de relative. (En ancien et moyen français, *dont* pouvait apparaître dans les interrogatives là où le français moderne emploie *d'où,* p. ex. *Dont venez-vous ?* Cet usage a disparu autour du XVIe siècle.) En français moderne, *dont* sert surtout à relativiser un complément du nom ou un complément du verbe normalement précédé de la préposition *de*:

Françoise connaît quelqu'un dont le frère vient d'entrer à l'université.
Il n'a pas reçu les soins dont il avait besoin.
Julien rencontrera la personne dont je t'ai parlé.

Nous reviendrons sur l'analyse de *dont* au chapitre 9.

En français, d'autres différences entre interrogatives et relatives se manifestent dans la forme du syntagme Qu- lorsque le sujet et l'objet sont interrogés ou relativisés.

8.3.1. Sujets et objets relativisés

Dans une interrogative, la forme du syntagme Qu- varie en fonction du caractère humain ou non humain de l'élément que ce syntagme est censé remplacer. Nous avons ainsi *qui* pour les humains et *quoi* ou *qu'est-ce (que/qui)* pour les non-humains :

Qui tu as rencontré ?
Qui est arrivé ?
Qu'est-ce que tu as écrit ?
Qu'est-ce qui inquiète Luc ?

Dans les relatives, en revanche, la variation de forme est déterminée non pas par le trait [± humain] de l'élément relativisé, mais par sa fonction grammaticale. Nous avons ainsi *que* ou *qui* suivant que le constituant relativisé est un objet direct ou un sujet.

Je connais l'homme que Julien a rencontré.
Je connais l'homme qui est arrivé.
J'ai lu le livre que le professeur avait recommandé.
J'ai résolu le problème qui inquiétait Luc.

Ainsi, *qui* n'a pas les mêmes propriétés dans une interrogative que dans une relative. Ceci soulève un problème d'analyse : s'agit-il d'un seul et même élément qui varie selon le type de construction, ou bien de deux éléments différents ? Afin de pouvoir établir correctement la structure des interrogatives et des relatives, nous devons d'abord répondre à cette question.

La plupart des syntacticiens générativistes sont d'avis que ces deux *qui* sont différents : le *qui* interrogatif est un syntagme Qu- de catégorie N″, alors que le *qui* relatif est une variante morphologique du complémenteur *que,* c'est-à-dire une catégorie grammaticale mineure, C^0. Nous résumons ci-dessous les principaux arguments à l'appui de cette analyse.

Comme nous l'avons déjà vu au début de ce chapitre, certains verbes (p. ex. *penser*) ne peuvent pas être suivis d'une interrogative indirecte. La première des deux phrases ci-dessous est grammaticale, car *penser* est suivi du complémenteur *que* ; cependant, la seconde est agrammaticale, puisque *penser* est suivi du syntagme Qu- *qui* :

Qui tu penses [que Julien a rencontré] ?
* *Tu penses [qui Julien a rencontré] ?*

Le raisonnement est fort simple : si tous les *qui* en français étaient des syntagmes interrogatifs, toute phrase où le verbe *penser* est suivi de *qui* devrait être agrammaticale. Mais ce n'est pas le cas :

Voilà la personne que tu penses [qui est arrivée].
Qui tu penses [qui est arrivé] ?

Ces exemples montrent bien qu'il existe un *qui* dont la valeur n'est pas celle d'un syntagme Qu-. Doit-on conclure que ce *qui* est un complémenteur ? On pourra noter en effet que le *qui* de la proposition enchâssée alterne avec le complémenteur *que*. Ainsi, le *que* des deux propositions ci-dessous s'oppose au *qui* des deux phrases précédentes :

Voilà la personne que tu penses [que je connais].
Qui tu penses [que Luc connaît] ?

Ces alternances suggèrent que le complémenteur d'une proposition tensée en français peut prendre soit la forme normale *que*, soit une forme spéciale, *qui*, lorsque le sujet qui le suit immédiatement a été interrogé ou relativisé. Le français populaire nous permet de former un argument plus direct à l'appui de cette hypothèse. Nous avons déjà vu que cette variété de français permet la cooccurrence d'un syntagme Qu- et du complémenteur *que* dans les interrogatives :

À qui que t'as parlé ?
Comment que tu t'appelles ?
Qui que t'as rencontré ?

Or, lorsque le constituant interrogé a fonction de sujet, le complémenteur n'est plus *que*, mais bien *qui* :

Qui qui est arrivé ?

Nous savons que le français populaire ne permet pas la cooccurrence de deux syntagmes Qu- en début de phrase : le second *qui* ne peut donc être que le complémenteur. Ainsi le complémenteur en français a deux réalisations morphologiques : *que* dans la plupart des cas, et *qui* dans le cas précis où le sujet qui suit immédiatement le complémenteur a été interrogé ou relativisé. Puisque les relatives manifestent justement cette alternance (*l'homme que Julien a rencontré, l'homme qui est arrivé*), il nous faut conclure que *que* et *qui* dans les relatives sont aussi des variantes du complémenteur.

Examinons maintenant une distinction entre les relatives qui porte sur la relation entre la proposition relative (C″) et son antécédent nominal.

8.3.2. Relatives restrictives et appositives

On distingue généralement deux types de relatives selon le rapport sémantique qu'elles entretiennent avec leur antécédent. Le premier type, auquel appartiennent tous les exemples que nous avons vus jusqu'à maintenant, est la *relative restrictive*. Dans ce type de relative, la proposition relative restreint la référence de l'antécédent. Par exemple, dans les phrases suivantes, l'ensemble des étudiants admis en maîtrise n'est pas le même si l'on supprime la relative : il est plus restreint dans la première phrase, puisque la relative restrictive impose une condition d'admission supplémentaire.

Tous les étudiants de troisième année qui ont une moyenne de 3,4 seront admis en maîtrise.
Tous les étudiants de troisième année seront admis en maîtrise.

Le second type de relative est la *relative appositive* : ce type de relative ne restreint pas la référence de l'antécédent, mais ajoute un renseignement supplémentaire. On peut supprimer la relative sans changer l'interprétation de l'ensemble dénoté (dans les phrases ci-dessous, le nombre des étudiants admis en maîtrise est le même avec ou sans la relative appositive). La relative appositive est généralement séparée de l'antécédent par une virgule à l'écrit et par une pause ou une marque d'intonation à l'oral :

Tous les étudiants de troisième année, qui ont une moyenne de 3,4, seront admis en maîtrise.
Tous les étudiants de troisième année seront admis en maîtrise.

Ces différences sémantiques ont des corrélats syntaxiques ; en effet, certains antécédents ne sont possibles que dans un type de relative. Par exemple, les antécédents qui n'ont pas de référent (qui ne dénotent pas un objet) comme *personne, aucun étudiant, rien,* etc., ne peuvent pas être suivis d'une relative appositive ; il en va de même pour les démonstratifs qui ne peuvent pas apparaître seuls, comme *ce*, *celle*, *celui*. Les deux premières phrases ci-dessous sont bien formées : les antécédents *personne, aucun étudiant, celui* sont suivis de relatives restrictives. Les deux dernières sont agrammaticales, car ces mêmes antécédents sont suivis de relatives appositives :

Personne/aucun étudiant qui veut réussir ne manquerait un cours sur deux.
Celui que tu connais arrive ce soir.
* *Personne/aucun étudiant, qui veut réussir, ne manquerait un cours sur deux.*
* *Celui, que tu connais, arrive ce soir.*

Les noms propres, au contraire, peuvent être suivis d'une relative appositive, mais non pas d'une relative restrictive. Cela s'explique par le fait que les noms propres dénotent des individus et non des classes d'individus : or, la référence d'un individu comme « Alexandre » est complète en elle-même et ne peut par conséquent être restreinte par une relative restrictive. Cependant, il est possible d'ajouter une précision sur cet individu, c'est-à-dire ajouter une relative appositive. Voici des exemples :

* *Alexandre que tu connais vient d'arriver.*
Alexandre, que tu connais, vient d'arriver.

Notons que le nom « Alexandre » peut, dans un autre contexte, être employé pour désigner une classe d'individus portant ce prénom ; le nom propre se comporte alors comme un nom commun et est précédé du déterminant. Comme dans cet usage il dénote une classe d'individus, cette classe peut être restreinte par une relative restrictive :

L'Alexandre que tu connais vient d'arriver.

Jusqu'à maintenant, nous avons dégagé la structure interne des interrogatives et des relatives, et nous avons passé en revue les principales similitudes et différences entre ces deux types de constructions. En ce qui concerne les interrogatives, nous avons aussi mis en évidence une différence dialectale, c'est-à-dire la cooccurrence, au début d'une proposition, d'un syntagme Qu- et d'un complémenteur, permise en français populaire mais non en français standard. Nous allons maintenant décrire brièvement d'autres différences dans la syntaxe des interrogatives et des relatives en français standard et populaire.

8.4. Français standard et français populaire

8.4.1. Interrogatives et inversion

Voyons d'abord, pour les interrogatives, deux différences importantes entre le français standard et le français populaire. Dans les interrogatives directes en français standard, le pronom sujet se place derrière le verbe ou l'auxiliaire. Lorsque le sujet est un SN non pronominal, il précède le verbe ou l'auxiliaire, lequel est alors suivi d'un pronom ayant les mêmes traits de genre, de nombre et de personne que le SN sujet (ce deuxième type d'inversion est dit *inversion complexe*). Ceci vaut pour les interrogatives totales et partielles; les exemples ci-dessous illustrent les deux types d'inversion en interrogative partielle:

À quelle heure partez-vous ?
De qui Julie parle-t-elle ?

On ne trouve pas ces inversions dans les interrogatives du français populaire. Pour nous assurer que les exemples appartiennent bien à cette variété, nous ferons suivre le syntagme interrogatif du complémenteur *que*. Les contrastes ci-dessous montrent que, dans ce contexte, l'inversion du pronom sujet et l'inversion complexe sont exclues:

À quelle heure que vous partez ?
* *À quelle heure que partez-vous ?*
De qui que Julie parle ?
* *De qui que Julie parle-t-elle ?*

Par ailleurs, on trouve dans les interrogatives indirectes en français populaire un syntagme Qu- suivi de *est-ce que*; ce type de construction est exclu des interrogatives indirectes en français standard.

Français populaire :

Je sais pas à qui est-ce qu'elle parle.
Julie a pas dit quand est-ce qu'elle viendrait.

Voyons maintenant les principales différences entre le français standard et le français populaire en ce qui concerne les relatives.

8.4.2. *Relatives: le «pronom relatif»* que

Notons tout d'abord que, comme dans les interrogatives, le français populaire permet la cooccurrence du syntagme Qu- et du complémenteur *que*:

Il connaît les gens à qui que tu parles.
La personne sur qui que vous comptiez arrive demain.

La syntaxe des relatives en français populaire se caractérise par l'emploi de *que* dans presque toutes les fonctions, alors que le français standard utilise des syntagmes Qu-différents (*à qui, dont, où, pour lequel,* etc.). Les exemples ci-dessous, tirés du corpus Montréal 1984 (département d'anthropologie, Université de Montréal), illustrent cet emploi étendu du *que* dans les relatives en français populaire; les syntagmes Qu-équivalents en français standard figurent à la droite de chaque phrase.

Français populaire	*Français standard*
J'écoute le hockey au poste qu'il joue.	*auquel, où*
On va chercher certains conseils qu'on a besoin.	*dont*
Ils trouvent laid la façon qu'on parle.	*dont*
Le restaurant qu'on va le plus souvent, c'est La Sila.	*où*
Il y a des choses que tu t'adaptes.	*auxquelles*
C'est tout des choses qu'elle aurait été bonne.	*pour lesquelles*
Il y a bien des points qu'on se ressemble beaucoup.	*sur lesquels*

Plus que tout autre relativisant, *dont*, qui correspond au complément du nom ou plus généralement au complément introduit par *de*, a tendance à être remplacé par *que* en français populaire. En fait, *dont* disparaît de plus en plus de la langue orale. Ceci pourrait venir du fait que *dont* n'est employé que dans les relatives, alors que *à qui*, *de quoi*, *qui*, *pour qui*, *pour laquelle*, etc., figurent à la fois dans les relatives et les interrogatives. Mis à part la rareté de *dont* dans le discours oral spontané, un autre indice de son obsolescence réside dans le fait que les locuteurs natifs le perçoivent comme appartenant à un registre soutenu et que bon nombre d'entre eux ne réussissent pas à l'employer correctement. Ainsi certains locuteurs natifs qui n'éprouvent aucune difficulté à former les autres relatives commettent-ils souvent des erreurs lorsqu'ils s'efforcent d'employer *dont*. Voici des exemples d'emploi erroné de *dont* en discours spontané (corpus de français oral recueilli par Francine Cyr, Université de Montréal, 1990 [FC90]):

C'est un extrait de cette scène-là dont on continue.
Y'a pas une journée dont on est pas impressionné de tout ce qui se fait.

Une autre différence dialectale dans la syntaxe des relatives réside dans l'emploi d'un *pronom de rappel* ou *pronom résomptif* à l'intérieur de la proposition relative en *que* du français populaire. Ce pronom (souligné dans les exemples ci-dessous) correspond, par sa fonction grammaticale, au constituant relativisé (FC90):

Il y en a une que son mari travaille à l'année longue.
J'ai même une cousine qu'elle a mis son poêle dehors.
C'est une affaire que des fois ils l'annoncent.
J'ai un Shop-Wash (une siphonneuse) pour mon travail que je m'en sers.

Le français populaire parlé en France présente ces mêmes caractéristiques. On y trouve des relatives très semblables à celles que nous avons citées; l'une d'entre elles figure d'ailleurs dans l'extrait d'*Astérix* donné au début de ce chapitre (voir aussi les références proposées à la fin du chapitre). Notons par ailleurs que l'emploi généralisé du *que* dans les relatives, condamné à l'époque classique (XVIIe siècle), était courant en ancien et moyen français:

vos ne sanblez pas home que *on doie mal fere.*
«vous ne semblez pas homme *à qui* on puisse faire du mal.»

Perlesvaus, XIIIe siècle, cité dans Kunstmann 1990, p. 211.

Si s'en retourna et se remist en la voie que *ele ert venue.*
«Elle s'en retourna et reprit le chemin *par lequel* elle était venue.»

La Queste del Saint Graal, XIIIe siècle, cité dans Soutet 1992, p. 74.

la plus rice estoire que *onques oïst on parler.*
«la plus riche flotte *dont* on ait jamais entendu parler.»

Le *Roman du Graal,* XIIIe siècle, cité dans Kunstmann 1990, p. 212.

en l'aage qu'*il en a plus de besoing.*
«à l'âge *où* il en a le plus besoin.»

Cité dans Brunot 1967, II, p. 423.

En résumé, le système de la relativisation en français populaire comporte un relativisant unique, *que,* là où le français standard fait appel à divers syntagmes Qu-. Il ne faut donc pas s'étonner que les relatives posent des problèmes particuliers à l'école: pour les locuteurs qui ont acquis dans leur milieu la variété populaire du français, l'emploi des divers «pronoms relatifs» du français standard pose des difficultés analogues à celles qu'entraîne l'apprentissage d'une langue seconde.

Exercices

1. *Relatives et interrogatives; fonctions grammaticales.* Dans les phrases suivantes: i) identifiez les propositions relatives et les interrogatives directes et indirectes; ii) identifiez les syntagmes Qu- et indiquez quelle est la fonction grammaticale (sujet, objet direct,

etc.) que chaque syntagme Qu- remplit par rapport au verbe (par rapport au verbe enchâssé s'il y a deux verbes).

a. Elle sait à quel endroit Frédéric a caché son magot.
b. Le livre dont vous avez signé la préface paraîtra bientôt.
c. Quand as-tu annoncé ta venue au congrès à l'organisation duquel j'avais participé ?
d. Devine qui vient ce soir.
e. S'il y avait référendum sur la souveraineté, quelle option choisirais-tu ?

2. *Dont.* Le français populaire tend à remplacer à peu près tous les syntagmes Qu- par *que* dans les relatives. Or, parmi les relatives du français standard, les relatives avec *dont* sont celles qui, de loin, posent le plus de problèmes aux locuteurs du français populaire. À partir de conversations ou d'entretiens dans les médias, d'articles de journaux, etc., recueillez des exemples d'emplois erronés de *dont.*

3. *Relatives restrictives et appositives.* Il y a lieu de se demander si l'emploi généralisé du *que* en français populaire est limité à un certain type de relative. Construisez des exemples qui permettent de vérifier si *que* dans cette variété de français peut s'employer de façon aussi généralisée dans les relatives appositives que dans les relatives restrictives.

4. *Représentations structurales.* En vous basant sur les exemples donnés au début du chapitre, représentez sous forme d'arbres syntagmatiques la structure (provisoire) de chacune des phrases ci-dessous.

a. Max connaît une étudiante à qui l'on a octroyé une bourse.
b. L'incendie a détruit la maison dans la cuisine de laquelle on avait inventé la tarte Tatin.
c. La personne à qui Luc parlait au téléphone sait de quoi il est capable.

Pour en apprendre davantage...

sur l'analyse de qui *dans les relatives :*

L'hypothèse selon laquelle le *qui* dans les relatives sujets est une variante du complémenteur *que* est développée par Moreau (1971)[F*] et Kayne (1976)**. Pour une tout autre analyse de l'alternance *que/qui*, voir Léard (1990)[F*].

sur la variation dialectale dans les interrogatives et les relatives :

Sur les interrogatives en français populaire québécois, voir Lefebvre (1982)[F*]. Sur la cooccurrence entre syntagmes Qu- et complémenteur dans les interrogatives en français populaire, voir entre autres Georgin (1966, p. 207)[F], Guiraud (1965, chap. II, sect. VII)[F].

Les relatives en français populaire hexagonal sont étudiées par Guiraud (*op. cit.*, chap. II, sect. VI)[F], Guiraud (1966)[F], Frei (1929)[F], Georgin (1953)[F] et Gadet (1992, chap. V, sect. IV)[F]. La syntaxe des relatives en français populaire du Québec est décrite par Bouchard (1982)[F**], Vinet (1984)[F] et Dubuisson et Emirkanian (1982)[F]. Sur les conditions (structurales, lexicales, etc.) qui régissent l'usage du relativisant *que* en français populaire, voir Tellier (1993)[F*].

DEUXIÈME PARTIE
TRANSFORMATIONS

9
Le mouvement Qu-

Tout mouvement, de quelque nature qu'il soit, est créateur.
Edgar Allan Poe, « Puissance de la parole », dans *Contes, essais, poèmes*, Paris, Robert Laffont, 1989.

Ce chapitre traite des problèmes d'analyse liés aux interrogatives et aux relatives. Nous allons voir que les structures provisoires établies pour ces constructions au chapitre 8 entrent en contradiction avec certains des principes que nous avons formulés jusqu'ici. Afin de rendre l'analyse structurale des interrogatives et des relatives compatible avec ces principes, nous allons ajouter à notre grammaire un nouveau type de règle : les transformations. Ces règles, qui déplacent des constituants, nous permettront par ailleurs de mettre en évidence des réseaux de relations entre diverses constructions.

9.1. Un problème d'insertion lexicale

Nous avons vu au chapitre 5 qu'un élément lexical (verbe, adjectif, nom, préposition, adverbe) ne peut être inséré sous un nœud X (V, Adj ou P) dans un arbre syntagmatique que si l'environnement syntaxique du nœud X correspond au cadre de sous-catégorisation de l'élément lexical à insérer. Voyons par exemple le cadre de sous-catégorisation du verbe *prendre*. Ce verbe est transitif ; il appelle un N″ objet direct (**il prend*). Par conséquent, le verbe *prendre* peut être inséré sous un nœud V seulement si ce V a un N″ pour constituant-sœur dans l'arbre syntagmatique.

Les phrases déclarative et interrogative ci-dessous ne posent pas de problème pour l'insertion lexicale du verbe *prendre,* puisque dans les deux cas le nœud V est suivi d'un N″, conformément au cadre de sous-catégorisation du verbe :

Tu [$_V$ *prends*] [$_{N''}$ *ce cours*].
Tu [$_V$ *prends*] [$_{N''}$ *quels cours*] ?

Cependant, l'arbre que nous avons construit au chapitre précédent pour l'interrogative directe *quels cours tu prends ?* ne satisfait pas à la condition sur l'insertion lexicale, car aucun nœud N″ ne suit le nœud V dans l'arbre syntagmatique. Le représentation provisoire de cette interrogative est reproduite ci-dessous :

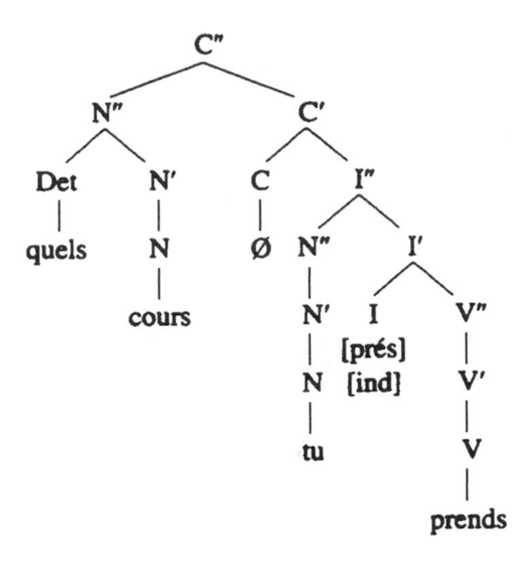

Dans cet arbre, l'insertion lexicale du verbe *prendre* devrait être interdite. Comme la phrase est grammaticale, il nous faut soit abandonner la condition sur l'insertion lexicale, soit proposer pour cette interrogative une nouvelle structure qui soit compatible avec le cadre de sous-catégorisation du verbe *prendre*. Puisque la condition sur l'insertion lexicale nous permet à juste titre d'exclure des phrases où *prendre* est privé d'objet direct (p. ex. **tu prends*), c'est la seconde solution qu'il nous faut envisager.

De toute évidence, la différence entre la phrase agrammaticale **tu prends* et l'interrogative *Quels cours tu prends ?* est que l'interrogative comporte bien un objet direct, le N″ *quels cours*; simplement, celui-ci ne se trouve pas dans la position normalement réservée à l'objet direct. Une autre observation pertinente pour l'analyse des interrogatives est que la présence d'un syntagme dans la position [Spec,C″] exclut systématiquement la présence du constituant postverbal correspondant à la même fonction :

Tu prends quels cours ?
Tu prends les cours de syntaxe et de phonologie.
Quels cours tu prends ?
* *Quels cours tu prends quels cours ?*
* *Quels cours tu prends les cours de syntaxe et de phonologie ?*

Ces exemples agrammaticaux montrent que l'on ne trouve pas dans la même proposition un syntagme objet direct en position initiale et un N″ objet direct en position postverbale. Autrement dit, un syntagme Qu- au début d'une proposition et un syntagme correspondant à la même fonction grammaticale (sujet, objet direct, objet indirect, etc.) sont en distribution complémentaire. Il s'agit là d'un état de fait dont il faut rendre compte dans notre grammaire.

Envisageons le problème sous un autre angle et voyons quelles solutions peuvent être apportées. Vous connaissez la bande dessinée *Superman* ? La journaliste Loïs Lane remarque que son effacé collègue Clark Kent disparaît toujours juste avant l'arrivée de

Superman : on ne les voit jamais ensemble dans un même endroit. (Écartons tout de suite la possibilité que cette distribution complémentaire relève du hasard.) Voilà donc un fait qui mérite une explication. Il y a plusieurs scénarios que Loïs pourrait envisager : par exemple, que les deux hommes se détestent et évitent de se rencontrer, que Clark Kent a peur de Superman et le fuit ou bien, évidemment, que Kent et Superman sont une seule et même personne.

De la même façon, pour expliquer la distribution complémentaire entre les syntagmes Qu- en tête de proposition et certains syntagmes dans la phrase, on retiendra la solution la plus plausible, c'est-à-dire celle qui consiste à considérer ces syntagmes comme un seul et même objet. Autrement dit, de même que Clark Kent ne peut pas être à la fois au journal et voler dans les airs déguisé en Superman, de même l'objet direct d'un verbe ne peut pas être à la fois réalisé comme un N″ postverbal et comme un syntagme Qu- au début de la proposition.

Nous disposons en principe de plusieurs moyens pour encoder cela dans une grammaire. On pourrait par exemple introduire une règle qui dirait ceci : la présence au début de la proposition d'un syntagme Qu- remplissant une fonction grammaticale d'objet direct « annule » la sous-catégorisation d'un verbe transitif, de sorte que ce verbe ne devra être suivi d'aucun N″. Une telle solution, quoique plausible, n'est pas celle que préconise la grammaire générative transformationnelle. Celle-ci propose plutôt qu'un syntagme Qu- en tête de phrase a été *déplacé* dans cette position à partir de sa position « normale » ou position de base. Les opérations qui consistent à déplacer des mots ou des syntagmes sont des *transformations* ; la transformation qui porte sur les syntagmes Qu- s'appelle *mouvement Qu-* ou *déplacer Qu-*.

9.2. Déplacer Qu-

Les *transformations* permettent de transformer – ou modifier – les phrases et leurs structures. Une grammaire générative qui comporte des transformations est dite *grammaire générative transformationnelle*.

L'application de la transformation *mouvement Qu-* résout le problème d'insertion lexicale évoqué au début de ce chapitre. Nous allons proposer que l'interrogative *Quels cours tu prends ?* est dérivée par transformation, à partir de l'interrogative *Tu prends quels cours ?*. Au moment de l'insertion lexicale, le nœud V est suivi d'un N″ (*quels cours*), conformément au cadre de sous-catégorisation du verbe *prendre*. Le N″ *quels cours* est ensuite déplacé par transformation vers la position [Spec,C″]. Par convention, un syntagme déplacé laisse une trace (notée *t*) dans sa position d'origine et cette trace est coindicée avec (= porte le même indice que) son antécédent, c'est-à-dire le constituant déplacé. Voici une illustration des différentes étapes de la *dérivation* de l'interrogative *Quels cours tu prends ?*.

1. Structure de base :

Tu prends quels cours ?

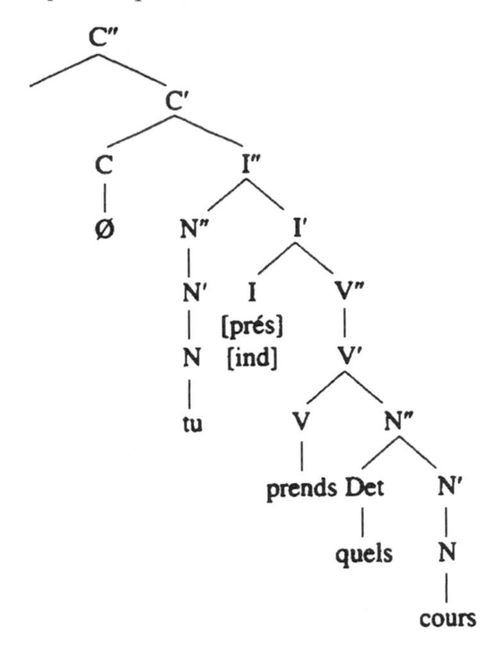

Insertion lexicale du verbe *prendre* sous V : l'environnement syntaxique de V est conforme au cadre de sous-catégorisation de *prendre*.

2. Structure dérivée :

Quels cours$_i$ tu prends t_i ?

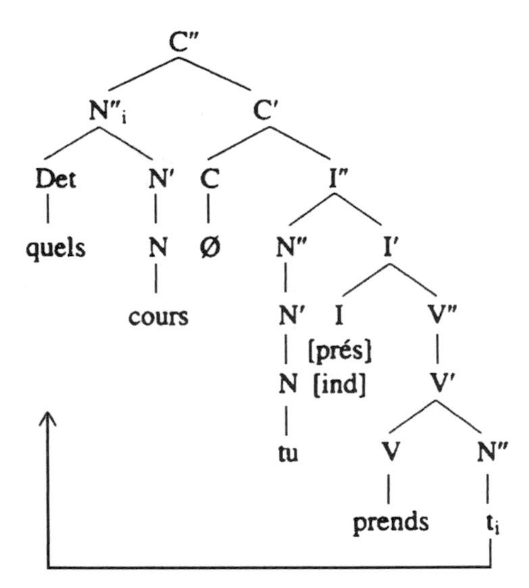

La transformation *déplacer Qu-* déplace le syntagme Qu- *quels cours* en position de spécificateur de C″; on assigne le même indice au N″ déplacé et à la trace laissée dans sa position d'origine.

Nous formulons comme suit la transformation *déplacer Qu-*:

Déplacer un syntagme Qu- vers la gauche dans la position de spécificateur du C″ le plus rapproché.

Il nous reste à régler un détail qui concerne l'identification du constituant à déplacer. Pour que la transformation puisse s'appliquer correctement, il faut en effet qu'elle puisse faire la distinction entre un syntagme Qu- et un autre syntagme. Nous avons déjà dit au chapitre 8 qu'un mot Qu- était marqué dans le lexique par un trait [+Qu]. Cependant, la transformation *déplacer Qu-* déplace des syntagmes et non des mots isolés. Cela veut donc dire que le trait [+Qu] doit apparaître au niveau du syntagme; autrement dit, ce trait doit «monter» ou «percoler» à partir du mot jusqu'au syntagme. Lorsque le mot Qu- est la tête du syntagme, la percolation du trait [+Qu] se fait automatiquement: comme nous l'avons vu au chapitre 3 (section 3.3.1), un syntagme porte tous les traits de sa tête (traits grammaticaux de nombre et de genre, traits sémantiques). Lorsque le mot marqué [+Qu] est en position de spécificateur du syntagme, comme dans *quels cours*, le trait [+Qu] est transmis au syntagme (N″) de façon indirecte. Voici comment. Nous savons que l'élément qui occupe la position de spécificateur d'un SN s'accorde avec la tête de ce syntagme; ainsi, dans *quels cours,* le déterminant s'accorde en genre et en nombre avec le nom tête. La configuration spécificateur-tête peut donc être considérée comme un contexte de correspondance de traits grammaticaux et, par extension, comme une configuration de transmission de certains traits grammaticaux. Dès lors, on pourra supposer que le déterminant peut transmettre son trait [+Qu] à la tête qui, elle, le transmettra automatiquement au syntagme (N″).

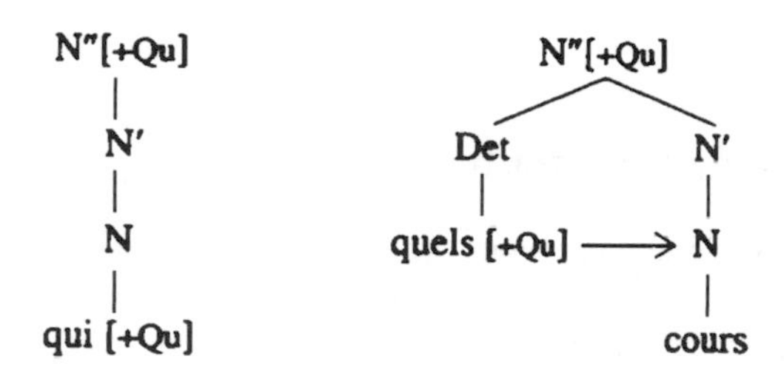

Dans d'autres cas, le mot marqué [+Qu] dans le lexique n'est ni la tête ni le spécificateur du syntagme interrogatif (le syntagme déplacé au début de la proposition). Lorsque le syntagme interrogatif est un P″, le mot marqué [+Qu] peut être contenu à l'intérieur d'un N″ dominé par P″; il peut même être enchâssé assez loin à l'intérieur du P″. Voici deux exemples (le syntagme interrogatif déplacé par *mouvement Qu-* dans ces phrases est mis entre crochets):

Le conseiller [au secrétaire de qui] j'avais fait appel n'est plus en fonction.
[Sur le quai de quel port] étais-tu assis?

Puisque le P″ déplacé se comporte comme un syntagme Qu-, c'est donc qu'il a hérité du trait [+Qu] du mot interrogatif enchâssé, c'est-à-dire *qui* dans la première phrase et *quel* dans la seconde. Du point de vue du mécanisme de percolation du trait, nous devons par conséquent admettre qu'un trait [+Q] peut se propager du N″ au P″ qui le domine, du P″ au N″ qui le domine, et ainsi de suite pour ces deux catégories. L'arbre suivant montre la transmission du trait :

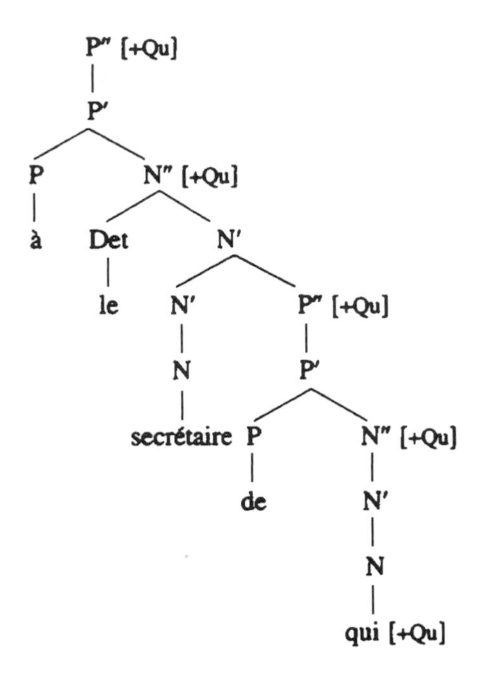

9.3. Les niveaux de représentation

Suivant l'analyse que nous avons proposée, l'interrogative *Quels cours tu prends ?* a deux représentations structurales : l'une qui est engendrée par les règles de réécriture et l'insertion lexicale, et la seconde qui résulte de l'application de la transformation *déplacer Qu-*.

(Lorsqu'un constituant est placé dans une certaine position à la suite de l'application des règles de base et de l'insertion lexicale, on dit qu'il est *engendré* dans cette position. Lorsqu'un constituant occupe une position différente de celle dans laquelle il est engendré, on dit qu'il a été *déplacé* dans cette position.)

La première représentation structurale s'appelle une *structure profonde* ou *structure-D* (« D » pour *deep* en anglais) : c'est la représentation d'une phrase avant l'application des transformations. la seconde représentation structurale est la *structure de surface* ou *structure-S* : c'est la représentation d'une phrase après l'application des transformations.

La *dérivation* d'une phrase, c'est-à-dire sa «construction» à partir des règles de réécriture et des mots du lexique et les changements qui peuvent résulter des transformations, peut être représentée de façon plus générale sous forme de schéma ou *modèle,* comme ci-dessous:

Modèle transformationnel

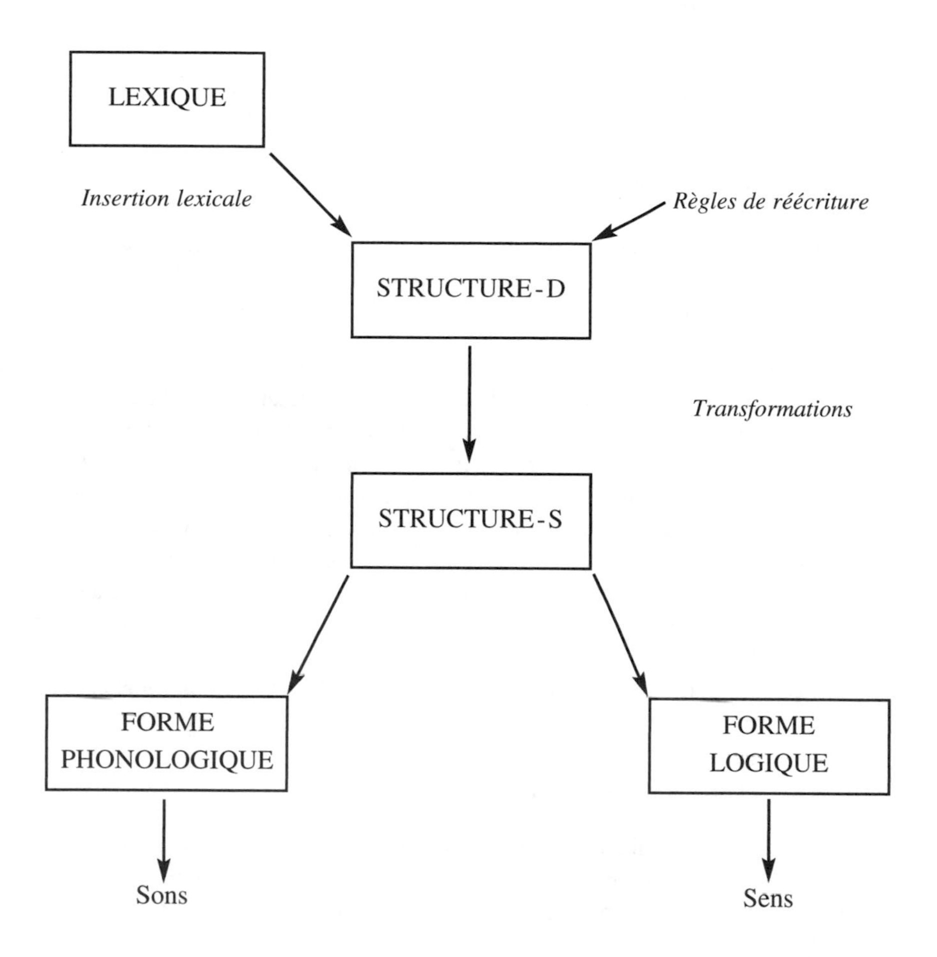

Dans ce modèle, les niveaux de représentation sont représentés en encadré; outre les niveaux de structure-D et de structure-S, dont nous venons de parler, le modèle comprend le niveau de la forme phonologique (représentation phonologique de la phrase) et le niveau de la forme logique (représentation sémantique de la phrase). Les ensembles de règles ou d'opérations sont mis en italique: l'application des règles de réécriture donne les arbres syntagmatiques, l'insertion lexicale insère les mots tirés du lexique sous les nœuds terminaux des arbres, ce qui aboutit à des représentations en structure-D. Enfin, les transformations peuvent déplacer des constituants à partir des phrases et représentations de la structure-D pour former d'autres phrases et représentations ; les phrases ainsi transformées appartiennent à la structure-S.

La représentation d'une phrase en structure-S diffère de sa représentation en structure-D *si une transformation s'est appliquée.* Les transformations ne sont pas toujours obligatoires. Ainsi, dans une interrogative directe en français, le syntagme Qu- peut demeurer dans sa position de base ou bien être déplacé en [Spec,C″] par la transformation *déplacer Qu-* :

Tu penses à qui ?
À qui tu penses ?

Ces deux phrases ont une même représentation en structure-D. Dans la première phrase, aucune transformation ne s'est appliquée, et par conséquent sa représentation en structure-S est identique à sa représentation en structure-D. La seconde phrase a subi la transformation *déplacer Qu-* ; sa représentation en structure-S est donc différente de sa représentation en structure-D.

En somme, la représentation d'une phrase en structure-D ne correspond pas nécessairement, du point de vue de l'ordre linéaire des constituants, à la phrase que l'on entend ou que l'on prononce. La représentation en structure-D est celle qui est *conforme au cadre de sous-catégorisation des éléments lexicaux contenus dans la phrase.* Par ailleurs, une représentation en structure-D ne correspond pas nécessairement à une phrase grammaticale. Les jugements de grammaticalité, en effet, portent sur les phrases dont la dérivation est terminée, c'est-à-dire celles qui se trouvent en quelque sorte à la sortie par rapport au modèle ci-dessus. Si les contraintes de sous-catégorisation nous obligent à postuler, pour une phrase donnée, une structure-D qui ne correspond pas à une phrase grammaticale, c'est que la transformation qui s'est appliquée entre les deux niveaux était obligatoire. Compliqué ? La dérivation des relatives va nous fournir un exemple plus concret.

9.4. La dérivation des relatives

Les relatives, qui contiennent un syntagme Qu- dans la position suivant l'antécédent, sont elles aussi dérivées par la transformation *déplacer Qu-*. À titre d'exemple, faisons la dérivation de la phrase suivante :

Clara connaît les gens à qui Jeff parle.

En structure-D, le P″ *à qui* occupe la position de complément d'objet indirect du verbe *parler,* c'est-à-dire la position sœur du nœud V sous V′. Il est important de noter que, dans une relative, l'antécédent nominal, ici *gens,* n'est pas déplacé par transformation. En structure-D, il est tête du N″ objet direct de *connaître* (ce verbe exige un N″ complément). La représentation de la phrase en structure-D est donnée ci-dessous (dorénavant, la montée du trait [+Qu] jusqu'au syntagme est indiquée) :

1. Structure-D :

Clara connaît les gens Jeff parle à qui.

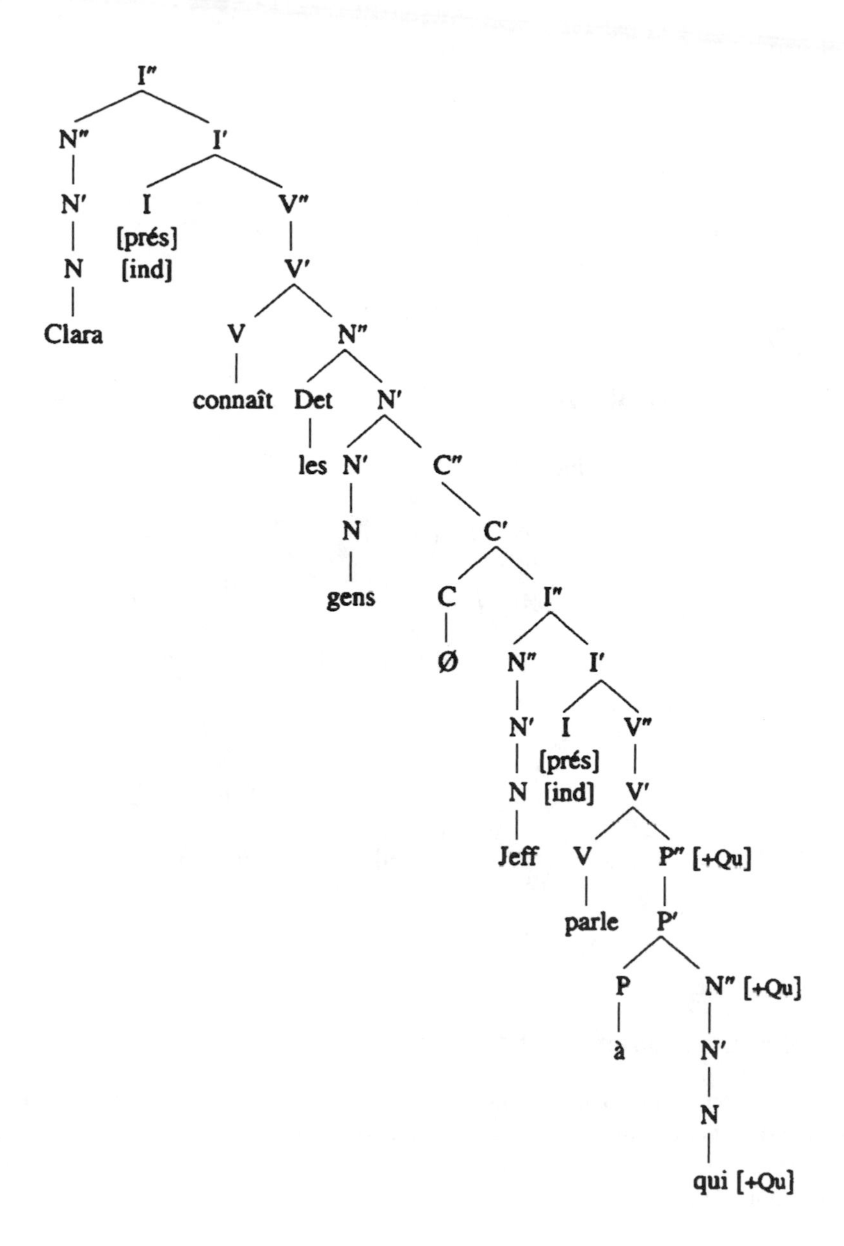

2. *Structure-S (après application de mouvement Qu-):*

Clara connaît les gens à qui$_i$ Jeff parle t$_i$.

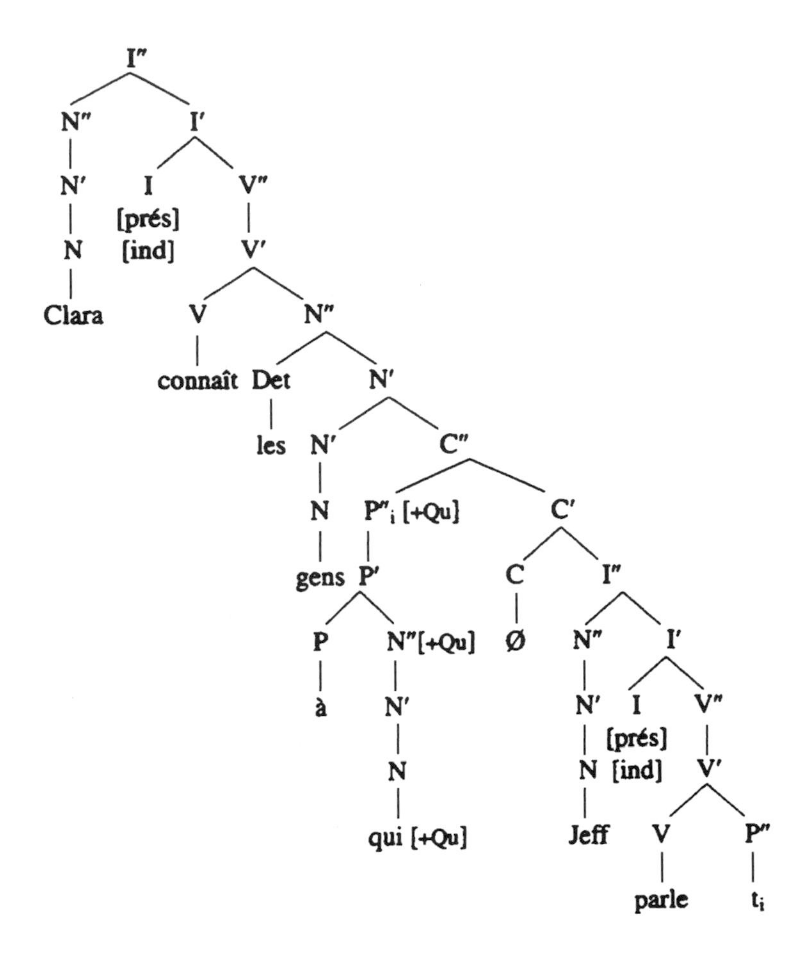

9.4.1. *Relatives objet et sujet*

Nous allons maintenant faire la dérivation des relatives où le constituant relativisé est un objet direct et un sujet. À la section 8.3.1, nous avons apporté des arguments à l'appui de l'hypothèse suivant laquelle les éléments *que* et *qui* dans les relatives ci-dessous étaient des complémenteurs, et non pas des syntagmes Qu-:

Je connais la personne qui arrive.
Je connais la personne que tu admires.

Contrairement aux autres relatives décrites dans ce chapitre, ces relatives ne contiennent donc pas de syntagme Qu- (du moins, pas de syntagme Qu- qui soit prononcé). En l'absence de tout syntagme marqué [+Qu], la transformation *déplacer Qu-* ne peut pas s'appliquer. Faut-il conclure que les phrases avec sujet ou objet relativisé sont dérivées tout autrement des autres et qu'elles ne font pas appel à une transformation?

Le problème, c'est que les arguments qui nous ont amenés à poser l'existence de la transformation *déplacer Qu-* dans les interrogatives et les relatives sont également valables ici. Le cadre de sous-catégorisation du verbe *admirer* spécifie la présence d'un SN, qui doit donc être présent en structure-D derrière le nœud V. D'autre part, comme nous le verrons au chapitre 14, les structures avec sujet et objet relativisé sont soumises, comme toutes les autres relatives, à des contraintes qui portent sur les opérations de mouvement. Force nous est donc d'admettre que, dans ce cas-ci, le syntagme Qu-, même s'il n'est pas prononcé, est quand même présent dans la représentation syntaxique. Nous supposerons donc que ce syntagme Qu- a été déplacé de sa position d'origine vers la position [Spec,C″], comme le prévoit la transformation *déplacer Qu-*.

Mais quel est ce syntagme Qu- inaudible? Il y a deux possibilités d'analyse. Une première possibilité serait celle de l'effacement. Nous pourrions supposer que le syntagme Qu-, présent en structure-D, est déplacé par transformation puis effacé. Dans ce cas, la dérivation serait *grosso modo* la suivante:

Structure-D:	Je connais la personne [$_{C''}$ que tu admires qui $_{[+Qu]}$].
Déplacement Qu-:	Je connais la personne [$_{C''}$ qui$_i$ $_{[+Qu]}$ que tu admires t_i].
Effacement du syntagme Qu-:	Je connais la personne [$_{C''}$ ø que tu admires t_i].

Notons toutefois que dans cette analyse, la trace est laissée sans antécédent coindicé, puisque ce dernier a été effacé.

La seconde possibilité est presque équivalente, à ceci près qu'elle nous permet de conserver l'antécédent de la trace (le constituant déplacé) et son indice. Supposons que la liste des mots Qu- comprend un mot de catégorie N, marqué du trait [+Qu], mais dépourvu de traits phonétiques: de même qu'un silence compte et est indiqué dans une partition de musique, de même ce mot Qu- a une réalité syntaxique. Appelons-le «opérateur nul» (abrégé en O ou Op). Un opérateur nul peut être déplacé, tout comme n'importe quel syntagme Qu-. Voici la dérivation de la phrase:

Structure-D:	Je connais la personne [$_{C''}$ que tu admires Op $_{[+Qu]}$].
Déplacement Qu et structure-S:	Je connais la personne [$_{C''}$ Op$_i$ $_{[+Qu]}$ que tu admires t_i].

L'arbre syntagmatique qui suit permet d'illustrer plus en détail la dérivation; cet arbre représente la *structure-S*, c'est-à-dire la structure obtenue après le déplacement de l'opérateur.

Structure-S :

```
            I"
         /      \
      N"          I'
      |         /    \
      N'       I       V"
      |      [prés]    |
      N      [ind]     V'
      |              /    \
      je            V       N"
                    |     /    \
              connais  Det       N'
                        |      /     \
                        la   N'        C"
                             |       /       \
                             N    N"i [+Qu]     C'
                             |       |        /    \
                        personne    N'       C       I"
                                     |       |     /    \
                                     N      que  N"       I'
                                     |           |      /    \
                                 Op[+Qu]         N'    I       V"
                                                 |   [prés]    |
                                                 N   [ind]     V'
                                                 |           /    \
                                                 tu         V      N"
                                                            |      |
                                                       admires     ti
```

Voyons maintenant les structures dans lesquelles le sujet est relativisé. Ces structures sont dérivées de la même façon, à ceci près que le complémenteur *que* est réalisé morphologiquement comme *qui*. Comment obtenir cette variante du complémenteur ? Étant donné qu'on ne la trouve que lorsque le sujet est relativisé – lorsque le constituant déplacé en [Spec,C″] remplit la fonction grammaticale de sujet –, appelons cette variante du complémenteur la variante nominative. Supposons que *qui* est la réalisation d'un complémenteur qui porte le trait [+nominatif]. Il suffit maintenant de postuler que ce trait est transmis au complémenteur par l'élément déplacé. Nous avons déjà établi que la relation entre un spécificateur et sa tête était une configuration de transmission de traits. Après mouvement Qu-, l'opérateur sujet se trouve en position de spécificateur de C″; il peut donc transmettre son trait [+nominatif] à la tête de C″, le complémenteur, qui prendra alors la forme nominative *qui*. Voici les différentes étapes de la dérivation pour la phrase *Je connais la personne qui arrive* :

1. Structure-D :

Je connais la personne que Op arrive.

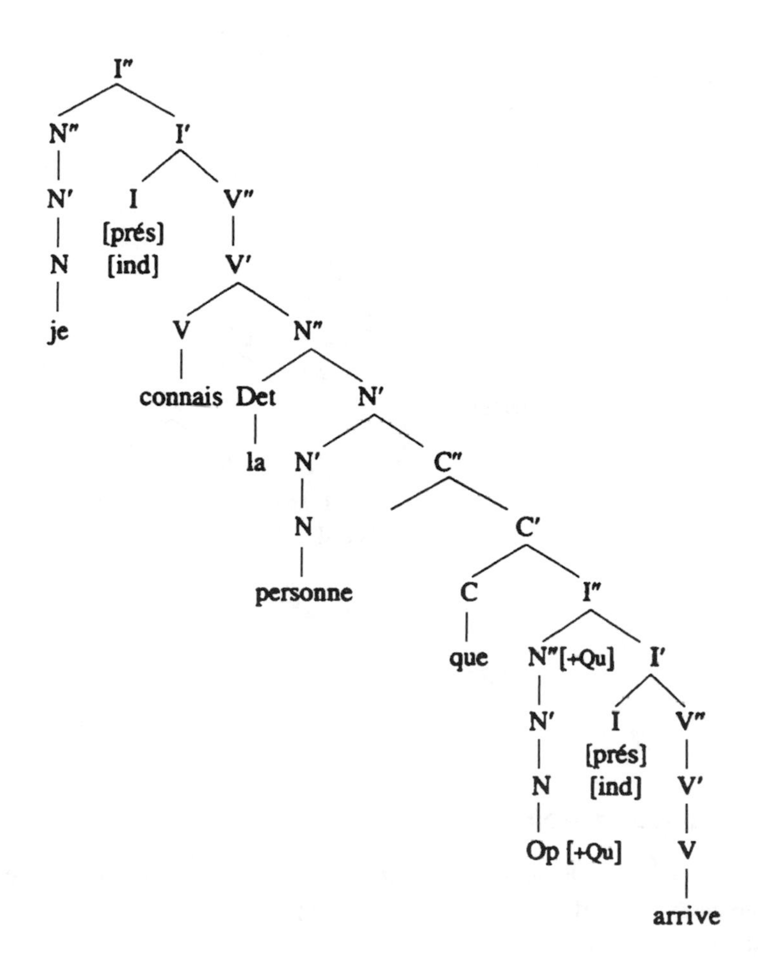

2. Déplacement Qu- :

Application de la transformation « déplacer Qu- » et accord spécificateur-tête pour le trait [+nominatif].

3. *Structure-S :*

Je connais la personne Op_i qui t_i arrive.

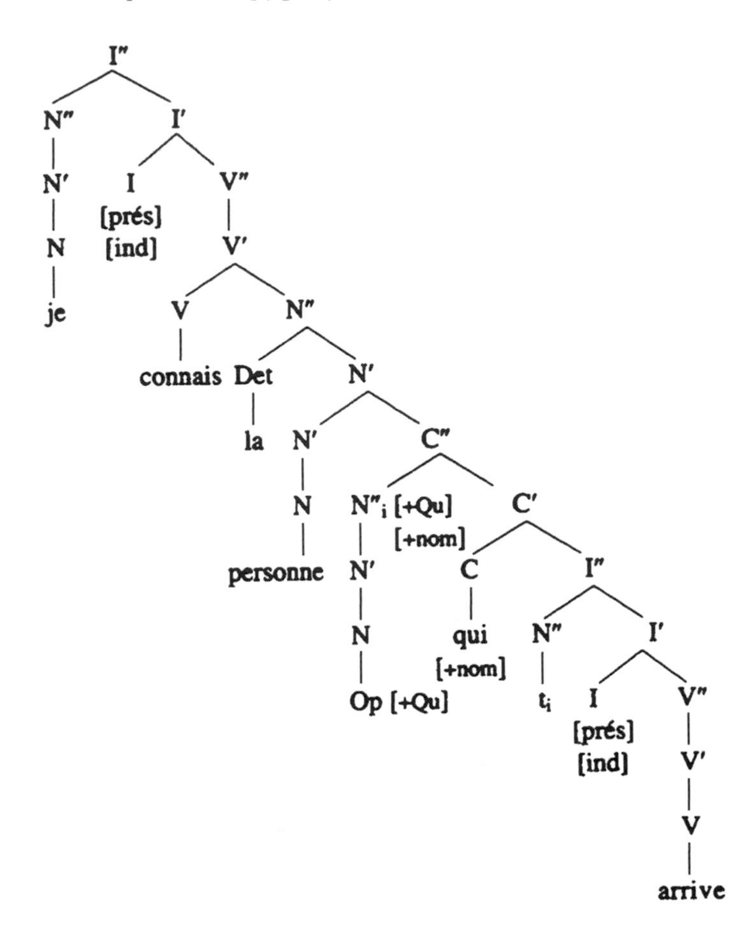

9.4.2. *Relatives en* dont

Nous avons vu au chapitre 8 que *dont*, qui sert à relativiser un complément du nom ou un complément du verbe introduit par *de*, se rapproche des syntagmes Qu- *de qui*, *de quoi*, *de laquelle*, etc., à la fois du point de vue de son sens et de sa fonction :

Jean-Baptiste connaît la personne de qui/de laquelle/dont vous parlez.

Cependant, *dont* se distingue des syntagmes Qu- ci-dessus à plusieurs égards. Premièrement, comme nous l'avons vu, *dont* n'apparaît pas dans les interrogatives :

De qui/de laquelle parlez-vous ?
* *Dont parlez-vous ?*

Deuxièmement, les constituants *de laquelle*, *de qui*, *de quoi*, etc., sont des syntagmes qui s'accordent avec leur antécédent nominal en ce qui a trait au nombre, au genre et au trait [+animé] ou [-animé]. En revanche, *dont* est un mot seul et il est invariable.

Troisièmement, dans les relatives, les syntagmes Qu- introduits par *de* peuvent faire partie d'un constituant plus grand déplacé par mouvement Qu-. Le relativisant *dont* n'a pas cette possibilité :

Nous avons rencontré les producteurs [avec l'appui desquels] il a monté son entreprise.
* *Nous avons rencontré les producteurs [avec l'appui dont] il a monté son entreprise.*

Ces différences suggèrent que *dont* n'est pas un syntagme Qu-. Tout comme nous l'avons fait pour le *qui* des relatives sujet, nous analyserons *dont* comme une variante du complémenteur, c'est-à-dire un complémenteur marqué du trait [+génitif]. Ainsi, une relative introduite par *dont* fait appel au mouvement d'un opérateur nul correspondant au complément génitif du nom ou du verbe. Une fois déplacé, cet opérateur transmet au complémenteur son trait [+génitif]: un complémenteur marqué du trait [+génitif] est réalisé morphologiquement comme *dont*.

Si *dont* est un complémenteur et non pas un syntagme Qu-, les différences mentionnées plus haut s'expliquent immédiatement. On peut noter par ailleurs que *dont* partage avec le complémenteur *que* une autre propriété. En effet, comme *que* et à la différence de *de qui*, *de laquelle*, etc., *dont* ne peut pas se trouver en tête d'une relative infinitive :

Ils ont trouvé là des gens de qui se moquer.
* *Ils ont trouvé là des gens dont se moquer.*
* *Ils ont trouvé là des gens qu'admirer.*

Ce comportement de *dont* s'explique si, comme nous l'avons proposé, *dont* est une variante du complémenteur *que*.

Dans tous les exemples que nous avons considérés jusqu'à maintenant, la transformation *déplacer Qu-* s'appliquait à l'intérieur des limites d'une même proposition. Or, nous l'avons vu au début de ce livre, les constituants antéposés dans les interrogatives et les relatives peuvent aussi provenir d'une proposition enchâssée, mais pas de n'importe quel type de proposition enchâssée. Dans la troisième partie de ce livre, qui traite des contraintes, il sera question du déplacement « à distance » des syntagmes Qu- ainsi que des restrictions auxquelles le mouvement Qu- est soumis.

Exercices

1. Faites la dérivation des phrases ci-dessous. Rappelons qu'il faut: a) recréer la structure-D en « défaisant » la transformation, c'est-à-dire en replaçant les syntagmes Qu- dans la position où ils sont engendrés par les règles de base et l'insertion lexicale, et

b) appliquer la transformation *déplacer Qu-* aux syntagmes marqués [+Qu-]. (Attention : dans les phrases où il y a à la fois un déplacement Qu- et des relations de contrôle, chaque couple {antécédent, PRO} et {syntagme Qu-, trace} porte un indice distinct.)

a. Son psychiatre sait à quels excès il est enclin en ce moment.
b. Son psychiatre connaît les excès auxquels il est enclin en ce moment.
c. Maxence sait quelles rues éviter pour arriver à l'heure.
d. Qui tu inviteras au restaurant dont Josée Blanchette vante les mérites dans sa chronique ?
e. Sophie voulait acheter le gâteau que sa fille préfère avant de rentrer chez elle.
f. La dame au jardinier de qui Clémentine empruntait des outils est en Abitibi.
g. Qui rangera ces objets qui traînent sur le tapis du salon ?

2. *Déplacement Qu- et enchâssement.* (Faites cet exercice sans regarder la partie portant sur les contraintes ; il vise à vous faire découvrir par vous-même certains des problèmes posés par le mouvement Qu-.)

(i) Revoyez attentivement la formulation de *déplacer Qu-* donnée à la section 9.2. Selon cette formulation, comment doit-on dériver la phrase en (a) ?

a. Quel tournoi tu penses qu'Agassi remportera ?

(ii) La phrase en (b) ci-dessous, dans laquelle deux syntagmes Qu- ont été déplacés, est agrammaticale.

b. * Quel cadeau tu cherches à qui_j tu donneras t_i t_j ?

Cela signifie que quelque chose empêche le mouvement Qu- de s'appliquer correctement. Trouvez deux façons différentes de dériver cette phrase et essayez d'expliquer pourquoi le mouvement Qu- est bloqué dans les deux cas.

Pour en apprendre davantage...

Le fonctionnement de la transformation *déplacer Qu-* est décrit en détail dans Chomsky (1977b)** ; dans cet article, Chomsky applique la transformation à des constructions autres que les interrogatives et les relatives. Pour un résumé des arguments à l'appui d'une analyse transformationnelle des interrogatives et des relatives, voir Radford (1981, chap. 5) et surtout Radford (1988, chap. 9). Sur divers types de constructions interrogatives en français standard, voir Obenauer (1976)F**. L'analyse de *dont* comme complémenteur a été proposée par Tellier (1990)*** ; voir aussi Tellier (1991, chap. 3)**. Pour un point de vue différent, voir Pollock (1992)F***.

10
Le mouvement de SN

10.1. Les verbes à montée

Au chapitre 7, nous avons analysé les complétives à l'infinitif comme des constituants de catégorie C''; nous avons de plus montré que le verbe à l'infinitif a un sujet phonétiquement nul, représenté par la catégorie PRO. L'interprétation du sujet PRO est déterminée – ou contrôlée – par le sujet ou par l'objet du verbe de la principale ; dans ces constructions, le verbe est dit « verbe à contrôle ».

Hélène$_i$ *a promis à Michel*$_j$ *[*$_{C''}$ *de [*$_{I''}$ *PRO*$_i$ *travailler à ce problème]].*
Hélène$_i$ *a convaincu Michel*$_j$ *[*$_{C''}$ *de [*$_{I''}$ *PRO*$_j$ *travailler à ce problème]].*

Il existe une classe de verbes dont nous n'avons pas encore parlé et qui peuvent aussi avoir pour complément une infinitive. Cette classe comprend les verbes *sembler*, *paraître*, *s'avérer*, *se révéler*, etc.

Hélène semble [travailler à ce problème].
Ces étudiantes paraissent [être contentes de leur résultat].
La nouvelle se révèle [avoir été fabriquée de toutes pièces].

Il convient de vérifier si l'infinitive peut, dans ces constructions aussi, être analysée comme ayant un sujet PRO. Il nous suffit pour cela de nous assurer que les arguments utilisés pour justifier la présence du sujet de l'infinitive au chapitre 7 (section 7.2.1) valent pour ces constructions. Le fait que l'adjectif attributif *contentes* dans l'infinitive complément du verbe *paraître* ait des traits d'accord de genre (féminin) et de nombre (pluriel) suggère la présence d'un sujet dans cette proposition.

Toutefois, l'argument basé sur le critère thématique que nous avons avancé au chapitre 7 pose un problème ici. Prenons comme exemple la phrase avec *sembler*. Le verbe à l'infinitif, *travailler*, assigne un rôle thématique externe d'Agent et, facultativement, un rôle thématique interne de Thème. Quant au verbe *sembler*, bien qu'il assigne un rôle thématique interne de Thème, il n'est pas du tout évident qu'il assigne un rôle thématique externe. Nous allons montrer qu'en fait il n'en assigne pas. Ainsi, les grilles thématiques des deux verbes se présentent comme suit :

travailler : (<u>Agent</u>, (Thème))
sembler : (Thème)

Or, voici le problème. Si l'infinitive a un sujet PRO, ce sujet reçoit le rôle thématique externe d'Agent du verbe *travailler*. Le SP *à ce problème* reçoit le rôle thématique interne de Thème du verbe *travailler*. La proposition infinitive reçoit le rôle thématique interne (Thème) assigné par le verbe *sembler*. Comme il n'y a plus d'autres rôles thématiques à assigner, le sujet de la principale, le N″ *Hélène* (un argument) ne peut pas recevoir de rôle thématique et la phrase contrevient au critère thématique. Elle est donc exclue comme agrammaticale, ce qui n'est pas le bon résultat.

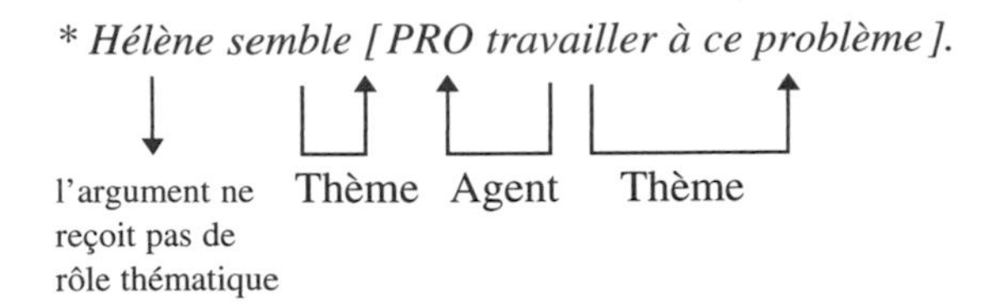

Voyons maintenant quelles sont les raisons de croire que le verbe *sembler* n'assigne pas de rôle thématique. Tout d'abord, *sembler* peut prendre pour sujet le pronom explétif *il*. Comme nous l'avons vu au chapitre 5 (section 5.4) à propos des verbes comme *pleuvoir*, *falloir*, le sujet explétif n'est pas un argument, ne peut pas recevoir de rôle thématique et n'apparaît donc que dans des positions où aucun rôle thématique n'est assigné.

Mais cela ne devrait pas vous convaincre tout à fait. Vous vous dites que l'on pourrait toujours considérer qu'il existe deux verbes *sembler*: l'un qui n'assigne pas de rôle thématique externe et qui prend pour complément une proposition tensée, et l'autre qui assigne un rôle thématique externe et qui prend pour complément une proposition infinitive. En effet, il nous faudrait un argument plus fort. En examinant les seuls cas où *sembler* a pour complément une infinitive, nous pouvons construire un tel argument. Nous allons montrer que, dans ces cas, ce n'est jamais le verbe *sembler* qui assigne un rôle thématique à son sujet, mais bien le verbe enchâssé. Prenons d'abord les exemples suivants:

Julie déplore la fin des vacances.
* *Ma brosse à dents déplore la fin des vacances.*

Ces contrastes nous permettent d'établir que le verbe *déplorer* assigne un rôle thématique externe de Psy-chose: l'argument externe doit dénoter un être animé capable d'éprouver des sentiments ou des émotions. Or, si l'on enchâsse le verbe *déplorer* dans une infinitive complément du verbe *sembler*, on observe un contraste identique. Le N″ *Julie* peut être le sujet de *sembler*, alors que le N″ *ma brosse à dents* ne le peut pas:

Julie semble [déplorer la fin des vacances].
* *Ma brosse à dents semble [déplorer la fin des vacances].*

En revanche, si l'on enchâsse dans l'infinitive un verbe qui assigne un rôle thématique externe de Thème ou d'Instrument, le N″ *ma brosse à dents* peut être sujet de *sembler*:

Ma brosse à dents semble [convenir à merveille pour nettoyer les boiseries].
Ma brosse à dents semble [avoir brisé ce bibelot en tombant].

Ces faits montrent de façon concluante que *sembler* n'assigne pas de rôle thématique à son sujet; ce dernier reçoit plutôt son rôle thématique du verbe enchâssé.

10.2. Le déplacement du sujet

Nous avons déjà observé que les traits de genre et de nombre de l'attribut dans l'infinitive impliquent la présence d'un sujet. Nous avons aussi montré que le sujet de l'infinitive ne pouvait pas être l'élément PRO. Ces deux observations apparemment contradictoires se concilient si l'on postule que le N″ sujet de *sembler* occupe, en structure-D, la position de sujet du verbe enchâssé ; ce N″ est ensuite déplacé par transformation dans la position de sujet de *sembler*. Les verbes *sembler, paraître, s'avérer, se révéler*, etc., sont dits « verbes à montée » parce que leur sujet de surface « monte » dans cette position à partir d'une position enchâssée. Les verbes à montée présentent deux particularités par rapport aux verbes à contrôle. Tout d'abord, comme nous l'avons vu, ils n'assignent pas de rôle thématique externe, de sorte que leur sujet de surface est déplacé dans cette position à partir de la position sujet de la complétive infinitive enchâssée. Deuxièmement, pour des raisons que nous n'évoquerons pas ici, on analyse leur complétive infinitive comme un I″ (et non un C″).

La transformation qui déplace le sujet de la proposition infinitive enchâssée vers une position sujet située plus haut dans l'arbre s'appelle *mouvement de SN.*

La phrase *Hélène semble travailler à ce problème* s'analyse donc comme suit : (Dans l'arbre syntagmatique, la structure interne du P″, non pertinente ici, n'est pas représentée ; ce type d'abréviation se fait à l'aide d'un triangle.)

Hélène$_i$ *semble* [$_{I''}$ t_i *travailler à ce problème*].

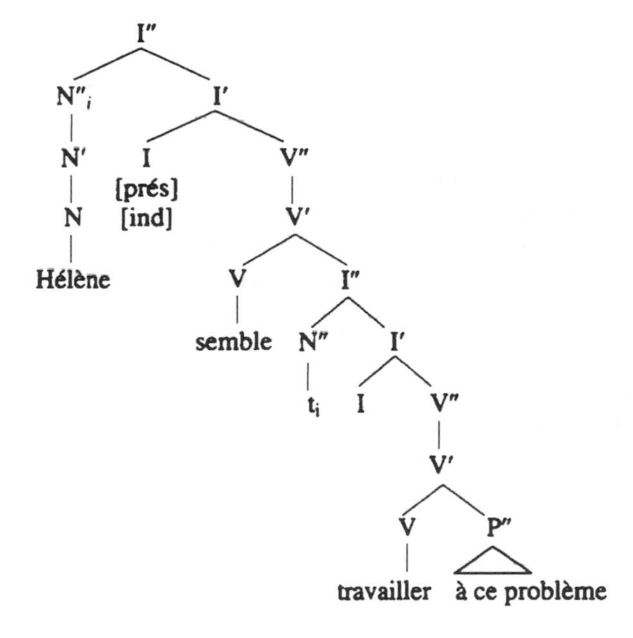

Dans cette structure, le verbe *travailler* assigne son rôle thématique externe de Thème au N″ *Hélène* avant l'application de la transformation. Ce N″ est ensuite déplacé vers la position de sujet de la principale par la transformation *déplacer SN*. Aucun rôle thématique n'est assigné à cette position, puisque *sembler* n'assigne pas de rôle thématique externe. Notons que si le SN se déplaçait dans une position où un rôle thématique est assigné, la phrase serait exclue en vertu du critère thématique, étant donné que le SN déplacé recevrait deux rôles thématiques.

La transformation *mouvement de SN* est formulée comme suit :

Déplacer SN :

Déplacer un SN dans une position de spécificateur de I″.

Nous avons proposé que les verbes pouvant avoir pour complément une proposition infinitive se divisent en deux classes : les verbes à contrôle et les verbes à montée. Les distinctions entre les deux classes de verbes sont les suivantes :

Verbes à contrôle :

- Ils assignent un rôle thématique externe.
- Leur complétive infinitive a un sujet PRO, contrôlé par le sujet ou l'objet du verbe à contrôle.
- Leur complétive infinitive est un C″, et aucune transformation ne s'est appliquée au sujet. Ils ont donc, en structure-S, la représentation suivante :

  $[_{N''}$ L'enfant $]_i$ veut $[_{C''}$ $[_{I''}$ PRO$_i$ dormir]].

Verbes à montée :

- Ils n'assignent pas de rôle thématique externe.
- Leur complétive infinitive a un sujet en structure-D ; ce sujet est déplacé par transformation vers la position de sujet du verbe à montée.
- Leur complétive infinitive est un I″, et la transformation *Mouvement de SN* s'est appliquée au sujet. Ils ont donc, en structure-S, la représentation suivante :

  $[_{N''}$ L'enfant $]_i$ semble$_{''}$ $[_{I''}$ t$_i$ dormir].

La transformation *mouvement de SN* nous permet d'établir une relation entre des structures apparentées comme celles ci-dessous :

L'enfant semble dormir.
Il semble que l'enfant dort.

Nous postulons que, dans les deux cas, le verbe *sembler* a la même grille thématique, et en particulier qu'il n'assigne jamais de rôle thématique externe ; ces deux structures diffèrent en ceci que la transformation s'est appliquée dans la première phrase, mais non dans la seconde. La règle selon laquelle toute phrase tensée doit avoir un sujet réalisé en français nous oblige, dans la seconde phrase, à remplir la position de sujet inoccupée par un pronom postiche, le *il* explétif. Nous n'avons ainsi pas besoin de poser de façon arbitraire l'existence de deux verbes *sembler* différents.

10.3. Le déplacement de l'objet dans les constructions passives

À la section 5.5, nous avons vu que le changement d'un verbe actif en un verbe passif pouvait être analysé comme une opération morphologique, c'est-à-dire une opération ayant lieu à l'intérieur de la composante lexicale. Nous avons proposé que le passage au passif entraînait l'internalisation de l'argument externe du verbe actif correspondant. Prenons comme exemple le verbe transitif *prendre* et sa contrepartie passive *être pris* :

Les dirigeants prendront ces mesures pour réduire le chômage.
Ces mesures seront prises par les dirigeants pour réduire le chômage.

Dans le lexique, une règle générale de formation du passif régit le passage de la forme active du verbe à sa forme passive. Normalement, un verbe transitif direct peut être mis au passif. Il y a toutefois certaines exceptions comme *avoir* et *posséder*, qui ne peuvent être passivisés. Dans le cas des verbes *peser, mesurer,* le passif est possible si le complément SN est un véritable objet direct, mais non s'il assume une fonction adverbiale : *Le marchand a pesé ce gigot* ; *Luc pèse 70 kilos* ; *Ce gigot a été pesé par le marchand* ; **70 kilos sont pesés par Luc.*

Voyons, à partir de l'entrée lexicale du verbe *prendre* (à gauche), comment on dérive l'entrée lexicale du verbe passif correspondant :

$$\textit{prendre}: \begin{bmatrix} \text{V} \\ \ldots \\ [\_\text{SN}] \\ (\underline{\text{Agent}}, \text{Thème}) \\ \ldots \end{bmatrix} \rightarrow \textit{pris}_{\textit{passif}}: \begin{bmatrix} \text{V} \\ \ldots \\ [\text{Aux}\_\text{SN}] \\ (\text{Thème, Agent}) \\ [_{\text{SP}}\ \text{par}\ \_] \end{bmatrix}$$

La forme passive d'un verbe transitif doit, comme sa contrepartie active, être suivie d'un SN. Cependant, la forme passive, à la différence de la forme active, est obligatoirement précédée d'un auxiliaire (invariablement l'auxiliaire *être*). Le nombre des arguments est inchangé ; cependant, la forme passive n'assigne pas de rôle thématique externe. Le rôle thématique externe du verbe actif (ici, un Agent) devient, pour la forme passive, un rôle thématique interne : il est assigné à un constituant se trouvant à l'intérieur du V″ (ce constituant est enchâssé dans un SP dont la tête est *par*).

Pour insérer le verbe passif *pris* dans un arbre syntagmatique, il faut faire correspondre son cadre de sous-catégorisation et l'environnement syntaxique du nœud V dans l'arbre (le nœud V doit être précédé d'un nœud Aux et suivi d'un nœud SN). De plus, les arguments sont insérés dans les positions où sont assignés les rôles thématiques, suivant la grille thématique de V. En conséquence, la représentation en structure-D de la phrase passive ci-dessus est la suivante :

Structure-D :

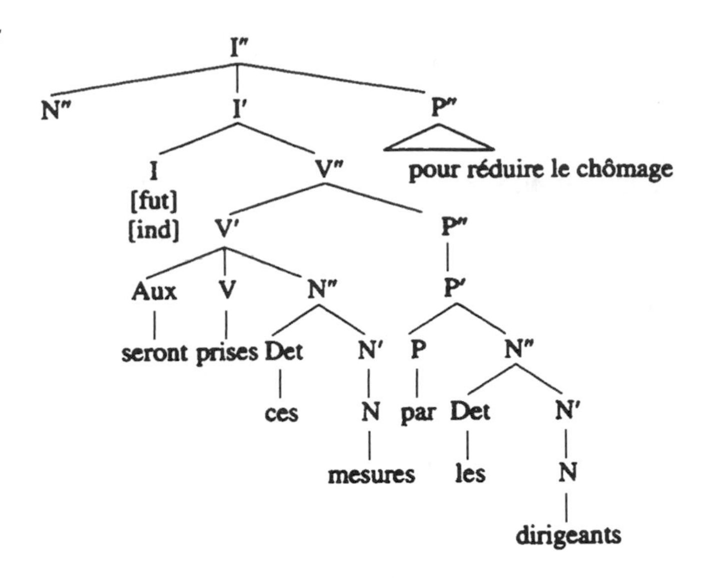

(Le complément d'agent précédé de la préposition *par* est dominé immédiatement par V″, en raison du fait qu'il se comporte comme un complément non sélectionné du point de vue de l'insertion de *et cela* : *Des mesures ont été prises et cela, par les dirigeants en place.*) Pour dériver la phrase passive donnée plus haut à partir de cette structure-D, il faut appliquer une transformation qui aura pour effet de faire passer le N″ objet direct en position sujet. La transformation *déplacer SN*, que nous avons justifiée pour les structures à montée, est tout indiquée : il s'agit d'une transformation qui ne cible que des constituants de catégorie SN et qui les déplace justement dans une position de sujet. La représentation de la phrase passive (en structure-S) est donc la suivante :

Structure-S (après application de déplacer SN*) :*

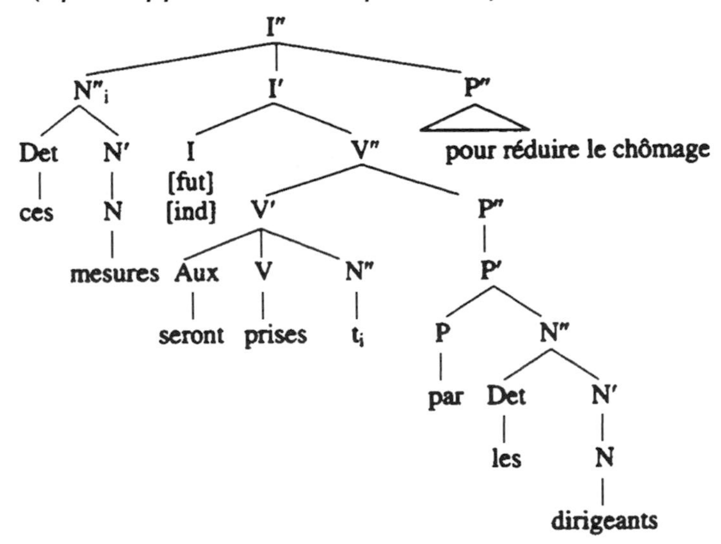

Lorsque l'objet direct est défini (p. ex. *les mesures, ces mesures, nos mesures*), la transformation *déplacer SN* doit s'appliquer. Toutefois, lorsque le N″ objet direct est indéfini ou introduit par un quantificateur (p. ex. *des mesures, quelques mesures, certaines mesures, trente mesures*, etc.), le N″ peut demeurer dans sa position de base ; la position de sujet est alors remplie par le pronom explétif *il.* Rappelons que ceci ne contrevient pas au critère thématique, puisque le verbe passif n'assigne pas de rôle thématique externe. Il en résulte une construction « passive impersonnelle » :

Il sera pris des mesures pour réduire le chômage.

(Notons que la passive impersonnelle se distingue de la construction passive avec mouvement en ce qu'elle ne tolère pas la présence d'un agent : **Il sera pris des mesures par les dirigeants pour réduire le chômage.*)

En somme, la formation du passif dans cette analyse se fait en partie dans le lexique (internalisation du rôle thématique externe, ajout de l'auxiliaire et de la forme du participe passé) et en partie dans la composante syntaxique (mouvement du SN objet direct). La règle de mise au passif qui s'applique dans la composante lexicale ne dépend pas de la sous-catégorisation du verbe ; autrement dit, le fait que le verbe *prendre* demande un complément SN n'a rien à voir avec les opérations qu'effectue la mise au passif dans le lexique. On pourrait donc s'attendre à ce que des verbes intransitifs ou transitifs indirects puissent être mis au passif. Les constructions passives impersonnelles qui figurent à droite montrent que, pour certains verbes du moins, tel est bien le cas :

On a agi conformément à nos directives. → Il a été agi conformément à nos directives.
On procédera à un remaniement ministériel. → Il sera procédé à un remaniement ministériel.

La seconde partie de notre analyse du passif repose sur le déplacement d'un N″ vers la position sujet. Puisque la transformation *mouvement de SN* ne déplace que des N″, on s'attend à ce que les compléments dans les phrases ci-dessus, qui sont de catégorie Adv″ et P″, respectivement, ne puissent pas être déplacés en position sujet de la principale. En effet, les phrases ci-dessous sont agrammaticales :

* *Conformément à nos directives a été agi.*
* *À un remaniement ministériel sera procédé.*

Par ailleurs, la transformation *mouvement de SN* peut déplacer vers la position sujet d'un verbe X un SN qui ne fait pas partie du cadre de sous-catégorisation de X : c'est ce que nous avons vu dans les constructions à montée, dans lesquelles le sujet d'une proposition enchâssée est déplacé vers la position sujet d'un verbe à montée. Nous pourrions par conséquent nous attendre à ce que le mouvement de SN dans les constructions passives manifeste des propriétés analogues. Pour le montrer, nous ferons appel à des verbes qui admettent comme complément une proposition réduite (voir chapitre 4, section 4.2.2) :

On juge [Luc honnête].

Les verbes à montée permettent aussi ce type de complément ; dans ce cas, le N″ sujet de la proposition complément est déplacé en position sujet du verbe à montée :

Luc$_i$ *semble [* t_i *honnête].*

Le verbe *juger* peut, dans la composante lexicale, être mis à la forme passive. Dans ce cas, la transformation peut déplacer le SN sujet de la proposition enchâssée vers la position sujet du verbe passif :

Luc$_i$ *est jugé [* t_i *honnête].*

Le dérivation du passif dans cette analyse est donc très semblable à la dérivation des constructions à montée.

En conclusion, nous avons vu dans ce chapitre deux types de constructions qui s'analysent au moyen de la transformation *déplacer SN* : les constructions à montée et les constructions passives. Cette analyse met en évidence certaines propriétés que ces constructions ont en commun : 1) les verbes au passif et les verbes à montée peuvent avoir pour sujet le pronom explétif *il* ; et 2) la position de sujet d'un verbe passif et d'un verbe à montée peut être occupée par un SN argumental qui n'est pas sélectionné par ce verbe.

Il faut faire remarquer que l'interprétation d'une phrase passive n'est pas nécessairement identique à celle de la phrase active correspondante. L'utilisation de ce que l'on appelle des « SN quantifiés », par exemple *tout le monde* et *quelqu'un*, permet de faire ressortir ces différences de sens. Soient les deux phrases suivantes :

Tout le monde a dénoncé quelqu'un.
Quelqu'un a été dénoncé par tout le monde.

La première phrase, à la voix active, est ambiguë ; elle admet les deux interprétations ci-dessous :

1. Chacun a dénoncé une personne quelconque (p. ex. : Nathalie et Éric ont dénoncé Max, Caroline a dénoncé François, Estelle a dénoncé Jérémie, etc.). Dans cette interprétation, l'identité de la personne dénoncée varie en fonction du dénonciateur.

2. Il existe une personne en particulier que chacun a dénoncée (p. ex. : Nathalie et Éric ont dénoncé Max, Caroline a dénoncé Max et François, Estelle a dénoncé Jérémie et Max, etc.).

Ce sont là des *ambiguïtés de portée*. On dit que dans la première interprétation, le SN *tout le monde* a portée sur le SN *quelqu'un* ; dans la seconde interprétation, les relations de portée sont inversées et c'est le SN *quelqu'un* qui a portée sur le SN *tout le monde*.

La phrase passive ci-dessus, à la différence de la phrase active, n'est pas ambiguë. Elle n'admet que la seconde interprétation, où le SN *quelqu'un* a portée sur le SN *tout le monde*.

Ces différences de sens entre les phrases actives et les phrases passives sont parfois considérées (à tort) comme un argument contre une analyse transformationnelle du passif (voir notamment Riegel *et al.*, 1994, p. 434-435). Notons tout d'abord que dans le modèle transformationnel actuel, décrit au chapitre 9 (section 9.3), l'interprétation sémantique de la phrase se fait à partir de la structure-S, c'est-à-dire *après* l'application des transformations. Rien n'empêche par conséquent l'application d'une transformation de faire subir un changement de sens à la phrase.

Par ailleurs, il ne va pas de soi que les différences de sens décrites ci-dessus découlent directement de l'application de la transformation *mouvement de SN*. En effet, certains locuteurs du français sont d'avis que la portée large du SN quantifié *tout le monde* est également difficile à obtenir dans la phrase suivante, qui ne comporte aucun déplacement de SN:

Quelqu'un a acheté des fleurs pour tout le monde.

Une hypothèse à envisager serait la suivante: certains SN quantifiés ne peuvent pas prendre une portée large lorsqu'ils sont dominés par un P″ non sélectionné. Si ce type d'analyse est viable, on pourra conclure que les différences de sens observées relèvent d'un principe différent et qu'elles ne mettent pas en cause une analyse transformationnelle du passif.

Exercices

1. *Dérivations*. Les phrases ci-dessous impliquent plusieurs transformations. Faites-en la dérivation, en indiquant à chaque étape quelle transformation vous avez appliquée.

a. Quels livres semblent coûter trop cher?

b. Tu sais quelle salade Isabelle semblait vouloir vendre.

c. Le personne que Luc se révèle avoir aidée est venue remercier Julie.

2. *Analyse des constructions à contrôle*. Nous avons montré pourquoi le sujet d'une infinitive complément d'un verbe à montée ne peut pas s'analyser comme PRO. Expliquez pourquoi, à l'inverse, le sujet d'une infinitive complément d'un verbe à contrôle ne peut pas être déplacé par mouvement de SN; en d'autres termes, dites pourquoi la phrase ci-dessous n'a *pas* la représentation indiquée:

Cet enfant$_i$ veut [t$_i$ dormir].

3. *Expressions idiomatiques*. Dans certaines phrases à caractère idiomatique, le verbe sélectionne un sujet précis. L'interprétation idiomatique des expressions ci-dessous ne serait en effet plus possible si l'on remplaçait le N″ sujet par *un chérubin* ou *le flambeau,* par exemple.

[$_{N''}$ Un ange] passe. (= il y a un silence)
[$_{N''}$ Le torchon] brûle entre Jacquot et Marcia. (= il y a une querelle entre...)

Essayez d'expliquer pourquoi dans les phrases ci-dessous les expressions en (a) et (b) conservent leur caractère idiomatique, alors que toute interprétation idiomatique est exclue en (c) et (d).

a. Un ange semble passer.
b. Le torchon paraît brûler entre Jacquot et Marcia.
c. Un ange a promis à Jacques de passer.
d. Brûler entre Jacquot et Marcia serait dommage pour le torchon.

4. *Montée ou contrôle ?* Les adjectifs *susceptible, enclin* et les verbes *tendre*, *essayer*, *commencer*, *finir* peuvent prendre pour complément une proposition infinitive :

Ce jeune homme est susceptible de vous plaire.
Cet enfant est enclin à négliger ses devoirs.
Son frère tend à fréquenter des individus louches.
Le bébé commence à pleurer à six heures du matin.
Vous avez presque fini de lire ce livre !

En construisant des exemples appropriés, déterminez si chacun de ces adjectifs et de ces verbes doit s'analyser comme un prédicat à montée ou comme un prédicat à contrôle.

5. *Le pronom* en. Dans les phrases de droite, le complément du nom, souligné dans les phrases de gauche, a été remplacé par le pronom *en* :

a. Mélanie constate [$_{N''}$ l'ampleur de ce drame]. → Mélanie en constate l'ampleur.
b. Les avocats contestent [$_{N''}$ la validité du test d'ADN]. → Les avocats en contestent la validité.
c. [$_{N''}$ L'ampleur de ce drame] a été exagérée. → L'ampleur en a été exagérée.
d. [$_{N''}$ Les résultats du test d'ADN] seront contestés. → Les résultats en seront contestés.
e. [$_{N''}$ L'ampleur de ce drame] paraît être évidente. → L'ampleur en paraît être évidente.

Cependant, les phrases de droite, ci-dessous, sont agrammaticales :

f. [$_{N''}$ L'ampleur de ce drame] inquiète les citoyens. → * L'ampleur en inquiète les citoyens.
g. [$_{N''}$ Les résultats du test d'ADN] scelleront le sort de l'accusé. → * Les résultats en scelleront le sort de l'accusé.
h. [$_{N''}$ Le déroulement de cette affaire] progresse. → * Le déroulement en progresse.

Proposez une analyse qui rend compte de la différence entre les phrases grammaticales et agrammaticales. (La position qu'occupe le pronom *en* n'est pas pertinente ; il suffit de déterminer dans quelles conditions ce pronom peut remplacer un complément du nom.)

Pour en apprendre davantage...

L'analyse des constructions à montée et du passif par la transformation *déplacer SN* a été proposée par Chomsky (1980)**. Pour un résumé des propriétés de ces constructions, voir entre autres Di Sciullo (1985, chap. 4, sect. 4.4)[F], Radford (1981, chap. 6), Cowper (1992, chap. 5)*. On trouvera une discussion détaillée de la construction passive dans Jaeggli (1986)**.

L'une des premières discussions des verbes à montée en grammaire générative se trouve dans Postal (1974)*. Les différences entre les verbes à montée et les verbes à contrôle en français sont étudiées par Ruwet (1972, chap. 2)*; voir aussi Ruwet (1983)**, Rooryck (1990)[F]** et Rooryck (1992)**.

11
La théorie des Cas

Deux types de transformations ont été présentés jusqu'à maintenant : le mouvement Qu-, qui déplace un constituant interrogatif vers une position [Spec,C″], et le mouvement de SN, qui déplace un constituant N″ vers une position sujet. Nous avons vu au chapitre 9 que, dans les interrogatives directes, la transformation *déplacer Qu-* est facultative :

Tu penses à qui ?
À qui tu penses ?

Or, il n'en est pas de même pour la transformation *déplacer SN*. Les phrases ci-dessous montrent que le SN engendré derrière le verbe (construction passive) ou en position sujet de la proposition infinitive enchâssée (construction à montée) doit se déplacer.

a été congédié [cette réceptionniste]
Cette réceptionniste$_i$ a été congédiée t_i.
* *Il (expl.) a été congédié cette réceptionniste.*

semble [Joséphine avoir aimé ce texte]
Joséphine$_i$ semble t_i avoir aimé ce texte.
* *Il (expl.) semble Joséphine avoir aimé ce texte.*

La question à laquelle nous devrons répondre est la suivante : pourquoi le mouvement de SN est-il obligatoire ? Ou, pour la formuler autrement, pourquoi un SN comme *Joséphine* ne peut-il pas demeurer en position d'objet d'un verbe mis au passif, ni en position sujet d'une proposition infinitive ?

La réponse à ces questions nous sera fournie par un module de la théorie que l'on nomme la *théorie des Cas*. Cette théorie prend appui sur l'observation que, dans bien des langues, la fonction grammaticale des noms et des groupes nominaux est indiquée sous la forme d'une marque morphologique (généralement un suffixe) indiquant le cas. Par exemple en latin, le nom « rose » prend une forme différente selon sa fonction grammaticale dans la phrase :

singulier	pluriel	cas	fonction grammaticale
rosa	rosæ	nominatif	sujet
rosa	rosæ	vocatif	forme d'adresse
rosam	rosas	accusatif	objet direct
rosæ	rosarum	génitif	complément du nom
rosæ	rosis	datif	objet indirect
rosa	rosis	ablatif	complément circonstanciel

En français moderne, la fonction grammaticale des noms n'est plus indiquée morphologiquement (sauf pour les pronoms clitiques, où la marque du cas subsiste : *il* = nominatif, *le* = accusatif, *lui* = datif, *en* = génitif). Le français moderne n'est donc pas ce qu'il est convenu d'appeler une langue casuelle. Néanmoins, la théorie des Cas postule qu'universellement, les SN doivent être pourvus d'un cas abstrait. On utilise une majuscule pour distinguer le Cas (abstrait) du cas (morphologiquement marqué).

La théorie des Cas postule donc le principe suivant, que l'on appelle le Filtre du Cas :

Filtre du Cas

Tout SN manifeste (c'est-à-dire doté de traits phonologiques) doit être pourvu d'un Cas et d'un seul.

Les N″ *Julie*, *il*, *mon chien*, *la sœur de Max* sont soumis au Filtre du Cas, alors que les SN inaudibles comme PRO ou t (trace) ne le sont pas.

Il s'agit maintenant de déterminer comment un SN reçoit son Cas. Pour simplifier l'exposé, il ne sera question ici que de trois Cas : le Cas nominatif, le Cas accusatif et le Cas oblique (complément d'une préposition). Selon la théorie des Cas, tous les Cas sont assignés à un N″ par une tête ayant la capacité d'assigner un Cas.

Le Cas *nominatif* est assigné au sujet d'une proposition tensée – c'est-à-dire une proposition dont le verbe est à l'indicatif, au conditionnel ou au subjonctif. L'assignation du Cas nominatif ne dépend pas du choix lexical du verbe, mais plutôt du caractère tensé ou non tensé de la proposition. Il est donc plausible de croire que le nœud I (la tête de la phrase) est l'assignateur du Cas nominatif. Jusqu'à maintenant, nous avons indiqué le mode et le temps sous le nœud I. De manière plus générale, nous pouvons distinguer à l'aide du trait [±Temps] le I des infinitives et le I des propositions fléchies, le I des infinitives étant marqué [–Temps] et le I des propositions fléchies étant marqué [+Temps]. Nous admettrons par conséquent que le N″ sujet d'une proposition reçoit un Cas nominatif du I [+Temps] de la même proposition.

$[_{N''}$ Le bébé] I $_{[+temps]}$ dort.

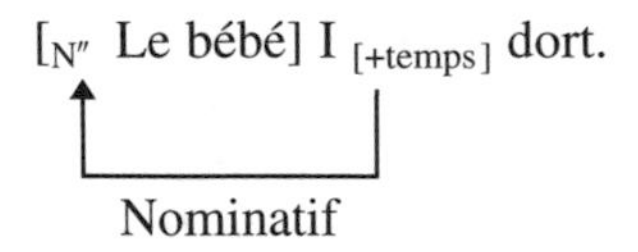

Le Cas *accusatif* est assigné par un verbe transitif à son N″ objet. L'assignation du Cas accusatif dépend du verbe lui-même et non pas du caractère tensé ou non tensé de la proposition. Ainsi, dans les deux phrases ci-dessous, le N″ *un livre d'Émile Ajar* reçoit un Cas accusatif des verbes *reçu* et *recevoir*, respectivement :

Richard a reçu $[_{N''}$ un livre d'Émile Ajar].

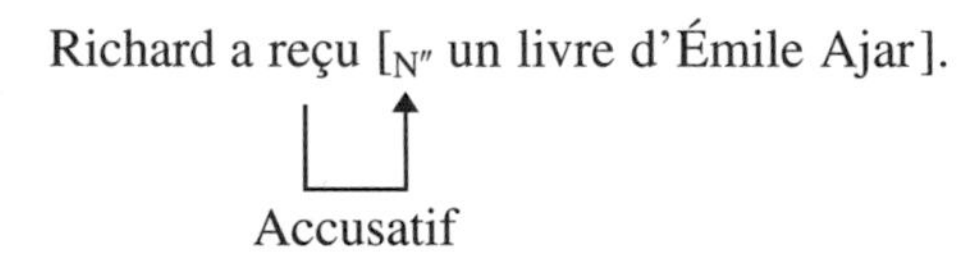

Richard était content de [PRO recevoir [$_{N''}$ un livre d'Émile Ajar]].

Le Cas *oblique* est assigné par une préposition à son objet. Dans l'exemple ci-dessous, le N″ *son berceau* reçoit un Cas oblique de la préposition *dans*:

[$_{N''}$ Le bébé] I $_{[+temps]}$ dort dans [$_{N''}$ son berceau].

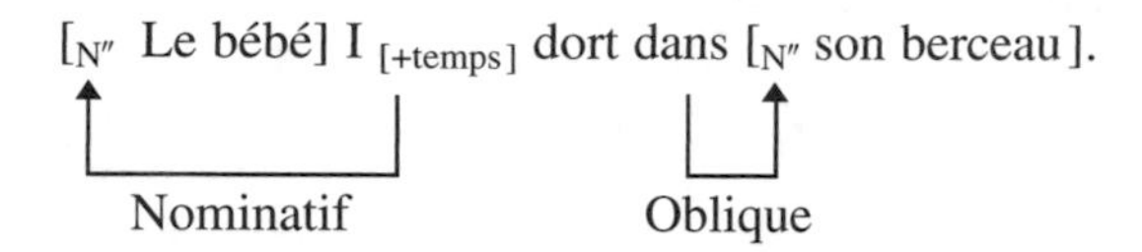

En résumé, les trois configurations dans lesquelles les Cas nominatif, accusatif et oblique sont assignés sont les suivantes:

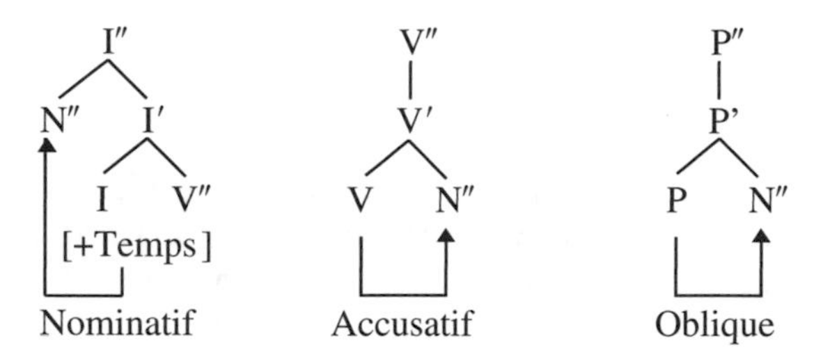

11.1. Cas et mouvement de SN

Nous avons vu comment les principaux Cas sont assignés. Voyons maintenant comment le Filtre du Cas peut être utilisé pour rendre compte du caractère obligatoire du mouvement de SN. Reprenons l'un des exemples donnés plus haut en relation avec les verbes à montée:

* Il (expl.) I $_{[+Temps]}$ semble [Joséphine I $_{[-Temps]}$ avoir aimé ce texte].

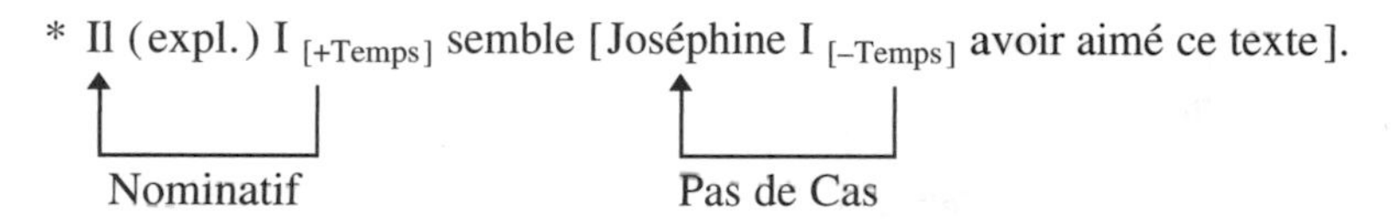

Dans la représentation ci-dessus, le pronom *il* explétif reçoit un Cas nominatif du I [+Temps] de la proposition principale. Ce pronom se conforme donc au Filtre du Cas; par ailleurs, notons que *sembler* n'assigne pas de rôle thématique externe: l'occurrence de l'explétif est donc permise en position sujet de ce verbe. En revanche, le N″ *Joséphine* ne reçoit pas de Cas, car le I [–Temps] n'est pas un assignateur de Cas nominatif. La phrase contrevient par conséquent au Filtre du Cas, et elle est exclue, comme il se doit. Voilà pourquoi le N″ *Joséphine* ne peut pas demeurer dans la position dans laquelle il est engendré. Le déplacement de ce N″ vers la position sujet de la principale rend la phrase conforme au Filtre du Cas:

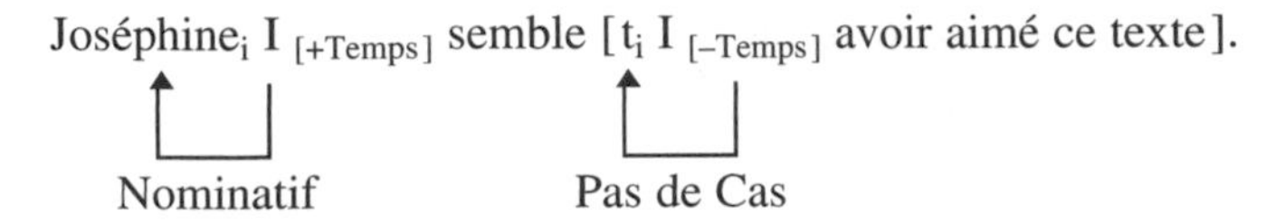

Dans cette phrase, le N″ *Joséphine* reçoit le Cas nominatif du I de la principale, alors que sa trace, qui n'est pas un N″ audible, n'est pas soumise au Filtre du Cas. Nous pouvons maintenant comprendre pourquoi le mouvement de SN est obligatoire dans les constructions à montée : le N″ engendré en position sujet de l'infinitive enchâssée, qui ne peut recevoir de Cas dans cette position, doit se déplacer vers la position sujet d'une proposition tensée afin de recevoir un Cas.

Nous avons vu que le mouvement de SN est aussi obligatoire dans le cas du passif. Comment la théorie des Cas en rend-elle compte ? Reprenons les exemples :

a été congédié [cette réceptionniste]
Cette réceptionniste$_i$ a été congédiée t_i.
* *Il (expl.) a été congédié cette réceptionniste.*

La troisième phrase montre que le N″ *cette réceptionniste* ne peut pas demeurer dans sa position postverbale. Si la théorie des Cas doit expliquer cette impossibilité, il faut supposer que le verbe *congédier*, lorsqu'il est mis au passif, n'est plus en mesure d'assigner un Cas accusatif à son objet.

Nous avons vu au chapitre 5 que la mise au passif d'un verbe entraîne des changements dans la grille thématique de ce verbe : le rôle thématique assigné à l'argument externe est internalisé et réalisé facultativement à l'intérieur d'un SP introduit par *par.* (La réalisation de cet argument est facultative en ce sens que si l'argument externe a une interprétation générique, p. ex. *on*, il n'est pas réalisé lors de la passivisation.) Voyons à titre d'exemple la grille thématique du verbe transitif *congédier* et celle de sa contrepartie passive *être congédié* :

congédier : (<u>Agent</u>, Patient)

être congédié : (Patient, Agent)
[$_{SP}$ par __]

Il faut remarquer que les passifs ont une propriété essentielle qui n'est pas exprimée dans ces grilles thématiques. En effet, la mise au passif est un processus de *détransitivisation*, c'est-à-dire un processus qui fait d'un verbe transitif un verbe intransitif ; en d'autres termes, un processus qui supprime l'objet direct. Pour exprimer cette propriété, nous allons faire appel non pas à la grille thématique, mais aux possibilités d'assignation du Cas. Il est tout naturel de supposer qu'un verbe transitif possède intrinsèquement la propriété d'assigner un Cas accusatif à son objet. Ce renseignement pourrait être encodé dans l'entrée lexicale du verbe transitif au moyen d'un trait [+accus] :

congédier : [V / [+accus] / [_ SN] / (Agent, Patient)]

La mise au passif d'un verbe transitif aura donc un autre effet sur l'entrée lexicale de ce verbe : celui de retirer au verbe la capacité d'assigner un Cas accusatif. L'entrée lexicale de la contrepartie passive du verbe *congédier* aura donc la forme suivante :

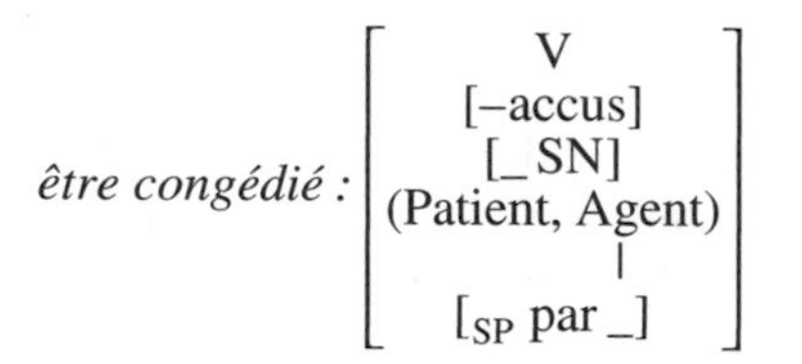

Nous sommes maintenant en mesure de comprendre pourquoi le mouvement de SN est obligatoire dans les constructions passives.

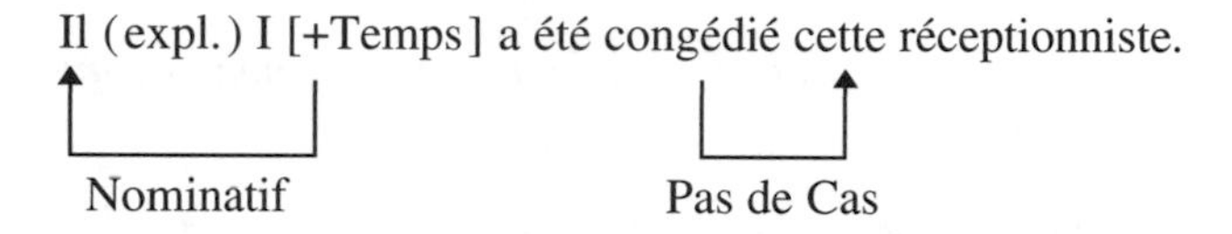

Dans l'exemple ci-dessus, le pronom *il* explétif reçoit un Cas nominatif du I [+Temps]. Cependant le N″ *cette réceptionniste* ne reçoit pas de Cas, car le verbe au passif n'a pas la possibilité d'assigner un Cas accusatif. La phrase est par conséquent exclue par le Filtre du Cas. Le mouvement du SN postverbal vers la position de sujet de la phrase a pour effet de « réparer » la phrase : ainsi, après mouvement, le N″ *cette réceptionniste* reçoit le Cas nominatif :

$[_{N''}$ Cette réceptionniste$]_i$ a été congédiée t_i.

11.2. Cas, rôles thématiques et chaînes

Au chapitre 5, nous avons énoncé le critère thématique. Ce principe prévoit que tout argument doit recevoir un rôle thématique approprié et un seul, et que tout rôle thématique doit être assigné à un argument approprié et à un seul.

À la lumière de la transformation *déplacer SN*, nous allons maintenant reformuler le critère thématique en fonction des *chaînes* argumentales. Commençons par définir ce qu'est une chaîne :

Chaîne :

Une chaîne est formée d'un constituant déplacé et de sa trace ou de ses traces.

Dans l'exemple ci-dessus, l'ensemble (cette réceptionniste, t) forme une chaîne: cette chaîne comporte deux maillons, le N″ *cette réceptionniste*, qui est la tête de la chaîne, et la trace, qui est le pied de la chaîne. Nous reformulons le critère thématique de la manière suivante:

Critère thématique (révisé):

a. Toute chaîne argumentale doit recevoir un rôle thématique approprié et un seul.

b. Tout rôle thématique doit être assigné à une chaîne argumentale appropriée et à une seule.

On entend par «chaîne argumentale» une chaîne dont la tête est un SN argumental, c'est-à-dire un SN doté d'une valeur sémantique. Ainsi révisé, le critère thématique présente l'avantage d'interdire le mouvement d'un SN à partir d'une position thématique (position dans laquelle un rôle thématique est assigné) vers une autre position thématique.

De manière analogue, nous reformulons le Filtre du Cas de la manière suivante:

Filtre du Cas (révisé):

Toute chaîne contenant un SN manifeste (c'est-à-dire doté de traits phonologiques) doit être pourvue d'un Cas et d'un seul.

Ainsi révisé, le Filtre du Cas a pour effet d'interdire le mouvement d'un SN à partir d'une position casuelle (position où un Cas est assigné) vers une autre position casuelle. Afin de vérifier si une représentation syntaxique est conforme au critère thématique et au Filtre du Cas, on vérifiera, pour chacun des maillons d'une chaîne, les propriétés casuelles et thématiques de la position qu'il occupe. Voyons l'exemple suivant, qui met en jeu deux mouvements de SN, passif et montée:

$[_{N''}$ Cette pièce$]_i$ semble $[_{I''}$ t_i avoir été critiquée $t_i]$ sans raison valable.

Cas:	+ Cas	– Cas	– Cas
Thêta:	– Thêta	– Thêta	+ Thêta

La chaîne est constituée de trois maillons: (Cette pièce, t, t). Le pied de la chaîne ne reçoit pas de Cas, car le verbe au passif n'assigne pas de Cas accusatif. Le maillon intermédiaire ne reçoit pas de Cas, car il se trouve en position sujet d'une infinitive (I [–Temps] n'assigne pas le Cas nominatif). Enfin, la tête de la chaîne, *cette pièce*, reçoit un Cas nominatif du I [+Temps]. La chaîne reçoit donc un Cas et un seul, en conformité avec le Filtre du Cas. On pourra vérifier que la chaîne est également conforme au critère thématique: le pied de la chaîne reçoit un rôle thêta de Thème; le maillon intermédiaire, en position sujet d'un verbe passif, ne reçoit pas de rôle thématique, et la tête de la chaîne, en position sujet d'un verbe à montée, ne reçoit pas de rôle thêta. La chaîne reçoit donc un rôle thématique approprié et un seul.

11.3. Cas partitif, verbes inaccusatifs et passifs impersonnels

On se souviendra qu'au chapitre 5, nous avons donné des exemples de constructions passives impersonnelles comme celle qui suit :

Il a été tué des milliers de civils.

Dans ces constructions, le N″ qui reçoit le rôle thématique de Thème demeure dans sa position de base, et la position sujet de la phrase est occupée par un pronom *il* explétif. Le lecteur attentif aura noté que ces constructions semblent poser un problème pour la théorie des Cas : en effet, si le verbe passif n'assigne pas de Cas accusatif, comment le N″ *des milliers de civils* reçoit-il un Cas ?

Avant de répondre à la question, il faut examiner de plus près le type de SN qui peut figurer en position postverbale dans ces constructions. Comparez les phrases suivantes :

Il a été tué une centaine de soldats.
* *Il a été tué les soldats.*
* *Il a été tué ces soldats.*
* *Il a été tué Julie.*

Comme le montrent ces exemples, seuls les SN quantifiés (*une centaine de…*, *un millier de…*, *quelques*, *beaucoup de…*, etc.) et les SN indéfinis peuvent occuper la position postverbale dans une construction passive impersonnelle. Les SN définis ou démonstratifs ne le peuvent pas. Ces particularités s'expliquent moyennant les hypothèses suivantes : 1) les N″ indéfinis ou quantifiés sont les seuls à pouvoir recevoir un Cas spécial que l'on appellera le Cas *partitif* et 2) les verbes passifs perdent la capacité d'assigner un Cas accusatif, mais ils peuvent optionnellement assigner un Cas partitif lorsqu'aucun autre Cas n'est assigné. Ainsi, dans les exemples ci-dessus, les N″ postverbaux définis sont exclus selon le Filtre du Cas, car ils ne peuvent pas recevoir le Cas partitif. En revanche, les N″ indéfinis ou quantifiés peuvent demeurer derrière le verbe passif, car ils peuvent recevoir le Cas partitif de ce dernier.

Les constructions passives impersonnelles ressemblent à d'autres constructions impersonnelles qui ne mettent pas en jeu des verbes au passif :

Il est arrivé une centaine de personnes.
Il est venu beaucoup de gens.

Les verbes ci-dessus ne sont pas au passif (ils n'ont pas de contrepartie transitive). Traditionnellement, les verbes *arriver* et *venir* sont classés comme des verbes intransitifs. Cependant, il y a lieu de faire une distinction entre ces verbes et d'autres verbes intransitifs comme *dormir* ou *rire*. L'une des propriétés qui les distinguent est que les verbes intransitifs comme *dormir* ou *rire* ne peuvent pas figurer dans les constructions impersonnelles :

* *Il a dormi des centaines de personnes.*
* *Il a ri beaucoup de gens.*

Pour ces raisons (et d'autres que nous n'évoquerons pas ici), les linguistes font la distinction entre les verbes intransitifs (*dormir*, *rire*, etc.) et les verbes *inaccusatifs* (*arriver*, *venir*). Cette distinction est encodée dans les grilles thématiques de ces verbes : alors que les verbes intransitifs assignent un rôle thématique externe, les verbes inaccusatifs n'en assignent pas :

dormir : (Patient)
arriver : (Thème)

Ceci a pour conséquence que, comme pour les verbes passifs, l'argument Thème des verbes inaccusatifs est engendré en position postverbale. Il est ensuite soit déplacé vers la position sujet par la transformation *déplacer SN*, soit laissé sur place, auquel cas le pronom explétif *il* occupe la position sujet :

Structure-D : est arrivé $[_{N''}$ une centaine de personnes]

Structure-S : $[_{N''}$ une centaine de personnes$]_i$ est arrivée t_i

ou

il est arrivé $[_{N''}$ une centaine de personnes]

Comme pour les passifs impersonnels, il existe une restriction sur le type de SN qui peut figurer en position postverbale avec les verbes inaccusatifs. En effet, seuls les SN indéfinis ou quantifiés peuvent occuper cette position :

Il est arrivé beaucoup de gens.
* *Il est arrivé cette femme.*
* *Il est arrivé Julie.*

Cette similitude avec les verbes passifs s'explique par la théorie des Cas si l'on suppose que les verbes inaccusatifs ne peuvent pas assigner le Cas accusatif, mais qu'ils peuvent optionnellement assigner le Cas partitif lorsqu'aucun autre Cas n'est assigné.

Exercices

1. *Propriétés des chaînes*. Considérez les représentations suivantes. En examinant les propriétés casuelles et thématiques de chacun des maillons de la chaîne, déterminez si la représentation proposée est conforme ou non au critère thématique et au Filtre du Cas.

a. Mélissa$_i$ semble [t_i se révéler [t_i avoir été abandonnée t_i par Julien]].

b. * Jules$_i$ semble [que j'ai félicité t_i].

c. Bernard$_i$ voudrait [t_i sembler [t_i avoir été élu t_i par acclamation]].

Dans le cas où l'une de ces phrases est grammaticale, mais que la représentation proposée est exclue, essayez de trouver une représentation qui soit conforme au critère thématique et au Filtre du Cas.

2. *Mouvement de SN et Cas partitif.* Étant donné ce qui a été dit dans ce chapitre, les phrases ci-dessous sont-elles conformes au Filtre du Cas ? Expliquez.

a. Des centaines de soldats ont été tués.

b. Beaucoup de gens sont arrivés.

Pour en apprendre davantage...

La théorie des Cas a été proposée par Chomsky (1991)^{F***}. On trouvera un résumé de cette théorie dans la plupart des livres d'introduction à la grammaire générative : voir notamment Cowper (1992)*, Ouhalla (1999)** et Brousseau et Roberge (2000)^{F}. La distinction entre verbes intransitifs et verbes inaccusatifs a été établie par Perlmutter (1978)** ; voir aussi Burzio (1986)**. L'hypothèse selon laquelle les verbes passifs et inaccusatifs assignent un Cas partitif a été avancée par Belletti (1988)**.

12
Le mouvement du verbe

Dans ce chapitre, nous examinerons un autre type de transformation : il s'agit du déplacement d'un verbe à partir de sa position de base sous le V″ vers le nœud I. En français, cette transformation permet de rendre compte du fait que l'ordre relatif des particules de négation, des adverbes et du verbe lui-même varie selon que le verbe est fléchi (à l'indicatif, au subjonctif, au conditionnel, etc.) ou non fléchi (à l'infinitif). Ces alternances nous fourniront une autre justification de l'existence du nœud I en français.

12.1. L'ordre du verbe et de la négation

En français standard, la négation comporte deux éléments : la particule *ne* et ce que l'on appelle parfois le *forclusif* (*pas, point, jamais, plus, guère,* etc.). Pour déterminer la position de la particule de négation et du forclusif en relation avec le verbe, nous allons considérer trois cas de figure : le verbe fléchi simple (présent, imparfait, futur, etc.), le verbe fléchi avec auxiliaire (p. ex. passé composé) et le verbe non fléchi (infinitif).

Lorsque le verbe fléchi est conjugué à un temps simple (sans auxiliaire), le verbe doit se trouver entre la particule de négation et le forclusif :

Myriam ne déteste pas ce quatuor.
* *Myriam ne pas déteste ce quatuor.*
* *Myriam déteste ne pas ce quatuor.*

Lorsque le verbe fléchi est conjugué à un temps composé, c'est-à-dire avec auxiliaire et participe, l'auxiliaire doit se trouver entre la particule de négation et le forclusif. Le participe, quant à lui, doit se placer derrière le forclusif :

Myriam n'a pas détesté ce quatuor.
* *Myriam ne pas a détesté ce quatuor.*
* *Myriam a détesté ne pas ce quatuor.*
* *Myriam a ne pas détesté ce quatuor.*

Enfin, lorsque le verbe est à l'infinitif, il doit suivre le forclusif. Il ne peut pas être placé devant la particule *ne,* ni entre la particule et le forclusif :

[PRO ne pas détester les quatuors] est essentiel au travail de critique.
* *[PRO détester ne pas les quatuors] est essentiel au travail de critique.*
* *[PRO ne détester pas les quatuors] est essentiel au travail de critique.*

Le tableau ci-dessous fait état des positions que peuvent occuper les éléments verbaux par rapport à la particule *ne* et aux forclusifs :

		ne		pas, plus, etc.	
Verbe fléchi simple	*		√		*
Auxiliaire fléchi	*		√		*
Verbe non fléchi	*		*		√
Participe	*		*		√

On conçoit aisément la difficulté qu'il y aurait à rendre compte de ces alternances dans les règles de réécriture. Il nous faudrait au moins deux règles : l'une qui permettrait d'engendrer le forclusif derrière le verbe et l'auxiliaire lorsqu'ils sont fléchis, et l'autre qui permettrait d'engendrer le forclusif devant le verbe non fléchi et le participe. Cela donnerait quelque chose comme ceci (pour simplifier, la notation X-barre est omise) :

$$\text{SV} \rightarrow \begin{Bmatrix} \text{V} \\ \text{Aux} \end{Bmatrix}_{[+\text{fléchi}]} \quad (\text{Forcl})\ \text{V}_{[\text{part}]}$$

$$\text{SV} \rightarrow (\text{Forcl})\ \text{V}_{[-\text{fléchi}]}$$

Au lieu de compliquer les règles de réécriture pour rendre compte de ces alternances dans l'ordre des mots, nous allons recourir à une analyse transformationnelle. Non seulement cette analyse est-elle fort simple, mais de plus, elle se base sur une distinction qui, intuitivement, est très naturelle.

12.2. Le nœud I et la position du verbe

Nous avons vu au chapitre 6 (section 6.3) que le nœud Flexion (I) est porteur des traits de temps et de mode de la phrase. Nous supposons par ailleurs que les verbes et auxiliaires figurent dans le lexique sous toutes leurs formes conjuguées (chapitre 5, section 5.1.1). Évidemment, il faut que, dans une phrase, les traits de mode et de temps sous le nœud I correspondent à ceux du verbe. Pour que cette correspondance entre les traits puisse être vérifiée, nous supposerons que le verbe et I doivent être linéairement adjacents. Nous proposons par conséquent que, lorsqu'il a une forme morphologique fléchie, le verbe ou l'auxiliaire doit se déplacer à partir de sa position de base (sous V″) vers le nœud I, ce qui permet la vérification des traits de temps et de mode. Ce déplacement est une transformation que l'on appelle le *mouvement de verbe*. Voyons comment elle s'applique dans une phrase déclarative simple.

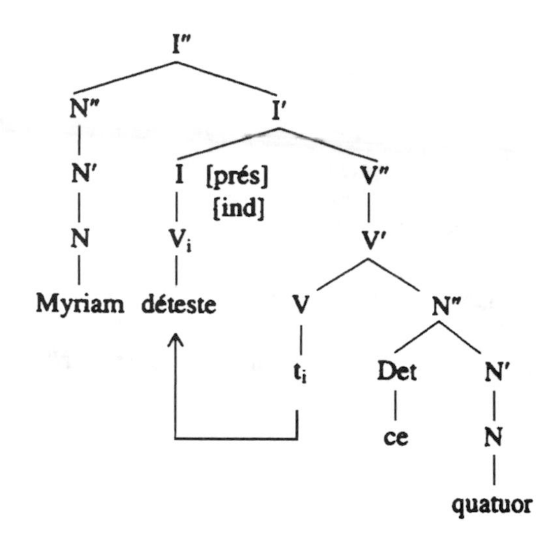

Il s'agit maintenant de placer la particule de négation et le forclusif dans cette structure. La particule de négation n'est pas un élément autonome du point de vue syntaxique. Elle ne peut pas être utilisée seule, par exemple dans un contexte d'ellipse. Comparons de ce point de vue les deux réponses de l'interlocuteur B :

A.– J'ai pris deux semaines de vacances cet hiver.
B.– Moi pas.
*– *Moi ne.*

La particule de négation *ne* peut être analysée comme un clitique, c'est-à-dire un élément qui doit s'adjoindre à un autre nœud ou élément dans l'arbre. Par ailleurs, de même que le temps et le mode influent sur l'interprétation globale de la phrase, la négation change radicalement les valeurs de vérité de la phrase. Pour cette raison, nous supposerons que *ne* est une forme clitique qui est engendrée sous le nœud I.

Quant aux forclusifs, nous les analyserons comme des adverbes. Cela est plausible dans la mesure où au moins l'un des forclusifs, *jamais*, est la contrepartie négative d'un adverbe, *toujours.* Nous avons admis au chapitre 6 (section 6.2) que la position de spécificateur de V″ pouvait être occupée par un syntagme adverbial ; nous supposerons que les forclusifs peuvent aussi être engendrés dans cette position. La représentation d'une phrase négative avec verbe fléchi simple, après l'application de la transformation *mouvement de verbe*, est la suivante :

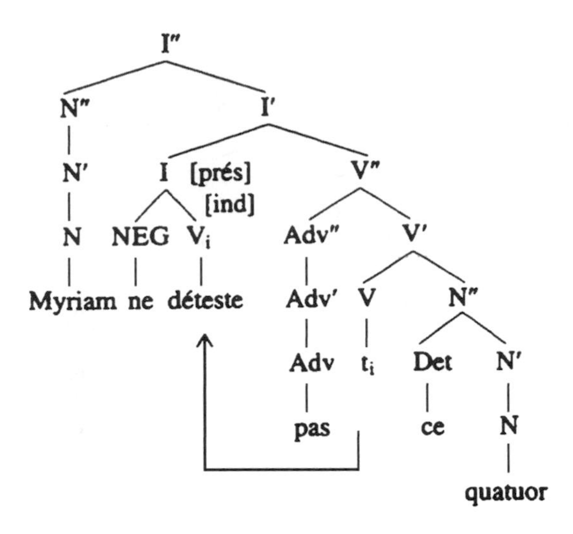

L'auxiliaire, lorsqu'il est présent, porte les marques morphologiques du temps et du mode (p. ex. *avait détesté*, *qu'elle soit partie*, *aurait aimé*, etc.). Comme nous venons de le voir dans le cas du verbe simple fléchi, ces traits doivent correspondre à ceux du nœud I; par conséquent, l'auxiliaire fléchi doit lui aussi être déplacé par transformation sous le nœud I. L'ordre relatif des éléments de négation s'ensuit.

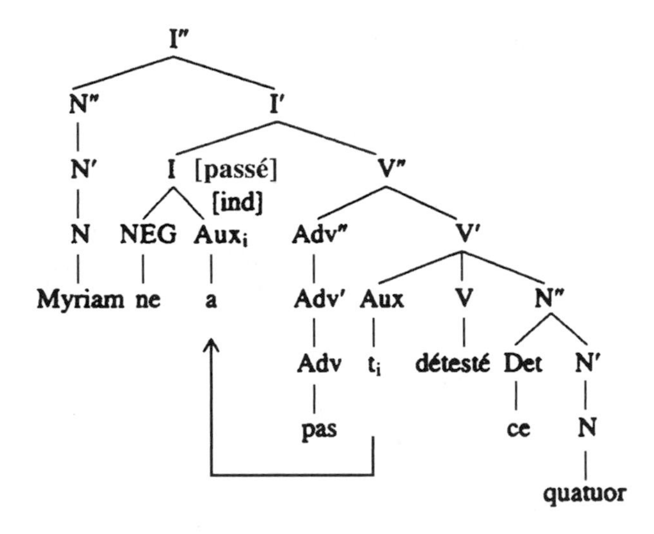

L'analyse par mouvement de verbe présente un autre avantage. Nous avons vu, relativement à la structure interne du N″ et relativement à la forme nominative *qui* dans les relatives (chapitre 9, section 9.4), que la relation entre un spécificateur et sa tête était une configuration d'accord ou de transmission de traits. Or le verbe fléchi, après l'application de la transformation *mouvement de verbe*, se trouve sous le nœud I, la tête de I″. Dans cette position, il entretient avec le sujet de la phrase une relation spécificateur-tête.

L'accord en nombre et personne du verbe avec son sujet constitue donc une autre manifestation de la relation entre un spécificateur et sa tête.

Nous avons démontré au chapitre 7 que les complétives infinitives des verbes à contrôle comportent un sujet, représenté par l'élément PRO. Ce sujet, bien qu'inaudible, porte néanmoins des traits de personne, de genre et de nombre (voir la section 7.2). Or, les verbes à l'infinitif ne s'accordent jamais en personne et en nombre avec le sujet PRO. Par ailleurs, les verbes à l'infinitif ne sont pas déclinés morphologiquement pour le temps (c'est l'auxiliaire qui marque le temps de l'infinitif, et non le verbe lui-même). Il en va de même pour les participes, qui ne s'accordent pas avec le sujet dans la plupart des cas (c'est-à-dire lorsque l'auxiliaire est *avoir*; avec *être*, le participe se comporte du point de vue de l'accord comme un attribut). En conséquence, on est amené à supposer que ni le verbe à l'infinitif ni le participe ne sont déplacés sous I: l'absence d'accord suggère qu'ils ne se trouvent pas dans une configuration spécificateur-tête avec le N″ sujet, et l'absence de variation morphologique pour le temps montre qu'ils n'ont pas de traits de temps à vérifier. Le mode infinitif, quant à lui, pourrait être considéré comme un mode par défaut (c'est-à-dire le mode qui est assigné lorsque le verbe ne porte pas de traits). En résumé, ces deux formes verbales ne sont jamais déplacées sous I par transformation. Leur position en structure-S est donc la même qu'en structure-D, soit sous V′. Ainsi, nous rendons compte de la position de la particule de négation et du forclusif: ils précèdent tous deux l'infinitif et le participe. L'arbre figurant plus haut présentait déjà la position du participe; l'arbre ci-dessous présente une proposition négative à verbe infinitif:

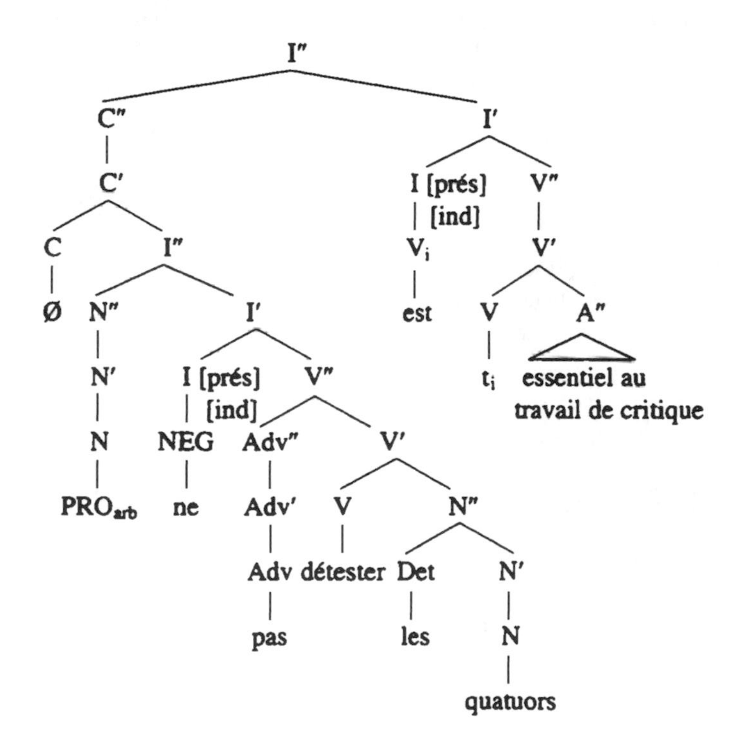

En conclusion, les formes verbales qui sont fléchies et qui s'accordent en genre et en nombre avec le sujet sont déplacées sous le nœud I par transformation : les autres formes verbales demeurent dans leur position de base sous V′. Cette transformation permet d'analyser de façon simple et élégante les alternances dans l'ordre des mots dans les phrases négatives en français.

Exercices

1. *Quantificateurs flottants.* Le quantificateur *tous* en français peut parfois être séparé du N″ qu'il quantifie : on l'appelle dans ce cas un quantificateur flottant. Proposez une analyse des alternances en français standard ci-dessous, qui mettent en jeu l'ordre relatif du quantificateur flottant *tous* et de différentes formes verbales.

a. Mes amies ont toutes dit ça.
b. * Mes amies toutes ont dit ça.
c. * Mes amies ont dit toutes ça.
d. Mes amies disent toutes ça.
e. * Mes amies toutes disent ça.
f. Mes amies veulent [PRO toutes dire ça].
g. * Mes amies veulent [PRO dire toutes ça].

2. *Alternances SOV/SVO en allemand et en abè.* En allemand, l'ordre des mots dans la phrase principale tensée est SVO lorsque le verbe est simple, et S-Aux-O-V lorsqu'un auxiliaire fléchi est présent. Dans une proposition infinitive, en revanche, l'ordre des mots est SOV.

a. Ich lese das Buch
je lire-prés. le livre
Traduction : « Je lis le livre. »

b. Ich habe das Buch gelesen
je avoir-prés. le livre lu (participe)
Traduction : « J'ai lu le livre. »

c. Ich will [das Buch lesen]
je vouloir-prés. le livre lire (infinitif)
Traduction : « Je veux lire le livre. »

On observe des alternances similaires en abè, une langue du groupe kwa parlée en Côte d'Ivoire. L'abè est une langue aspectuelle : l'aspect perfectif (PERF) dénote une action accomplie et l'aspect imperfectif (IMP) une action inaccomplie. Les phrases (f) et (g) montrent que le verbe marqué pour l'aspect perfectif ne peut pas suivre son objet, et que le verbe imperfectif ne peut pas précéder son objet :

d. ńkū fú sáká kpɔ́bɔ̄ wɔ̀
Nku mettre-PERF riz assiette dans
Traduction : « Nku a mis le riz dans l'assiette. »

e. ńkū ɣâɣâ [sáká kpɔ́bɔ̄ wɔ̀ fú]
Nku vouloir-PERF riz assiette dans mettre-IMPERF
Traduction : « Nku veut mettre le riz -IMPERF dans l'assiette. »

f. * ńkū sáká kpɔ́bɔ̄ wɔ̀ fú
Nku riz assiette dans mettre-PERF

g. * ńkū ɣâɣá [fū sáká kpɔ́bɔ̄ wɔ̀]
Nku vouloir-PERF mettre-IMPERF riz assiette dans

En vous basant sur le type d'analyse que nous avons présentée pour le français, proposez une analyse unifiée de ces faits, c'est-à-dire une analyse qui rend compte à la fois des alternances de l'allemand et de celles de l'abè. Étayez votre analyse en donnant les structures appropriées pour chacune des phrases grammaticales du corpus.

Pour en apprendre davantage…

L'analyse selon laquelle le verbe fléchi en français est déplacé sous le nœud I (appelé « Temps » à cette époque) est due à Emonds (1978)F**. Cette analyse a été reprise et développée plus récemment par Pollock (1989)***, qui traite aussi des différences entre le français et l'anglais du point de vue de l'ordre relatif des éléments verbaux et de la négation, des adverbes, des quantificateurs flottants, etc. On trouvera un résumé détaillé de l'analyse de Pollock dans Hirschbühler et Labelle (1992, chap. 5)F*.

L'analyse par mouvement de verbe est utilisée pour rendre compte des alternances dans l'ordre des mots dans un grand nombre de langues. Les langues germaniques (langues scandinaves et langues germaniques occidentales : anglais, allemand, néerlandais, yiddish) ont fait l'objet de nombreuses études de ce point de vue : voir entre autres Koster (1975)**, den Besten (1983)**, Koopman (1984)**, les articles dans Haider et Prinzhorn (1986)**, Platzack (1986)**, Diesing (1990)** ; pour un résumé de ces analyses, voir Haegeman (1994, chap. 11)*. Koopman (1984)** examine divers types de mouvement de verbe ; son étude porte en grande partie sur deux langues du groupe krou parlées en Côte d'Ivoire, le vata et le gbadi.

13
Le placement des pronoms clitiques

On va voir, tiens, non, sans blague, si je ne te vous me les fais pas
fleurir comme neige au soleil, moi, les concombres et tout le bazar !
Greg, *L'incorrigible Achille Talon,* Dargaud, 1983.

Les clitiques, nous l'avons vu, sont des éléments dont la caractéristique principale est de ne pas être complètement autonomes du point de vue de la syntaxe. Le français a des pronoms clitiques qui peuvent remplir la fonction de sujet, d'objet direct, d'objet indirect, de complément du nom ou de complément prépositionnel en *à/de.* On trouve aussi en français parlé des clitiques qui ne correspondent pas à des compléments du verbe, comme dans l'extrait ci-haut. Ces clitiques, toujours à la forme dative, représentent soit une personne affectée par l'action (« datif étendu »), soit l'interlocuteur, que l'on intègre ainsi dans le processus d'énonciation (« datif éthique »). Voici d'autres exemples de ces clitiques :

Datif étendu : *Ce gamin m'a encore piétiné mes plates-bandes.*
Datif éthique : *Au Mont-Saint-Michel, la mer te monte à une de ces vitesses !*

Dans ce qui suit, nous nous intéresserons uniquement aux pronoms clitiques qui jouent le rôle d'un argument (sujet ou complément) dans la phrase. Ces clitiques sont soulignés dans les phrases ci-dessous ; leur fonction grammaticale est indiquée à droite entre parenthèses.

Elle a présenté l'introduction de ce livre aux ingénieurs à Paris.	(sujet de « présenté »)
Chloé l'a présentée aux ingénieurs à Paris.	(obj. dir. de « présentée »)
Chloé leur a présenté l'introduction de ce livre à Paris.	(obj. indir. de « présenté »)
Chloé en a présenté l'introduction aux ingénieurs à Paris.	(compl. du N « introduction »)
Chloé y a présenté l'introduction de ce livre aux ingénieurs.	(compl. de lieu de « présenté »)

Les pronoms clitiques (appelés aussi « pronoms faibles » ou « formes conjointes » en grammaire traditionnelle) font en un certain sens partie du verbe ou de l'auxiliaire. En effet, contrairement aux SN non pronominaux ou aux pronoms dits « forts » (ou « formes disjointes »), les pronoms clitiques ne peuvent pas être séparés du verbe ou de l'auxiliaire sauf si l'élément qui intervient est un autre clitique). Ainsi, le pronom clitique objet précède le verbe *lire* dans les exemples ci-dessous ; mais il ne peut pas, en français moderne, être séparé de ce verbe par un adverbe, par le forclusif *pas* ni par un autre verbe :

[Ne pas le lire] serait dommage.
* *[Le bien lire] vaudrait la peine.*
* *[Ne le pas lire] serait dommage.*
* *Je le veux lire.*

Les trois dernières phrases sont agrammaticales en français contemporain, mais elles peuvent apparaître dans la langue littéraire, qui emploie volontiers des formes archaïques, et elles étaient, bien entendu, grammaticales dans la langue classique. Il y a par ailleurs, même en français moderne, certains cas où le pronom clitique peut être séparé du verbe. Contrairement à ce que l'on observe dans la dernière phrase, certains verbes peuvent être intercalés entre le pronom clititique et le verbe qui le sélectionne : il s'agit des verbes de perception (*entendre*, *voir*, *regarder*, *écouter*, etc.), du verbe causatif *faire* et du verbe *laisser*. On a ainsi *Je l'ai entendu dire à Françoise, Nous l'avons fait lire à Marcia.* (Sur ces exceptions et sur la position des clitiques en français classique, voir Grevisse (1993, § 659).) L'analyse de ces constructions déborde cependant le cadre de cette introduction et nous n'en tiendrons pas compte dans ce qui suit.

Il s'agit maintenant de dériver une phrase avec un pronom clitique. Prenons l'exemple suivant :

Chloé le présente aux journalistes.

Au chapitre 9, nous avons proposé un argument basé sur l'insertion lexicale pour justifier la transformation *mouvement Qu-*. L'argument s'applique ici de la même façon. Le cadre de sous-catégorisation de *présenter* exige que ce verbe soit suivi d'un SN et d'un SP. La condition sur l'insertion lexicale, quant à elle, interdit l'insertion de ce verbe sous un nœud V dont l'environnement ne serait pas conforme au cadre de sous-catégorisation du verbe. Si le clitique objet se trouvait en position préverbale en structure-D, le nœud V ne serait pas suivi d'un SN et le verbe *présenter* ne pourrait pas être inséré. Nous supposerons donc que le pronom clitique est engendré en position postverbale, dans la position « normale » des objets directs, et qu'il est ensuite déplacé par transformation devant le verbe ou l'auxiliaire :

Structure-D : *Chloé présente le aux journalistes.*
Structure-S : *Chloé* le_i *présente* t_i *aux journalistes.*

La transformation appliquée ici s'appelle *placement de clitiques*. Il convient maintenant de préciser : 1) quels sont les constituants qui peuvent être déplacés par cette transformation ; et 2) dans quelle position exactement ces constituants sont déplacés.

Admettons tout d'abord que les constituants ciblés par la transformation *placement de clitiques* portent tous le trait [+cl] dans leur représentation lexicale. L'existence de ce trait permettra de les différencier des autres SN (SN lexicaux et SN pronominaux « forts ») qui, eux, ne peuvent pas être déplacés devant le verbe ou l'auxiliaire :

* *Chloé ce dossier présente aux journalistes.*

Du point de vue de leur catégorie, les constituants pronominaux déplacés sont ou bien des SN *(le, la, les)* ou bien des SP d'un certain type, c'est-à-dire des SP dont la préposition serait normalement *à* ou *de*.

En ce qui concerne la position vers laquelle les pronoms clitiques sont déplacés, il semble évident qu'il s'agit d'une position qui précède immédiatement le verbe (ou l'auxiliaire lorsqu'il est présent). Nous allons donc supposer que le clitique est adjoint à l'élément verbal le plus à gauche dans le SV: l'auxiliaire, s'il est présent, ou le verbe s'il n'y a pas d'auxiliaire. À la suite de l'adjonction, le clitique et l'auxiliaire/verbe forment en quelque sorte une unité complexe et indissociable qui est représentée de la façon suivante:

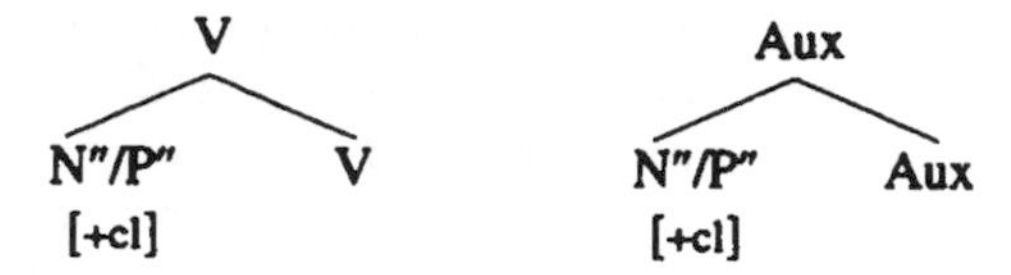

Voyons la dérivation d'une phrase tensée avec un clitique objet. Une telle phrase comporte deux mouvements. Tout d'abord, le clitique objet est adjoint au verbe; le verbe complexe ainsi formé est ensuite déplacé vers le nœud I par la transformation de mouvement de verbe décrite au chapitre précédent. Rappelons en effet que le verbe complexe est de forme fléchie et que la correspondance entre sa forme morphologique et les traits de temps et de mode sous le nœud I doit être vérifiée dans un contexte d'adjacence. Dorénavant, seule la représentation en structure-S sera donnée, étant donné que la présence des traces indicées nous permet de reconstituer la représentation en structure-D:

Structure-S:

Chloé le présente aux journalistes.

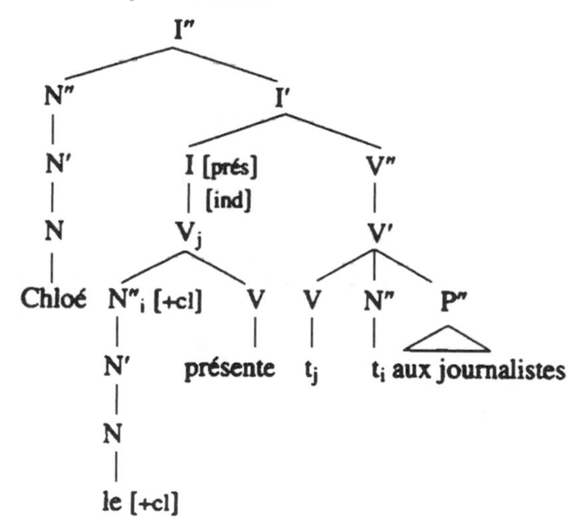

La dérivation des clitiques objets indirects (*lui, leur,* etc.) et des clitiques prépositionnels (*en, y*) se fait de façon analogue; cependant ces clitiques posent un autre problème. L'argument de l'insertion lexicale nous oblige à considérer ces clitiques comme des SP en structure-D (le verbe *présenter*, notamment, sous-catégorise un N″ et un P″); or, lorsque le pronom clitique se trouve devant le verbe, aucune préposition n'apparaît.

Il y a plusieurs façons de résoudre cette difficulté. Nous pourrions, par exemple, effacer la préposition après le déplacement du SP devant le verbe. Une autre possibilité serait de dire que les prépositions *à* et *de* peuvent ne pas être réalisées lorsqu'elles précèdent un pronom faible en français. Cela pourrait se justifier de la façon suivante. À la différence des autres prépositions, *de* et *à* n'ont pas toujours de véritable contenu sémantique: c'est le cas notamment de la préposition *de* qui précède le complément du nom (p. ex. *la quête de la réussite)* et de la préposition *à* qui introduit le complément d'objet indirect (p. ex. *prêter un stylo à Clara*). On sait par ailleurs que ces deux prépositions presque vides sont apparues en français dans ces contextes à la suite de la perte des marques morphologiques du cas (génitif, datif). Or, les pronoms faibles, contrairement aux noms et aux pronoms forts, *conservent* en français moderne la marque morphologique du cas: *il, elle* ont la forme nominative, *le, la, les* la forme accusative, *lui, leur* la forme dative, *en* est un génitif, et *y* pourrait correspondre au datif ou à l'ablatif. On peut ainsi dire que, comme ils sont intrinsèquement marqués pour le cas, les pronoms faibles n'ont pas besoin de la préposition. De façon à conserver intacte la sous-catégorisation déjà établie pour les verbes, on supposera que ces pronoms clitiques sont dominés par une catégorie P″ dont la tête P peut demeurer «inactivée».

Cela posé, admettons que le trait [+cl] percole jusqu'au P″ (comme nous l'avons établi pour le trait [+Qu-] au chapitre 9, section 9.2). La dérivation de la phrase *Chloé leur a présenté ce dossier* est donnée ci-dessous. Ici, le P″ dominant le clitique datif est d'abord adjoint à l'auxiliaire; l'auxiliaire complexe ainsi formé est ensuite déplacé sous le nœud I.

Chloé leur a présenté ce dossier.

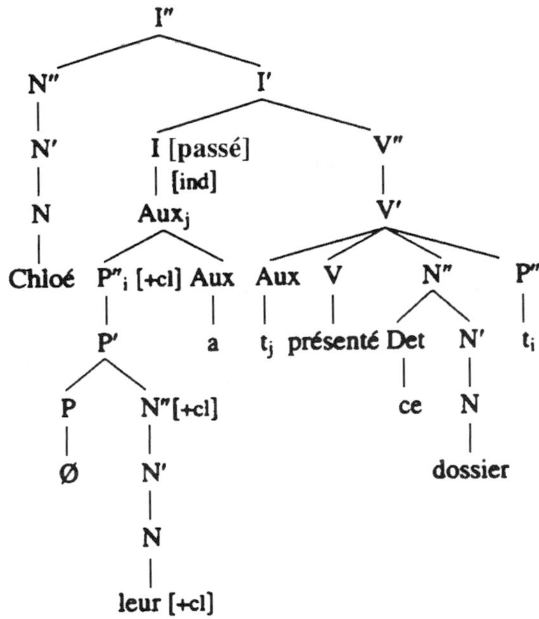

On pourra procéder de la même façon pour déplacer les autres clitiques prépositionnels, *en* et *y*. La transformation *placement de clitiques* est formulée comme suit :

Placement de clitiques :

Adjoindre un constituant (SN ou SP) marqué [+cl] à la gauche du premier élément verbal du SV (auxiliaire ou verbe).

Si les pronoms clitiques ont un comportement particulier, il n'en reste pas moins que certains d'entre eux appartiennent à la catégorie SN. À ce titre, tout comme les autres syntagmes nominaux, ils peuvent être déplacés par la transformation *déplacer SN*. Ainsi, dans les phrases ci-dessous, le clitique sujet a été déplacé à partir d'une position d'objet direct (passif) et à partir d'une position de sujet enchâssée (montée) :

Ils$_i$ *ont été limogés* t_i *par leur employeur.*
Elle$_i$ *semble [*t_i *avoir été limogée* t_i*].*

On admettra dans ce cas que le mouvement de clitique ne s'est pas appliqué avant le mouvement de SN. Autrement dit, il n'y a pas dans ces dérivations d'étape intermédiaire où le clitique objet est adjoint au verbe avant d'être déplacé vers la position de sujet de la principale. En effet, étant donné que la cliticisation consiste à former une unité complexe et indissociable, une fois ce déplacement effectué, le SN ne devrait plus être accessible à la transformation *déplacer SN*.

En résumé, dans ce chapitre, nous avons décrit pour le français une quatrième transformation qui consiste à déplacer un pronom clitique (de catégorie N″ ou P″) à partir de sa position de base vers une position d'adjonction située à la gauche de l'auxiliaire ou du verbe. La structure résultante est une structure d'adjonction, un « verbe complexe » en quelque sorte, ce qui rend compte du fait que les clitiques sont indissociables du verbe ou de l'auxiliaire auquel ils sont adjoints.

Exercices

1. *Applications multiples des transformations.* Dans les phrases ci-dessous, plusieurs transformations se sont appliquées. Faites-en la dérivation. (Il vaut sans doute mieux procéder par étapes, c'est-à-dire représenter la structure pour chaque application du mouvement.)

a. Max ne t'en avait pas parlé.
b. Elles lui ont été présentées.
c. Jules ne le leur a pas pardonné.
d. Nos amis voudraient nous y emmener.

2. *Inversion du pronom sujet et du verbe et syntaxe comparative.* (Cet exercice demande un peu d'imagination ; il n'est pas facile.) Dans les interrogatives directes en

français standard, l'auxiliaire ou le verbe (précédé des clitiques s'il y a lieu) peut se placer devant le pronom sujet, comme dans la phrase (b):

a. Pourquoi tu la lui présentes ?

b. Pourquoi la lui présentes-tu ?

En français populaire, le complémenteur *que* peut être présent dans les interrogatives. Or, lorsque *que* est présent, le verbe ne peut pas précéder le pronom sujet, comme le montre la phrase (d):

c. Pourquoi que tu la lui présentes ?

d. * Pourquoi que la lui présentes-tu ?

Il s'agit de savoir comment dériver la phrase (b). Essayez de proposer une analyse de l'inversion qui explique *en même temps* l'agrammaticalité de la phrase (d). Pour voir plus clair dans ce problème, il faut d'abord faire les structures des phrases (a) et (c). Dans un second temps, en construisant d'autres exemples, essayez de cerner les problèmes éventuels que pose votre analyse.

Pour en apprendre davantage...

Les travaux portant sur les pronoms clitiques (en particulier dans les langues romanes) sont très nombreux, et leur analyse a donné lieu à bien des controverses qui ne sont pas évoquées ici. Les ouvrages et articles suivants fournissent un très bon aperçu des propriétés des clitiques en français ainsi que des problèmes que suscite leur analyse: Kayne (1977)F*, Morin (1975)F*, (1979)F*, (1981)F*, Roberge (1990)**, Auger (1995)F**, Sportiche (1996)***, Sportiche (1998)***. On trouvera aussi une discussion sur les clitiques en français dans Miller (1992, chap. 4)***, qui les analyse dans un autre cadre théorique que celui présenté ici, soit celui de la grammaire syntagmatique généralisée. Sur les clitiques datifs ne correspondant pas à des arguments (les datifs « non lexicaux »: datifs éthiques et datifs étendus), voir Leclère (1976)F* et Rooryck (1988)F*.

Nous n'avons pas abordé dans ce chapitre la question du clitique sujet en français, dont l'analyse a donné lieu à certaines controverses. Couquaux (1986)F*, par exemple, considère le clitique sujet comme un SN en structure-D; ce SN est tardivement (dans la forme phonologique) adjoint à l'auxiliaire ou au verbe fléchi. Roberge (1990)**, quant à lui, propose d'engendrer le clitique sujet sous le nœud I; ce clitique s'apparente alors à une marque d'accord. Voir aussi Auger (1995)F** pour une analyse de ce type.

Pour des études comparatives des clitiques, principalement dans les langues romanes, on consultera entre autres Borer (1984)**, Jaeggli (1982)**, Roberge (1990)**, Roberge et Vinet (1989, chap. 2)**.

TROISIÈME PARTIE
CONTRAINTES

14
Les contraintes sur le mouvement Qu-

Au chapitre 9, nous avons appliqué la transformation *déplacer Qu-* à la dérivation des interrogatives (directes et indirectes) et des relatives. Tous les exemples de mouvement Qu- présentés jusqu'ici constituaient des cas de déplacement à l'intérieur d'une même proposition. Dans le présent chapitre, nous allons tout d'abord voir comment s'applique la transformation *mouvement Qu-* lorsque le constituant Qu- à déplacer se trouve à l'intérieur d'une proposition enchâssée. Nous décrirons ensuite un ensemble de domaines qui bloquent le mouvement Qu-: lorsqu'un syntagme Qu- se trouve à l'intérieur de l'un de ces domaines, il ne peut être déplacé à l'extérieur de ce domaine. Pour chacun de ces domaines, nous formulerons une «contrainte» appropriée, c'est-à-dire une directive interdisant le déplacement et, enfin, nous proposerons un principe plus général qui vise à englober les contraintes formulées pour chacun des domaines.

14.1. La cyclicité successive

Au chapitre 9, nous avons formulé comme suit la transformation *mouvement Qu-*:

Déplacer un syntagme marqué [+Qu-] vers la gauche dans le [Spec,C″] le plus rapproché.

Jusqu'à maintenant nous avons dérivé des phrases qui ne contenaient qu'une seule position [Spec,C″]. Mais dans le cas d'interrogatives et de relatives formées à partir de positions enchâssées, cette formulation implique que le mouvement doit se faire en plusieurs étapes, avec «escales» dans les positions de [Spec,C″] intermédiaires. Voyons des exemples d'interrogative directe et de relative (seules les parenthèses pertinentes sont représentées):

Quel livre tu dis [$_{C''}$ que Sébastien prétend [$_{C''}$ que son fils a déchiré]]?
Je connais l'étudiante [$_{C''}$ à qui tu dis [$_{C''}$ que Julie croit [$_{C''}$ qu'ils ont donné la bourse]]].

Selon la formulation ci-dessus, le mouvement des syntagmes Qu- *quel livre* et *à qui* doit se faire de la façon indiquée:

Quel livre tu dis [$_{C''}$ que Sébastien prétend [$_{C''}$ que son fils a déchiré]]?

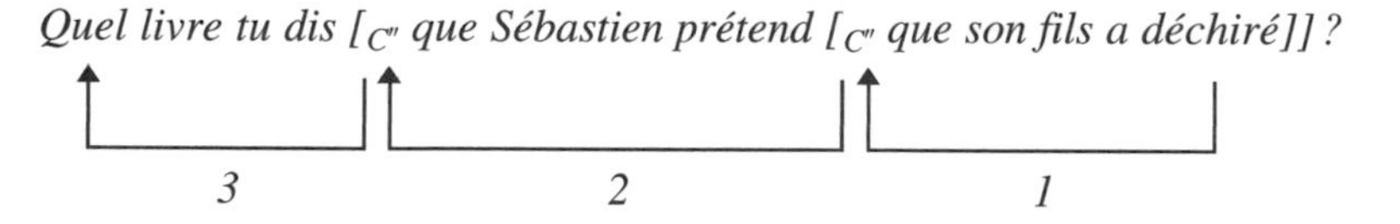

Je connais l'étudiante $[_{C''}$ *à qui tu dis* $[_{C''}$ *que Julie croit* $[_{C''}$ *qu'ils ont donné la bourse* $]]]$.

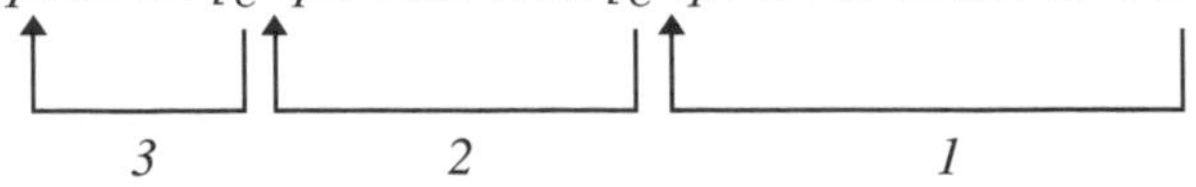

3 2 1

Ce mode d'application s'appelle la *cyclicité successive* : en admettant que chaque C″ constitue un cycle, le mouvement doit s'appliquer d'abord au cycle inférieur, puis au cycle immédiatement supérieur et ainsi de suite. Si le mouvement s'applique de cette façon, la représentation en structure - S contiendra des traces dans tous les [Spec,C″] intermédiaires. Voici la représentation de l'interrogative *Quel livre tu dis que Sébastien prétend que son fils a déchiré ?* :

Quel livre$_i$ *tu dis* $[_{C''}$ t^3_i *que Sébastien prétend* $[_{C''}$ t^2_i *que son fils a déchiré* $t^1_i]]$?

Dans les années 1970, le mode d'application de la transformation *déplacer Qu* - a donné lieu à d'importants débats opposant les défenseurs de l'hypothèse cyclique successive, que nous venons de présenter, à ceux de l'hypothèse du « mouvement direct ». Pour ces derniers, le mouvement Qu - dans une phrase comme celle qui est donnée plus haut se fait directement vers la position du [Spec,C″] le plus haut, sans passer par les spécificateurs de C″ intermédiaires.

Comment résoudre ce débat et comment se décider pour l'une des deux hypothèses ? Nous allons procéder un peu comme le détective qui, en l'absence de témoin oculaire, bâtit sa preuve à partir d'empreintes digitales. Ainsi, si nous pouvons prouver que, sans le passage intermédiaire, certains phénomènes ne peuvent pas être analysés, nous aurons un argument en faveur de l'application cyclique successive. À partir d'un type d'inversion en français que l'on appelle *inversion stylistique*, un argument de ce type a été proposé ; l'argument montre que, du point de vue de l'analyse de cette inversion, l'analyse cyclique successive est supérieure à l'hypothèse du mouvement direct. Nous résumons cet argument, d'une part parce qu'il est construit de façon fort ingénieuse, et d'autre part parce qu'il nous permettra de nous familiariser avec ce type d'inversion.

14.2. L'inversion stylistique et le mouvement Qu -

En français un sujet peut, dans certaines circonstances, être placé derrière le verbe ou le participe passé. Ce processus s'appelle *l'inversion stylistique*. Dans la seconde phrase ci - dessous (et dans tous les exemples qui suivent), le sujet inversé est souligné :

Je ne sais pas $[_{C''}$ *à quelle heure* $[_{I''}$ *les invités partiront* $]]$.
Je ne sais pas $[_{C''}$ *à quelle heure* $[_{I''}$ *partiront* <u>*les invités*</u>$]]$.

Il ne faut pas confondre l'inversion stylistique avec l'inversion du pronom sujet et du verbe ou de l'auxiliaire (p. ex. *Partent - ils ? Quand sont - ils partis ?*), qui ne s'applique pas aux sujets non pronominaux (p. ex. * *Partent les invités ?* * *Quand sont les invités partis ?*).

Ce qui nous intéressera dans l'inversion stylistique, ce n'est pas la position occupée par le sujet une fois qu'il est inversé, mais uniquement les *conditions* dans lesquelles l'inversion stylistique est possible (et impossible). Voyons d'abord des cas où l'inversion stylistique est interdite :

Je ne sais pas $[_{C''}$ *si* $[_{I''}$ *les invités partiront*$]]$.
* *Je ne sais pas* $[_{C''}$ *si* $[_{I''}$ *partiront les invités*$]]$.
Je ne crois pas $[_{C''}$ *que* $[_{I''}$ *les invités partiront*$]]$.
* *Je ne crois pas* $[_{C''}$ *que* $[_{I''}$ *partiront les invités*$]]$.

La différence entre ces phrases et celles où l'inversion stylistique est permise est la suivante : *si* et *que* sont des complémenteurs, alors que *à quelle heure* est un syntagme Qu-. On peut d'ores et déjà dire que la présence d'un syntagme Qu- est une condition nécessaire à l'inversion stylistique.

Mais ce n'est pas tout. La présence d'un syntagme Qu- ne constitue pas à elle seule une garantie que l'inversion du sujet pourra se produire. Ce syntagme Qu- doit en plus occuper une position précise dans la phrase, comme le montrent les exemples ci-dessous :

Tu dis que les invités partiront à quelle heure ?
* *Tu dis que partiront les invités à quelle heure ?*

Tu as dit à qui $[_{C''}$ *que les invités partiraient*$]$?
À qui$_i$ *as-tu dit* t_i $[_{C''}$ *que les invités partiraient*$]$?
* $[_{C''}$ *À qui*$_i$ *as-tu dit* t_i $[_{C''}$ *que partiraient les invités*$]]$?

La seconde phrase contient un syntagme Qu- (*à quelle heure*), mais ce syntagme Qu- n'est pas en position de [Spec,C″] et l'inversion stylistique est impossible. Dans le deuxième groupe de phrases, le syntagme Qu- *à qui* prend son origine dans la proposition principale et est ensuite déplacé dans le [Spec,C″] de la principale : l'inversion stylistique est également impossible. En nous basant sur ces faits, nous formulons la condition d'application de l'inversion stylistique :

Condition d'application de l'inversion stylistique :

L'inversion stylistique est possible seulement lorsqu'un syntagme Qu- se trouve dans la position Spec du premier C″ qui domine le sujet à inverser.

Cette condition rend compte de tous les faits observés jusqu'ici. Mais voici d'autres exemples qui sont déterminants pour l'hypothèse de la cyclicité successive :

Tu crois $[_{C''}$ *que ton frère s'intéresse à qui*$]$?
À qui$_i$ *crois-tu* $[_{C''}$ *que ton frère s'intéresse* $t_i]$?
$[_{C''}$ *À qui*$_i$ *crois-tu* $[_{C''}$ *que s'intéresse ton frère* $t_i]]$?

Nous remarquons que, dans la troisième phrase, l'inversion stylistique est possible. Pourquoi est-ce le cas, alors que le syntagme Qu- *à qui* se trouve dans la proposition principale ? Cela s'explique si l'on suppose que le syntagme Qu- passe d'abord par le [Spec,C″] enchâssé, c'est-à-dire si le mouvement Qu- s'applique de façon cyclique successive.

Ainsi, au moment du passage du syntagme Qu - dans le [Spec,C″] enchâssé, la condition est remplie et l'inversion stylistique peut s'appliquer. Les contrastes pertinents sont résumés ci - dessous :

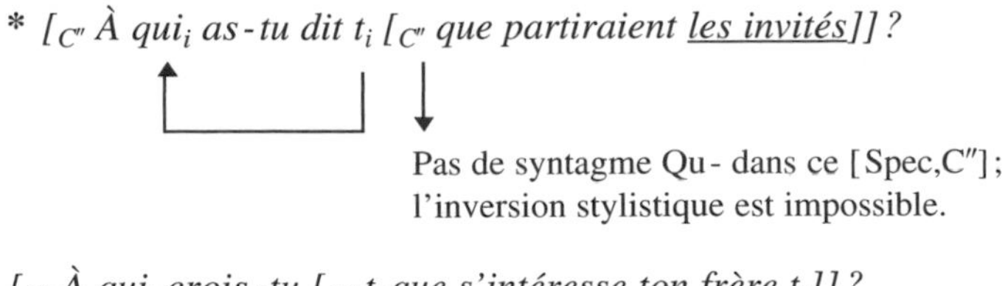

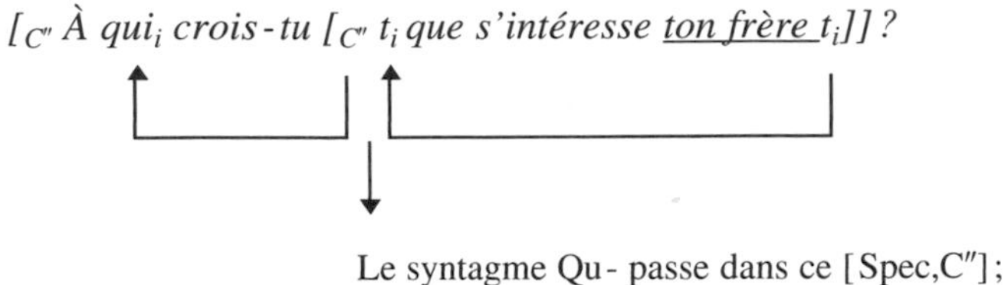

Cet argument nous montre que le mouvement Qu - doit s'appliquer de façon cyclique successive.

Dans les prochaines sections, nous verrons qu'il existe d'autres contraintes portant sur l'application de la transformation *déplacer Qu -* : notamment, il existe des domaines hors desquels il est impossible d'interroger ou de questionner.

14.3. Les contraintes d'îlots

Par analogie avec les îles d'où il est impossible de sortir (à moins de disposer d'un pont ou d'un bateau), certaines constructions sont appelées des *îlots* parce que des éléments qui y sont contenus ne peuvent pas être déplacés vers l'extérieur par transformation.

Nous allons décrire six domaines hors desquels l'interrogation et la relativisation sont impossibles. Pour que notre modèle puisse exclure les phrases agrammaticales correspondantes, nous définirons six contraintes qui interdisent le mouvement d'un constituant hors de ces domaines.

14.3.1. Contrainte des îlots Qu -

Nous avons vu comment construire des interrogatives directes et indirectes ainsi que des relatives. Or lorsqu'une phrase contient une interrogative indirecte, on ne peut pas questionner ni relativiser un constituant qui est inclus dans cette interrogative indirecte. Voyons l'exemple suivant, qui comporte une interrogative indirecte et un syntagme Qu - dans sa position de base (objet direct) :

Alexandre se demande [$_{C''}$ *à qui$_i$ il donnera* [$_{N''[+Qu]}$ *quel disque*] *t$_i$*].

Si l'on déplace le syntagme Qu- *quel disque* vers la position de [Spec,C″] de la principale, la phrase obtenue est agrammaticale:

* [$_{C''}$ *Quel disque$_j$ Alexandre se demande-t-il* [$_{C''}$ *à qui$_i$ il donnera t$_j$ t$_i$*]] ?

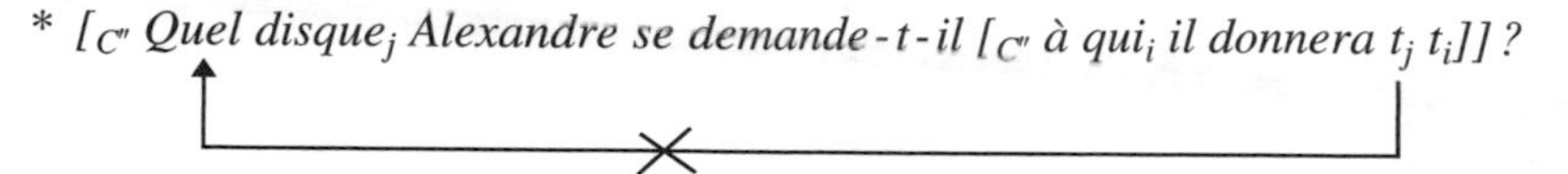

Pour exclure cette application de la transformation *mouvement Qu-*, nous établissons la *contrainte des îlots Qu-*:

Contrainte des îlots Qu-:

Aucun élément ne peut, par mouvement Qu-, être extrait d'un C″ dont la position de spécificateur est occupée par un syntagme Qu-.

Vous aurez sans doute reconnu ici l'une des d'interrogatives fautives prononcées par notre humanoïde du premier chapitre (**Quel garçon se demandait-elle à qui j'avais présenté ?*). Il faut noter toutefois que cette formulation de la contrainte des îlots Qu- est trop restrictive, puisqu'elle exclut également l'extraction hors d'interrogatives indirectes à l'infinitif. Or, comme le montre la seconde phrase ci-dessous, de telles interrogations sont bien formées en français:

Alexandre se demande [$_{C''}$ *à qui$_i$ donner* [$_{N''[+Qu]}$ *quel disque*] *t$_i$*].
[$_{C''}$ *Quel disque$_j$ Alexandre se demande-t-il* [$_{C''}$ *à qui$_i$ donner t$_j$ t$_i$*]] ?

Ceci pourrait nous amener à reformuler la contrainte; nous y reviendrons à la section 14.4.

14.3.2. Contrainte du SN complexe

Un SN complexe se définit comme un N″ qui domine une proposition C″. Il y a deux types de SN complexes. Le premier consiste en un nom suivi d'une complétive, comme ci-dessous. C'est ce que Grevisse (1993, § 1070b) appelle une «proposition conjonctive complément du nom»:

Elle caresse [$_{N''}$ *l'*[$_{N'}$ *espoir* [$_{C''}$ *que sa fille entreprenne cette carrière*]]].

Le second type est représenté par la relative, que nous avons déjà décrite au chapitre 8:

Max verra [$_{N''}$ *le* [$_{N'}$[$_{N'}$ *film*] [$_{C''}$ *Op$_i$ que tu as recommandé t$_i$ à Julie*]]].

Un syntagme Qu- ne peut pas être déplacé hors d'un SN complexe. Ainsi, à partir des phrases ci-dessous, le syntagme Qu- ne peut pas être déplacé dans le [Spec,C″] de la principale:

Elle caresse [$_{N''}$ *l'*[$_{N'}$ *espoir* [$_{C''}$ *que sa fille entreprenne* [$_{N''[+Qu]}$ *quelle carrière*]]]] ?
Max verra [$_{N''}$ *le* [$_{N'}$[$_{N'}$ *film*] [$_{C''}$ *Op$_i$ que tu as recommandé t$_i$* [$_{P''[+qu]}$ *à qui*]]]] ?

* *Quelle carrière$_i$ caresse-t-elle [$_{N''}$ l' [$_{N'}$ espoir [$_{C''}$ que sa fille entreprenne t$_i$]]] ?*

* *À qui$_j$ Max verra-t-il [$_{N''}$ le [$_{N'}$[$_{N'}$ film] [$_{C''}$ Op$_i$ que tu as recommandé t$_i$ t$_j$]]] ?*

La contrainte du SN complexe, qui vise à exclure ces phrases, est formulée comme suit :

Contrainte du SN complexe :

Aucun élément ne peut, par mouvement Qu-, être extrait d'une proposition (C″) dominée par un SN (N″).

Les deux autres interrogatives prononcées par notre humanoïde au chapitre 1 contrevenaient à la contrainte du SN complexe. L'une mettait en jeu une interrogation hors du complément propositionnel d'un nom (**De qui ont-ils émis l'hypothèse que nous nous inspirerions ?*) et l'autre une interrogation hors d'une relative (**À quel étudiant Julie connaît-elle le prof qui a donné A + ?*).

14.3.3. Contrainte du sujet propositionnel

Comme nous l'avons déjà vu, certains verbes peuvent avoir pour sujet une proposition ; il peut s'agir d'une infinitive ou d'une proposition tensée. On parle dans ce cas de *sujet propositionnel*, par opposition au sujet nominal. On trouve des sujets propositionnels avec le verbe *être*, avec des verbes qui expriment une attitude ou une opinion du locuteur (*sembler, paraître*) et avec certains verbes dits « psychologiques », c'est-à-dire des verbes qui expriment un sentiment : *ennuyer, énerver, dégoûter, plaire*, etc. Voici deux exemples de sujets propositionnels :

[$_{C''}$ Que François aille à Singapour] serait avantageux pour nous.
[$_{C''}$ PRO perdre cette médaille] déplairait à Sophie.

Aucun constituant situé à l'intérieur d'un sujet propositionnel ne peut être déplacé hors du sujet par mouvement Qu-. Les deux premières phrases ci-dessous comportent des syntagmes Qu- en position de complément à l'intérieur d'un sujet propositionnel ; ces phrases constituent les structures-D à partir desquelles les deux suivantes sont dérivées. L'agrammaticalité des deux phrases dérivées montre que les syntagmes Qu- ne peuvent pas être déplacés dans le [Spec,C″] de la principale.

[$_{C''}$ Que François aille [$_{P''}$ $_{[+Qu]}$ à quel endroit]] serait avantageux pour nous.
[$_{C''}$ PRO perdre [$_{N''}$ $_{[+Qu]}$ quelle médaille]] déplairait à Sophie.

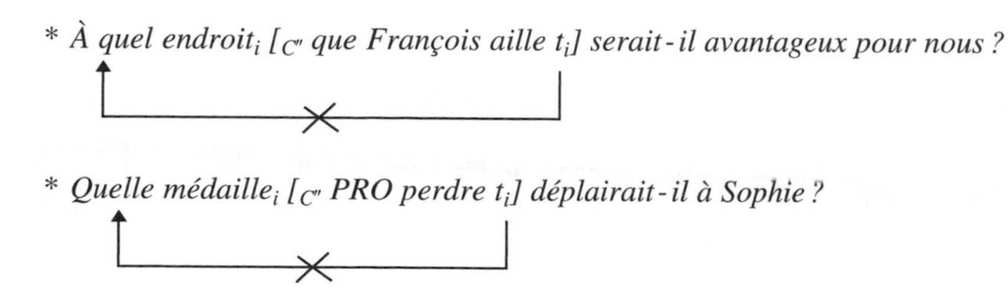

La contrainte qui exclut ces phrases est la contrainte du sujet propositionnel, qui est formulée ainsi :

Contrainte du sujet propositionnel :

Aucun élément ne peut, par mouvement Qu-, être déplacé à l'extérieur d'un sujet propositionnel.

Il est intéressant de constater à ce propos que c'est véritablement la position sujet qui crée l'îlot. En effet, il est possible de déplacer des constituants à l'extérieur de propositions analogues à celles données plus haut lorsqu'elles ne se trouvent pas en position sujet. Voici des exemples :

À quel endroit$_i$ *serait-il avantageux pour nous* $[_{C''}$ *que François aille* $t_i]$?
Quelle médaille$_i$ *déplairait-il à Sophie* $[_{C''}$ *de PRO perdre* $t_i]$?

14.3.4. Condition du sujet

La condition du sujet englobe la condition du sujet propositionnel. Elle repose sur l'observation qu'un constituant contenu à l'intérieur d'un sujet ne peut pas être déplacé hors de ce sujet, même lorsqu'il s'agit d'un sujet nominal :

$[_{N''}$ *La mère de ce garçon]* *téléphonera à Julie.*
$[_{N''}$ *La mère* $[_{P''}$ $_{[+Qu]}$ *de quel garçon]]* *téléphonera à Julie ?*
* *De quel garçon*$_i$ $[_{N''}$ *la mère* $t_i]$ *téléphonera-t-elle à Julie ?*

Ici encore, on peut montrer que le problème vient vraiment du fait que le constituant N″ (à l'intérieur duquel se trouve le syntagme Qu- à déplacer) se trouve en position sujet. Le même constituant N″ se trouve en position objet dans la phrase ci-dessous, et l'interrogation est possible :

De quel garçon$_i$ *as-tu rencontré* $[_{N''}$ *la mère* $t_i]$?

La condition du sujet est formulée comme suit :

Condition du sujet :

Aucun élément ne peut, par mouvement Qu-, être déplacé à l'extérieur d'un sujet.

Normalement la condition du sujet, comme toutes les autres contraintes sur le mouvement Qu-, s'applique aussi bien à la relativisation qu'à l'interrogation. Or le français permet la relativisation hors d'un SN sujet lorsque le syntagme déplacé est *dont* :

Voilà le garçon dont$_i$ [$_{N''}$ la mère t$_i$] téléphonera à Julie.

Nous reviendrons brièvement à la relativisation avec *dont* et à la condition du sujet à la section 14.4.

14.3.5. Contrainte des structures coordonnées

Les structures coordonnées sont des constructions qui contiennent deux ou plusieurs constituants reliés entre eux par une conjonction de coordination (*et, ou, mais*). On peut coordonner des constituants qui sont de même catégorie et de même niveau dans le schéma X′ : coordination de deux N″, de deux I″, de deux V, de deux V″, etc. Une coordination de deux N″, par exemple, a la configuration suivante :

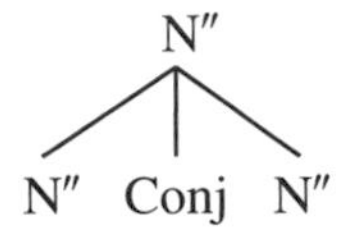

On ne peut interroger ni un des constituants coordonnés, ni un élément contenu à l'intérieur de l'un des constituants coordonnés.

Clémentine joue [$_{P''}$ [$_{P''}$ au squash] et [$_{P''}$ aux échecs]].
Cet éditeur publie [$_{N''}$ [$_{N''}$ ses poèmes] et [$_{N''}$ la prose d'auteurs latino-américains]].

Clémentine joue [$_{P''}$ [$_{P''}$ au squash] et [$_{P''}$ $_{[+Qu]}$ à quoi]] ?
Cet éditeur publie [$_{N''}$ [$_{N''}$ ses poèmes] et [$_{N''}$ la prose [$_{P''}$ $_{[+Qu]}$ de quels auteurs]]] ?

* *À quoi$_i$ Clémentine joue-t-elle [$_{P''}$ [$_{P''}$ au squash] et t$_i$] ?*

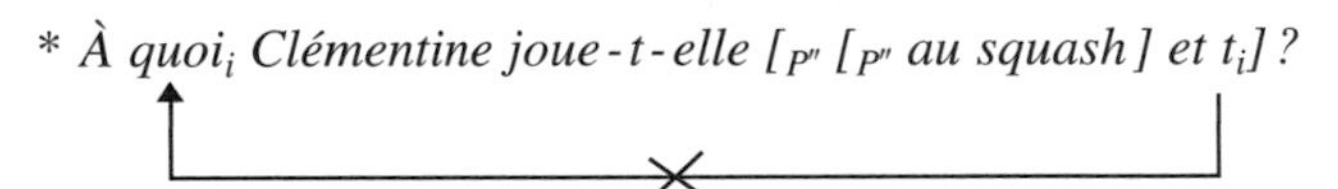

* *De quels auteurs$_i$ cet éditeur publie-t-il [$_{N''}$ [$_{N''}$ ses poèmes] et [$_{N''}$ la prose t$_i$]] ?*

La contrainte des structures coordonnées peut s'énoncer de la façon suivante :

Contrainte des structures coordonnées :

Aucun constituant coordonné ni aucun élément contenu dans un constituant coordonné ne peut être déplacé par mouvement Qu- à l'extérieur de la structure coordonnée.

14.3.6. Une contrainte supplémentaire : le domaine du SP

Enfin, il nous faut ajouter aux domaines décrits ci-dessus une autre configuration hors de laquelle le mouvement Qu- est interdit. Lorsqu'un N″ est contenu à l'intérieur d'un P″, aucune partie de ce N″ ne peut être déplacée par mouvement Qu-. Cela est illustré par les exemples ci-dessous :

Un aigle s'est posé [$_{P''}$ sur [$_{N''}$ le toit de l'église]].
Il part [$_{P''}$ à [$_{N''}$ la recherche de Rascar Capac]].

Un aigle s'est posé [$_{P''}$ sur [$_{N''}$ le toit [$_{P''\ [+Qui]}$ de quelle église]]] ?
Il part [$_{P''}$ à [$_{N''}$ la recherche [$_{P''\ [+Qui]}$ de qui]]] ?

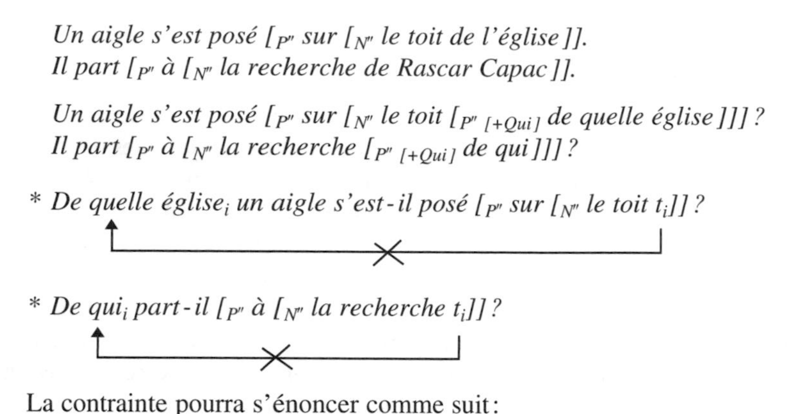

* *De quelle église$_i$ un aigle s'est-il posé [$_{P''}$ sur [$_{N''}$ le toit t_i]] ?*

* *De qui$_i$ part-il [$_{P''}$ à [$_{N''}$ la recherche t_i]] ?*

La contrainte pourra s'énoncer comme suit :

Contrainte du SP :

Aucun constituant dominé par un N″ qui est lui-même contenu dans un P″ ne peut être déplacé à l'extérieur du P″ par mouvement Qu-.

En résumé, nous avons décrit des domaines hors desquels le mouvement Qu- (interrogation et relativisation) est impossible. Pour exclure les phrases agrammaticales, nous avons proposé six contraintes : la contrainte des îlots Qu-, la contrainte du SN complexe, la contrainte du sujet propositionnel, la condition du sujet, la contrainte des structures coordonnées et la contrainte du SP. Ces contraintes sont fort utiles, car elles excluent des phrases agrammaticales ; de plus, elles nous permettent de constater que les transformations sont sensibles non seulement au type de constituant à déplacer, mais aussi au domaine dans lequel se trouve ce constituant (nous verrons que cela est vrai des autres transformations aussi).

Cependant, il faut noter que ces contraintes sont indépendantes les unes des autres, puisque chacune d'entre elles s'applique à une construction spécifique. Or dans l'approche chomskyenne, qui cherche à caractériser la grammaire universelle, l'énoncé de principes généraux, lorsqu'il est possible, est considéré comme supérieur à l'énoncé de conditions particulières. Autrement dit, il est avantageux de remplacer un ensemble de contraintes non liées entre elles par un principe plus général qui les englobe. Ce type d'approche est largement adopté dans les sciences. Dans ses travaux sur les théories scientifiques, le philosophe Karl Popper énonce un certain nombre de critères d'évaluation des théories concurrentes. L'un de ces critères est celui de l'unification : une théorie A est considérée comme supérieure à une théorie B si elle permet d'unifier ou de lier entre eux des phénomènes considérés jusque-là comme disparates.

Les travaux ultérieurs en grammaire transformationnelle ont par conséquent porté sur la nature des contraintes décrites dans les sections précédentes, et sur la façon de les lier les unes aux autres. On a ainsi dégagé un principe plus général, la *sous-jacence,* qui englobe la plupart des contraintes d'îlots: une théorie qui comporte un principe comme la sous-jacence est considérée, du point de vue du critère de l'unification, comme supérieure à une théorie qui comporte une série de contraintes d'îlots disparates.

14.4. La sous-jacence

La sous-jacence est un principe général – une condition d'îlot généralisée, en quelque sorte – qui prend appui sur les propriétés que partagent les contraintes d'îlots décrites à la section 14.3. Ces propriétés communes sont, en gros, les suivantes: dans les îlots, c'est la présence de *nœuds syntagmatiques d'un certain type* qui bloque le mouvement Qu-. Les chercheurs ont observé que ces nœuds sont les mêmes d'un îlot à l'autre; à partir de cette observation, on a formulé une contrainte basée sur l'occurrence d'un certain type de nœud (à effet «bloquant»). Cette contrainte plus générale, la *sous-jacence,* se substitue à toutes les contraintes d'îlots dans lesquelles ces mêmes nœuds interviennent. (Cette contrainte, appelée *subjacency* en anglais, est sans doute mal nommée, car elle semble évoquer la représentation sous-jacente ou structure-D. Mais il n'en est rien: la sous-jacence est tout simplement une condition sur le mouvement Qu-.) La condition de sous-jacence s'énonce comme ci-dessous:

Sous-jacence:

Dans une structure comme celle ci-dessous, un constituant Y ne peut pas être déplacé directement vers la position X si α *et* β *sont des nœuds-bornes.*

… X … $[_{\alpha}$ … $[_{\beta}$ … Y …] …] … X …

On pourrait comparer les nœuds-bornes aux fossés qui parfois longent les routes de campagne. On peut, avec un certain effort, enjamber un fossé; mais s'il y a deux fossés côte à côte en bordure de la route, il est impossible au commun des mortels de les franchir en même temps sans se blesser. Évidemment, si une bande de terre sépare les deux fossés, vous pouvez sauter par-dessus le premier et ensuite enjamber le second sans problème. Voilà ce que dit en substance la sous-jacence.

Les nœuds-bornes sont des nœuds correspondant à des projections maximales d'un certain type. On admettra provisoirement que les nœuds-bornes en français sont C″, N″ et P″; nous ne justifierons pas ce choix ici (des lectures pertinentes sont suggérées à la fin du chapitre), mais nous allons le préciser afin de rendre compte, notamment, de l'effet du Temps dans les îlots Qu-. La sous-jacence exclut toute application de *mouvement Qu-* dans laquelle le constituant déplacé franchit deux nœuds-bornes. Nous allons voir comment la sous-jacence englobe les contraintes décrites dans la section précédente. Pour chacune des contraintes, nous allons reprendre les exemples déjà donnés en y ajoutant les renseignements structurels pertinents; les représentations sont données cette fois sous forme de parenthèses étiquetées et ensuite sous forme d'arbres (dans les arbres, les inversions sont omises).

Contrainte des îlots Qu-:

Nous avons établi une différence entre les interrogatives indirectes tensées, qui sont des îlots, et les interrogatives indirectes infinitives, qui n'en sont pas. Assurons-nous tout d'abord que le choix des nœuds-bornes (C″, N″, P″) permet l'extraction hors d'une interrogative indirecte infinitive:

[$_{C''}$ *Quel disque*$_j$ [$_{I''}$ *Alexandre cherche-t-il* [$_{C''}$ *à qui*$_i$ [$_{I''}$ *PRO donner* t_j t_i]]]] ?

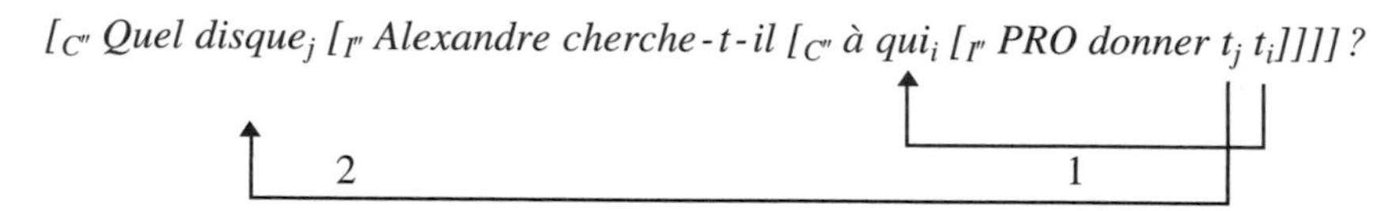

Aucun nœud-borne n'intervient entre à *qui* dans le [Spec,C″] de l'enchâssée et sa trace; le premier mouvement est donc conforme à la condition de sous-jacence. Quant au second mouvement, il fait franchir un seul nœud-borne, le C″ de l'enchâssée. En conséquence, puisqu'aucun de ces déplacements n'implique un «saut» par-delà deux nœuds-bornes, la phrase est bien formée du point de vue du principe de sous-jacence. Cependant, si l'interrogative indirecte est tensée, un syntagme Qu- ne peut pas être déplacé hors de l'interrogative:

* [$_{C''}$ *Quel disque*$_j$ [$_{I''}$ *Alexandre cherche-t-il* [$_{C''}$ *à qui*$_i$ [$_{I''}$ *il donnera* t_j t_i]]]] ?

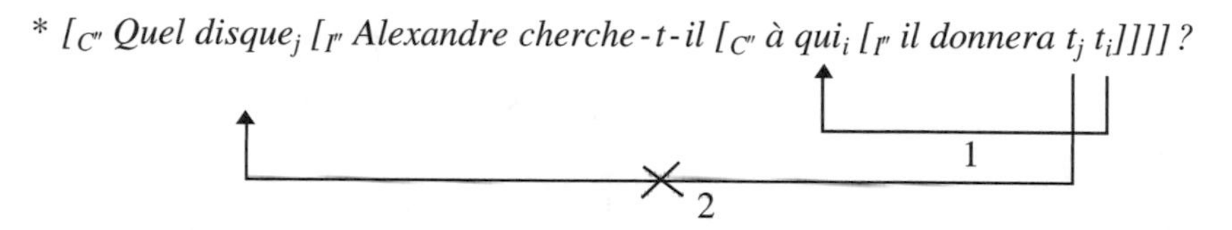

De toute évidence, c'est le caractère tensé de l'interrogative indirecte qui est à l'origine de l'agrammaticalité de la phrase. Pour rendre compte de ce fait à l'aide de la sous-jacence, nous pouvons proposer que le nœud I″ tensé est un nœud-borne «faible», en ce sens qu'il ne fonctionne comme nœud-borne *qu'en conjonction avec le C″ qui le domine.* Si un déplacement traverse à la fois un I″ tensé et le C″ qui le domine, alors ce déplacement contrevient à la sous-jacence.

Dans la configuration ci-dessus, le premier mouvement, qui déplace le P″ *à qui* dans le [Spec,C″] de l'enchâssée, est bien formé puisque P″ ne franchit pas de nœud-borne (le I″ tensé ne fonctionne comme nœud-borne qu'en conjonction avec un C″ qui le domine). En revanche, le second mouvement enfreint le principe de sous-jacence: le déplacement du N″ *quel disque* de sa position d'origine vers le [Spec,C″] de la principale implique un saut par-dessus deux nœuds-bornes: le I″ tensé (nœud-borne faible) et le C″ qui le domine. Il faut noter que dans cette configuration le syntagme Qu- ne peut pas «faire escale» dans le [Spec,C″] de l'enchâssée, car cette position est déjà occupée par le syntagme *à qui.* D'une façon générale, la position de [Spec,C″], lorsqu'elle n'est pas déjà occupée, fonctionne comme la bande de terre que l'on pourrait trouver entre deux fossés situés côte à côte: elle constitue une «porte de sortie» hors des propositions.

L'arbre syntagmatique ci-dessous présente en détail le mouvement hors d'un îlot Qu- tensé ; les nœuds-bornes sont encadrés :

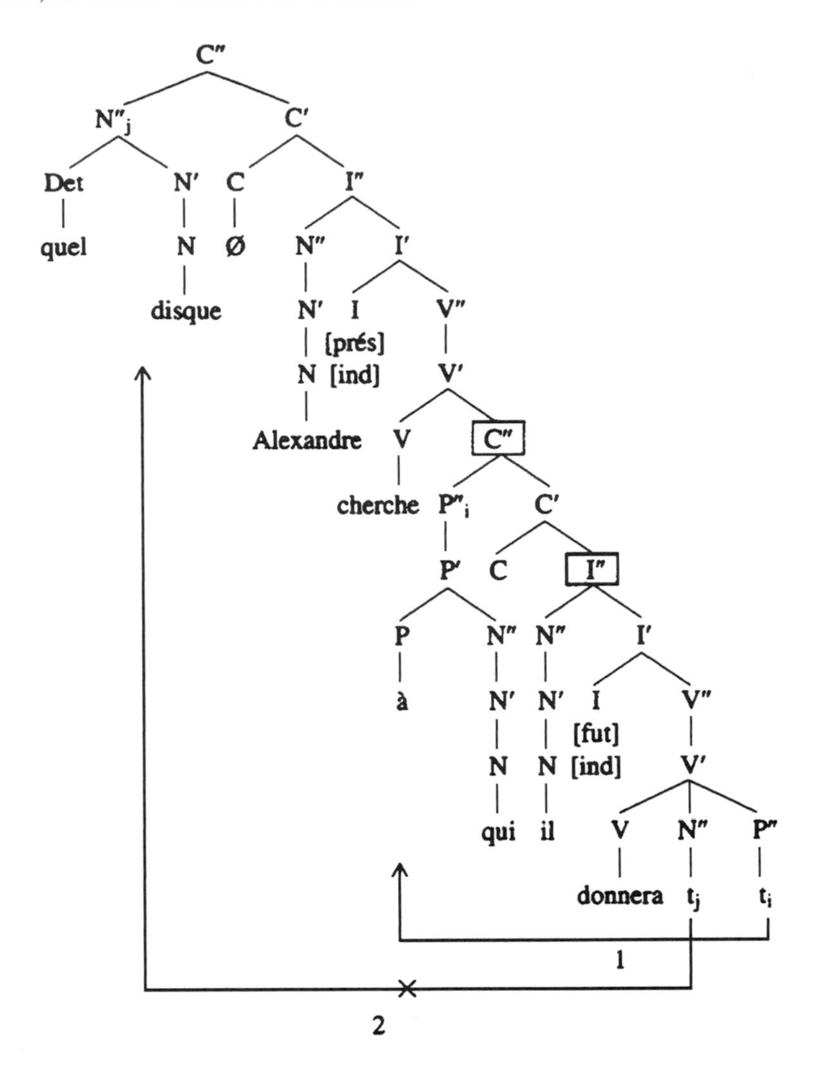

Contrainte du SN complexe :

Les phrases agrammaticales précédemment exclues par la contrainte du SN complexe sont, elles aussi, régies par la condition de sous-jacence. Le premier exemple concerne l'interrogation hors du complément propositionnel du nom :

* *Quelle carrière*$_i$ *[*$_{I''}$ *caresse-t-elle [*$_{N''}$ *l'[*$_{N'}$ *espoir [*$_{C''}$ *t*$_i$ *que [*$_{I''}$ *sa fille entreprenne t*$_i$*]]]]] ?*

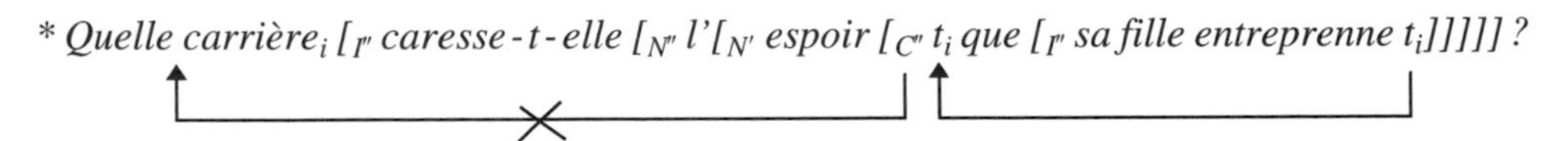

Dans cette phrase, le syntagme Qu- *quelle carrière* peut d'abord être déplacé dans le [Spec,C″] de l'enchâssée, qui n'est pas occupé ; le constituant ne traverse aucun nœud-borne. La seconde étape fait franchir d'un coup deux nœuds qui sont des nœuds-bornes, C″ et N″: la phrase est donc exclue en vertu du principe de sous-jacence. En voici la représentation sous forme d'arbre :

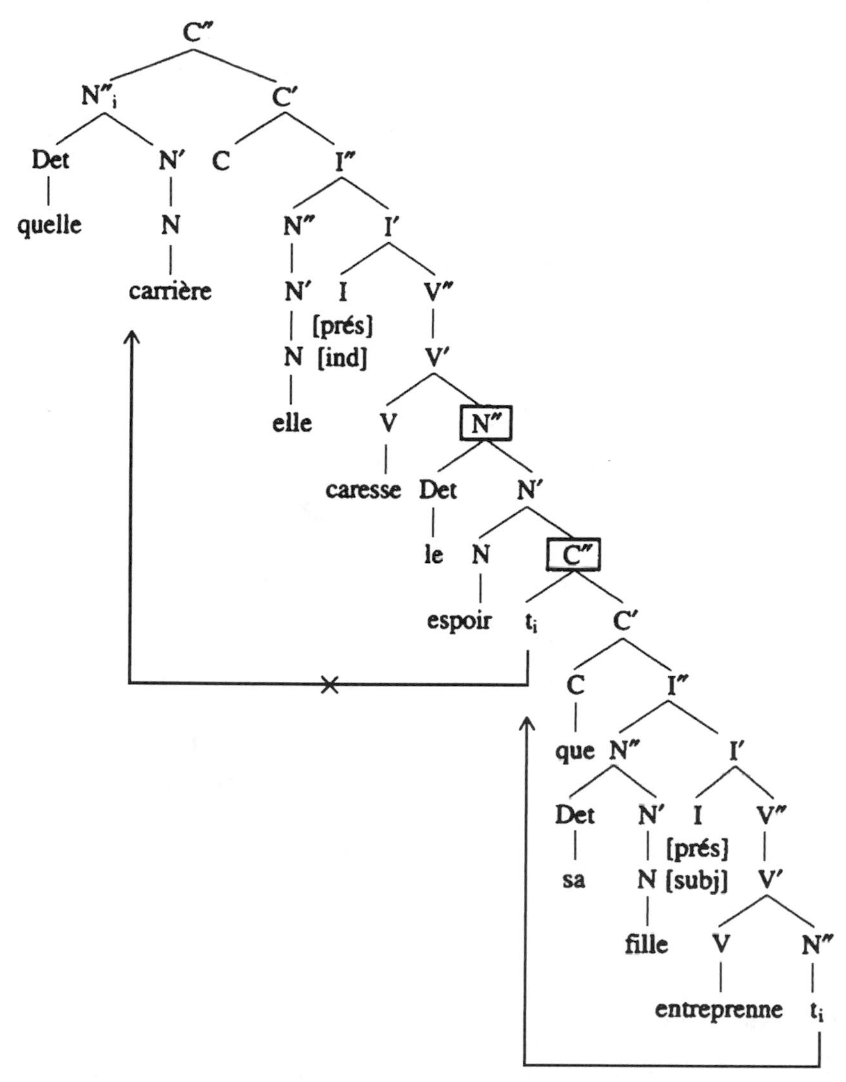

Le second exemple concerne l'interrogation hors d'une relative :

* *À quiⱼ Max verra-t-il [$_{N''}$ le [$_{N'}$[$_{N'}$ film] [$_{C''}$ Opᵢ que tu as recommandé tᵢ tⱼ]]] ?*

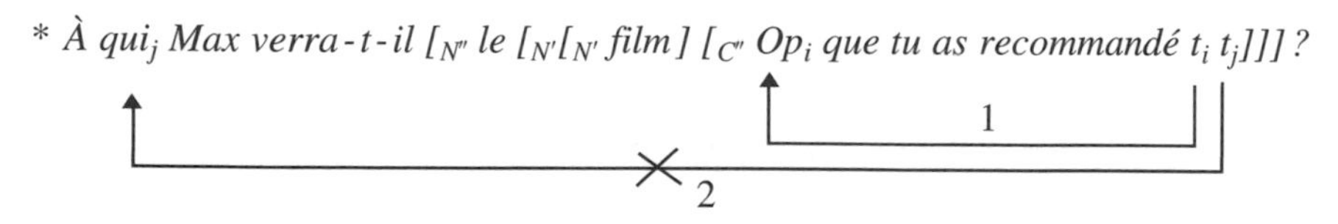

Le premier mouvement déplace l'opérateur nul dans le [Spec,C″] de l'enchâssée. Le second mouvement déplace le P″ *à qui* dans le [Spec,C″] de la principale et contrevient au principe de sous-jacence, car il fait franchir deux nœuds-bornes, soit C″ et N″:

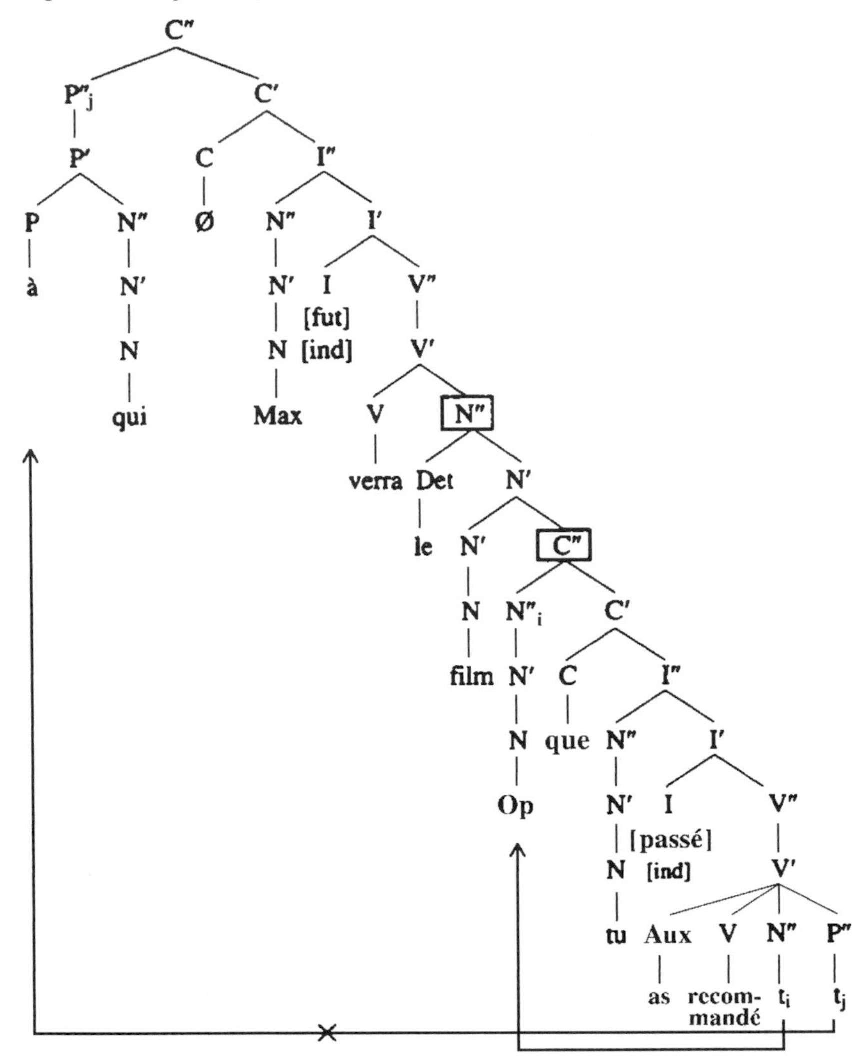

Condition du sujet:

Étant donné les catégories que nous avons choisies comme nœuds-bornes (C″, N″, P″), la condition de sous-jacence est compatible avec le fait que la relativisation hors du sujet est possible en français:

Voilà le garçon [$_{C''}$ *dont*$_i$ [$_{I''}$ [$_{N''}$ *la mère t*$_i$] *téléphonera à Julie*]].

L'extraction du syntagme Qu- hors du sujet implique un saut par-dessus un seul nœud-borne, N″; par conséquent la relativisation de *dont* est permise du point de vue de la condition de sous-jacence. Cependant, cette analyse ne rend pas compte du fait que l'interrogation, de même que la relativisation avec *de qui*, *desquels*, etc., sont exclues à partir d'un SN en position sujet :

* [$_{C''}$ *De qui*$_i$ [$_{I''}$ [$_{N''}$ *la mère t*$_i$] *téléphonera-t-elle à Julie*]] ?
* *Voilà le garçon* [$_{C''}$ *de qui*$_i$ [$_{I''}$ [$_{N''}$ *la mère t*$_i$] *téléphonera à Julie*]].

Des solutions ont été proposées pour régler ce problème, mais nous n'allons pas en traiter ici car elles font appel à des notions plus avancées ; des lectures sur ce sujet sont suggérées à la fin du chapitre.

Contrainte du SP :

Considérons maintenant la contrainte du SP décrite à la section 14.3.6. Nous avons établi que P″ est un nœud-borne ; or, N″ l'est aussi, de sorte que tout mouvement Qu- d'un constituant inclus dans le N″ complément d'une préposition implique nécessairement au moins un saut par-dessus ces deux nœuds-bornes :

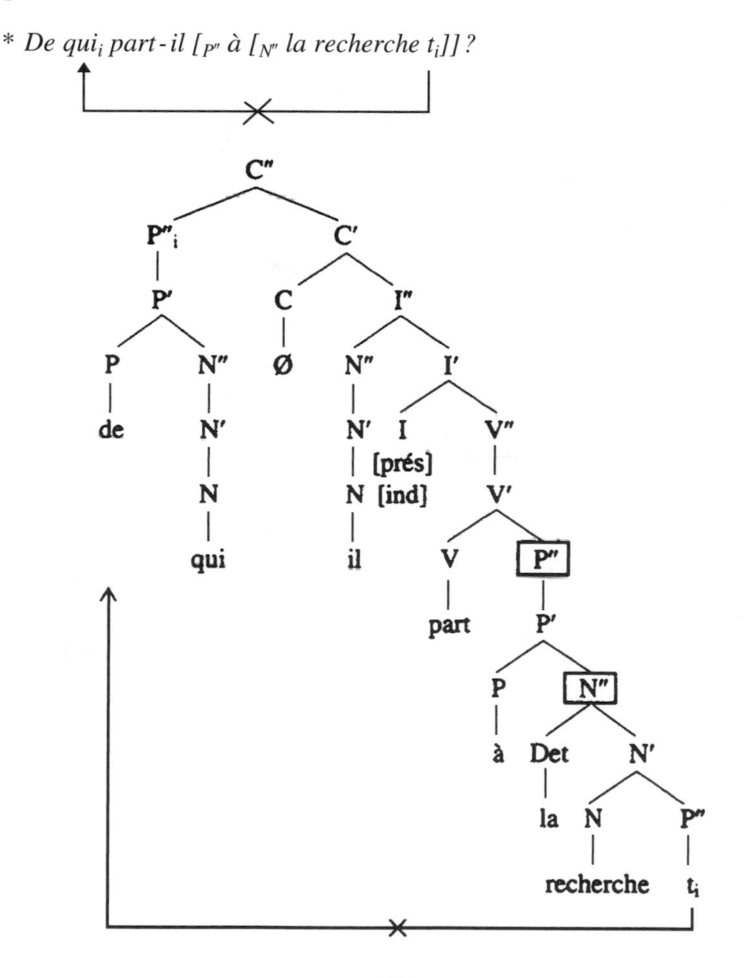

Condition du sujet propositionnel :

La sous-jacence pourrait aussi englober la condition du sujet propositionnel (section 14.3.3), mais seulement à la condition que la proposition sujet soit analysée comme une sorte de nominalisation, c'est-à-dire un C″ immédiatement dominé par un nœud N″. Ceci crée toutefois des problèmes, car une telle configuration n'est pas conforme au schéma X′ décrit au chapitre 6. Néanmoins, si l'on admet qu'un sujet propositionnel a cette représentation, le mouvement Qu- hors d'un tel domaine implique un mouvement au-delà de deux nœuds-bornes :

* *À quel endroit$_i$ [$_{I''}$ [$_{N''}$ [$_{C''}$ t_i que [$_{I''}$ François aille t_i]]] serait-il avantageux pour nous] ?*

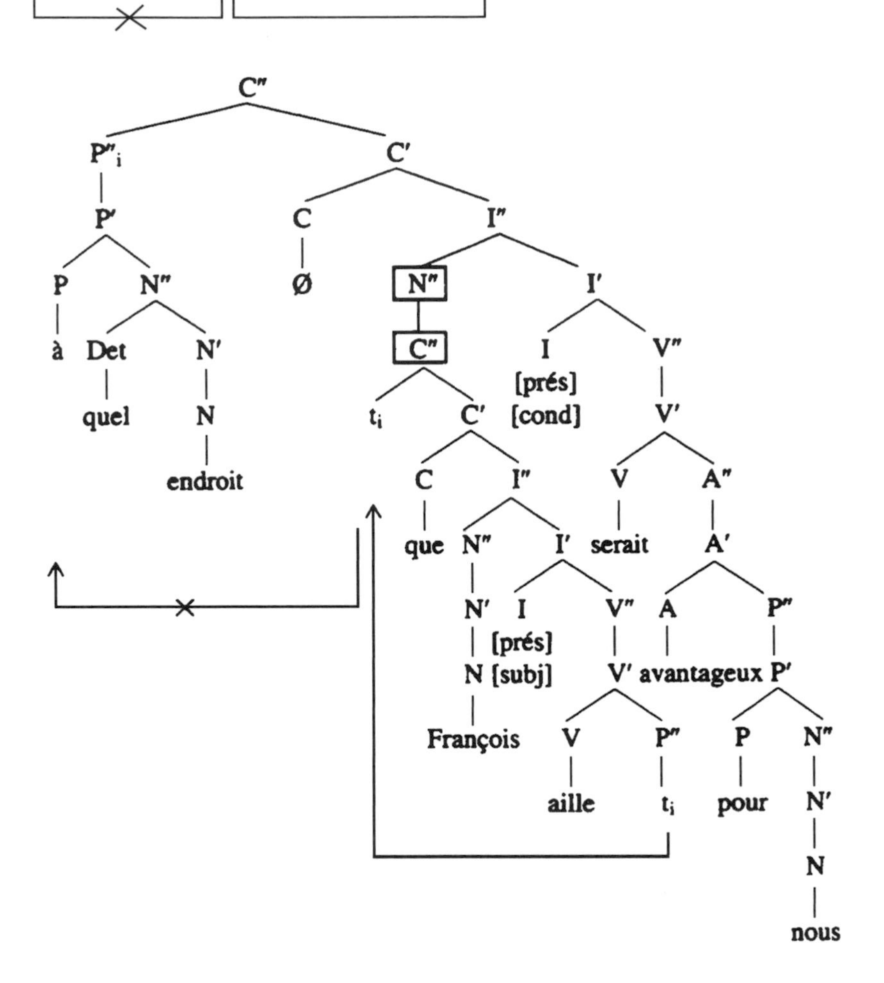

Le premier mouvement ne fait franchir aucun nœud-borne. Le second, en revanche, implique un saut au-delà de deux nœuds-bornes, C″ et N″, et contrevient à la sous-jacence.

Enfin, on pourrait croire à première vue que la contrainte des structures coordonnées est elle aussi englobée par la sous-jacence. En effet, l'un des deux exemples agrammaticaux donnés à la section 14.3.5 met en jeu un saut au-delà de deux nœuds-bornes (deux N″). Voici de nouveau cet exemple :

* *De quels auteurs$_i$ cet éditeur publie-t-il [$_{N''}$ [$_{N''}$ ses poèmes] et [$_{N''}$ la prose t$_i$]] ?*

Cependant, l'extraction d'un syntagme Qu- hors d'un des constituants coordonnés est *toujours* interdite, même lorsque les nœuds en présence ne sont pas des nœuds-bornes. À titre d'exemple, voyons la phrase suivante, dans laquelle des V″ sont coordonnés :

Elle [$_{V''}$ [$_{V''}$ étudie la linguistique et [$_{V''}$ enseigne le français]].

Dans une telle structure, l'objet direct du verbe *enseigner* ne peut être déplacé, en dépit du fait que le mouvement ne traverse aucun nœud-borne :

* *Quelle matière$_i$ est-ce qu'[$_{I''}$ elle [$_{V''}$ [$_{V''}$ étudie la linguistique] et [$_{V''}$ enseigne t$_i$]] ?*

Comme la sous-jacence ne peut pas rendre compte de toutes les phrases exclues par la contrainte des structures coordonnées, nous devons conserver cette dernière en plus de la sous-jacence.

En conclusion, nous avons vu qu'un principe plus général, la sous-jacence, vient remplacer avantageusement cinq des six contraintes sur le mouvement Qu- décrites dans ce chapitre.

Exercices

1. *Contraintes d'îlots et repérage du mouvement.* Les contraintes d'îlots – et la sous-jacence qui les remplace – sont des conditions sur le mouvement Qu-. Ces contraintes n'affectent pas les relations entre deux constituants – ou entre deux positions – si ces relations ne sont pas créées par mouvement. Dans cette optique, expliquez pourquoi il faut analyser les relatives à pronom de rappel que l'on trouve en français populaire comme n'étant *pas* dérivées par mouvement :

   a. Je connais le gars que Luc veut travailler pour lui.
   b. Françoise achète des objets que tu devines à qui elle les donne.
   c. Je parle du type que tu détestes l'idée que son fils vienne habiter chez nous.

2. *Inversion stylistique et ambiguïté structurale.* La phrase (a) est ambiguë : le syntagme adverbial *quand* sert à s'enquérir soit i) du moment du départ de Julien, soit ii) du moment de la déclaration de Clara. En revanche, la phrase (b) n'est pas ambiguë :

   a. Quand Clara a(-t-elle) dit que Julien partirait ?
   b. Quand Clara a(-t-elle) dit que partirait Julien ?

En vous appuyant sur les représentations de la phrase (a) et sur la condition qui régit l'inversion stylistique, expliquez pourquoi la phrase (b) ne peut avoir que l'interprétation indiquée en (i).

3. *Inversions sans mouvement Qu-*. L'inversion stylistique requiert la présence d'un syntagme Qu- dans la position de [Spec,C″]. Or le français permet aussi l'inversion du N″ sujet dans certains contextes où aucun syntagme Qu- n'est présent:

> Seront présents à l'examen [tous les candidats admissibles au programme de maîtrise].
>
> Font partie de la classe des ongulés [les vaches, les chevaux, les porcs et les chèvres].

En construisant des exemples supplémentaires, déterminez quelles sont les autres propriétés qui distinguent ce type d'inversion de l'inversion stylistique.

4. *Relatives « doubles » avec dont.* Dans les phrases suivantes, le relatif *dont* s'interprète comme le complément de deux noms différents. Autrement dit, il peut correspondre aux deux positions indiquées par un trait:

a. Je connais un enfant dont on voit l'innocence __ dans les yeux __.
b. Ce sont des gens dont on lit la bonté __ sur le front __.

On admettra que *dont* ne peut avoir été déplacé par mouvement Qu- qu'à partir d'une seule de ces positions. Quelle est cette position, selon vous ? Construisez des exemples pour appuyer votre réponse.

5. *Cyclicité successive.* Nous avons formulé la transformation *mouvement Qu-* comme suit:

> *Déplacer un syntagme marqué [+Qu-] dans le [Spec,C″] le plus rapproché.*

La formulation de la contrainte de sous-jacence, qui s'applique au mouvement Qu-, nous permet maintenant de faire l'économie de la partie soulignée plus haut. Expliquez comment et illustrez votre raisonnement en donnant des exemples avec leur structure.

6. *Mouvement Qu- et inversion du sujet en espagnol.* L'inversion du sujet en espagnol s'applique dans les mêmes conditions que l'inversion stylistique en français: lorsqu'un syntagme Qu- ou sa trace se trouve dans le [Spec,C″] qui précède immédiatement le sujet (voir la phrase (a)). Cependant, à la différence de l'inversion stylistique en français, l'inversion en espagnol est *obligatoire* lorsque cette condition est remplie: la phrase (b), sans inversion, est agrammaticale. (Dans tous les exemples, les sujets inversés sont soulignés, les sujets non inversés sont en italique.)

a. No me acuerdo a quién prestó Juan el diccionario
ne me rappelle à qui a prêté Juan le dictionnaire
« Je ne me rappelle pas à qui Juan a prêté le dictionnaire. »

b. * No me acuerdo a quién *Juan* prestó el diccionario
ne me rappelle à qui Juan a prêté le dictionnaire
« Je ne me rappelle pas à qui Juan a prêté le dictionnaire. »

Soient maintenant les phrases suivantes, où le mouvement Qu- s'est appliqué à partir de la proposition la plus enchâssée :

c. [$_{C''}$ En qué vía [$_{I''}$ dijo Juan [$_{C''}$ que [$_{I''}$ anunció el altavoz [$_{C''}$ que
dans quelle voie a dit Juan que a annoncé le haut-parleur que
[$_{I''}$ se estacionaría el tren]]]]]] ?
s'arrêterait le train
« Dans quelle voie Juan a-t-il dit que le haut-parleur avait annoncé que le train s'arrêterait ? »

Tous les sujets de la phrase (c) ont subi l'inversion. Or, la phrase (d) ci-dessous montre que le sujet le plus enchâssé (*el tren*) a la possibilité de ne pas être inversé.

d. [$_{C''}$ En qué vía [$_{I''}$ dijo Juan [$_{C''}$ que [$_{I''}$ anunció el altavoz [$_{C''}$ que [$_{I''}$ *el tren*
dans quelle voie a dit Juan que a annoncé le haut-parleur que le train
se estacionaria]]]]]] ?
s'arrêterait

Cependant, la phrase (e) indique que les deux sujets enchâssés (*el altavoz*, *el tren*) ne peuvent pas *ensemble* échapper à l'inversion.

e. * [$_{C''}$ En qué vía [$_{I''}$ dijo Juan [$_{C''}$ que [$_{I''}$ *el altavoz* anunció [$_{C''}$ que [$_{I''}$ *el tren*
dans quelle voie a dit Juan que le haut-parleur a annoncé que le train
se estacionaría]]]]]] ?
s'arrêterait

En supposant que C″ est un nœud-borne en espagnol, proposez une explication du contraste entre les phrases (d) et (e). Les faits présentés ici nous amènent-ils à proposer une différence entre le français et l'espagnol du point de vue des nœuds-bornes ?

Pour en apprendre davantage…

sur la cyclicité successive et sur l'inversion stylistique :

Ainsi que nous l'avons vu au début de ce chapitre, le mode d'application de la transformation *mouvement Qu-* a fait l'objet d'un débat très animé dans les années 1970, débat qui opposait les défenseurs de l'hypothèse du mouvement cyclique successif (Noam Chomsky) et ceux de l'hypothèse du mouvement direct (Joan Bresnan). L'argument basé sur l'inversion stylistique présenté à la section 14.2 a été invoqué par Kayne et Pollock (1978)** ; on pourra consulter cet article dans un numéro de la revue *Linguistic Inquiry* consacré entièrement à la question de la cyclicité successive (nº 9:4). En ce qui concerne l'inversion stylistique en français, seules ses conditions d'application ont été évoquées; pour des analyses de ce processus lui-même, voir notamment Kayne (1986)F***, Pollock (1986)F***, Dupuis et Valois (1992)***.

sur les contraintes d'îlots:

La contrainte des îlots Qu- a été proposée en substance par Chomsky (1964, p. 43-44)*, mais le terme d'«îlot» est dû à Ross (1967)*. Ce dernier a aussi établi les autres contraintes d'îlots décrites dans ce chapitre. La thèse de doctorat de Ross (1967)* est sans aucun doute à ce jour la thèse la plus fréquemment citée en grammaire générative.

sur la sous-jacence:

La condition de sous-jacence a été formulée par Chomsky (1980)**, à l'origine pour l'anglais. Pour faciliter la présentation du principe de sous-jacence en français, nous avons fait abstraction de certains développements importants relatifs à la nature des nœuds-bornes dans les différentes langues. Ainsi, en se fondant sur l'existence de certaines différences entre l'anglais et l'italien, on a été amené à supposer que la nature des nœuds-bornes pouvait varier d'une langue à l'autre; voir à ce sujet l'excellent article de Rizzi (1978)*. Les conclusions de Rizzi sont appliquées au français par Sportiche (1981)*.

sur la relativisation avec dont et sur la condition du sujet:

Certains problèmes posés par la relativisation avec *dont* sont discutés dans Tellier (1991, chap. 3)**; comme nous l'avons vu au chapitre 9, *dont* y est analysé comme un complémenteur plutôt que comme un syntagme Qu-, et une solution aux problèmes reliés à la condition du sujet y est proposée dans un cadre d'analyse plus récent qui n'est pas présenté ici.

sur l'évaluation des théories scientifiques:

Le critère d'unification et d'autres critères d'évaluation des théories scientifiques (appelés «critères de démarcation») sont définis par Popper (1985, chap. 10)F. Pour un résumé, voir Chalmers (1987)F.

15
Les contraintes sur le mouvement de SN

Reprenons les alternances que nous avons observées avec les verbes à montée :

Il semble que le premier ministre camoufle certains faits.
Le premier ministre semble camoufler certains faits.

Des alternances de ce type nous ont amenés à postuler l'existence d'une transformation, le mouvement de SN, qui déplace un SN contenu dans la proposition enchâssée vers la position sujet de la proposition principale. À l'aide de cette transformation, nous dérivons la seconde phrase. Cependant ces deux phrases donnent l'impression que l'application de la transformation n'est pas obligatoire : en effet, dans la première phrase, le sujet enchâssé demeure dans sa position de base, et la position sujet de la principale est occupée par un élément explétif.

Imaginons maintenant la situation d'un Martien qui doit construire une grammaire du français à partir de la seule observation des faits. Nul doute qu'il arriverait, avec un peu d'efforts, à une formulation de la transformation qui ressemblerait à celle que nous avons proposée. Mais comme le Martien ne peut pas recueillir des constructions agrammaticales (puisque les locuteurs natifs n'en produisent pas), il ne peut pas déterminer si sa règle est trop permissive, c'est-à-dire si elle « laisse passer » des phrases agrammaticales. Rien ne l'empêche donc, *a priori,* de produire les phrases ci-dessous (ces phrases sont agrammaticales, donc parfois difficiles à décrypter ; pour en faciliter la compréhension, leur dérivation est indiquée à l'aide de traces et d'indices) :

* *[Le premier ministre]$_i$ semble que t_i camoufle certains faits.*
* *[Certains faits]$_i$ semblent que le premier ministre camoufle t_i.*
* *[Certains faits]$_i$ semblent le premier ministre camoufler t_i.*

Dans la première phrase, on a déplacé le SN sujet de l'enchâssée vers la position sujet de surface, ce que permet notre formulation de la transformation *déplacer SN.* Dans les deux phrases suivantes, c'est l'objet direct de l'enchâssée qui a été déplacé en position sujet de la principale, ce qui est encore une fois permis par la transformation puisque l'objet direct est un SN.

À nouveau, la question qui se pose est la suivante : comment le locuteur natif sait-il que ces phrases sont agrammaticales alors que le Martien, qui a construit une grammaire détaillée à partir de l'observation des faits, n'en a aucune idée ? Nous postulerons qu'ici encore de telles phrases sont exclues en vertu de contraintes appartenant à la grammaire universelle, une composante du cerveau propre aux êtres humains.

Dans ce chapitre, nous poserons tout d'abord l'existence de deux contraintes qui s'appliquent au mouvement de SN : la *condition des propositions tensées,* qui exclut la première phrase ci-dessus, et la *condition du sujet spécifié,* qui exclut la troisième ; quant à la deuxième phrase, nous verrons qu'elle est rejetée par les deux contraintes en même temps.

Nous montrerons ensuite comment ces deux contraintes ont été englobées sous un principe plus général, la *théorie du liage.*

15.1. La condition des propositions tensées

Comparons la première des phrases agrammaticales ci-dessus avec une construction à montée bien formée :

> * *[Le premier ministre]$_i$ semble $[_{C''}$ que $[_{I''}$ t_i camoufle certains faits]].*
> *[Le premier ministre]$_i$ semble $[_{I''}$ t_i camoufler certains faits].*

La différence essentielle entre les deux phrases réside dans le fait que la proposition enchâssée est tensée dans le premier cas et infinitive dans le second. Rappelons que, comme nous l'avons dit à quelques reprises, une proposition tensée est une proposition (I″) dont le verbe est fléchi, c'est-à-dire conjugué à l'indicatif, au subjonctif, au conditionnel, etc. ; les infinitives sont des propositions non tensées. Il semble donc évident que le caractère [±tensé] du domaine qui domine le SN à déplacer joue un rôle dans la transformation *mouvement de SN.* Nous formulons donc une contrainte générale qui tient compte de cette observation :

Condition des propositions tensées (CPT) :

Aucune règle ne peut relier X et Y dans la structure suivante, où α est une proposition tensée :

> … X … $[_{\alpha}$ … Y …] …. X

Cette condition exclut le mouvement de SN hors d'une proposition tensée : la montée est par conséquent interdite dans deux des phrases agrammaticales examinées jusqu'ici. (Attention : la contrainte s'applique au mouvement de SN, mais *pas* au mouvement Qu-.) Les représentations ci-dessous montrent de façon plus explicite comment la condition des propositions tensées exclut les phrases agrammaticales et permet la dérivation des phrases bien formées :

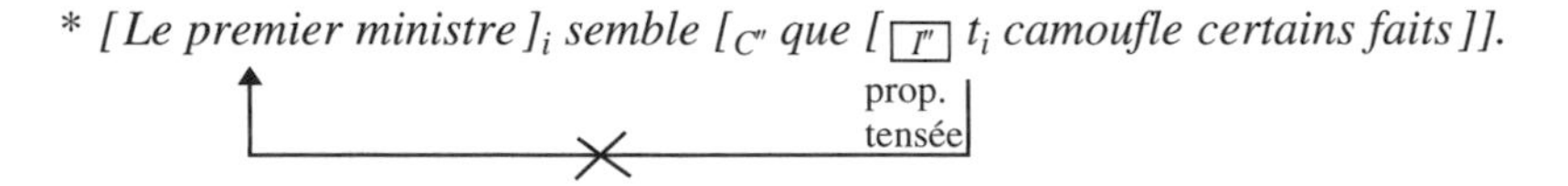

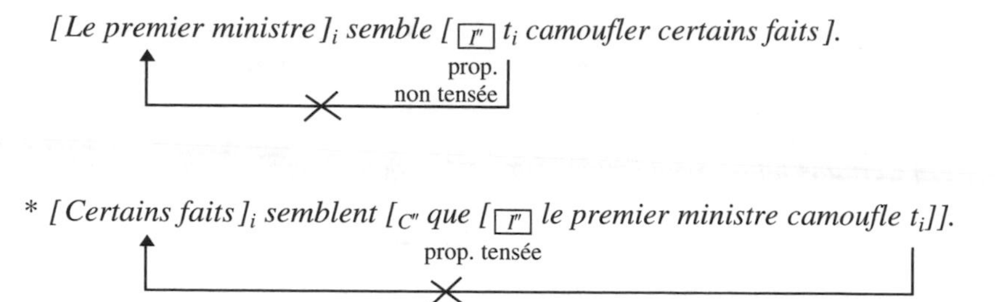

Bien que ce soient là les bons résultats, la condition des propositions tensées ne suffit pas à elle seule à exclure toutes les phrases agrammaticales données en début de chapitre. Ainsi la troisième phrase, reproduite ci-dessous, n'implique pas un mouvement de SN hors d'une proposition tensée.

* *[Certains faits]$_i$ semblent [$_{I'}$ le premier ministre camoufler t_i].*
prop. non tensée

Ceci laisse supposer qu'un autre facteur intervient pour bloquer l'application de la transformation *déplacer SN*. Nous formulerons par conséquent une contrainte supplémentaire, la *condition du sujet spécifié*.

15.2. La condition du sujet spécifié

À partir des phrases agrammaticales ci-dessus, on peut tirer la généralisation suivante : la montée d'un objet direct (par mouvement de SN) est toujours interdite, que la proposition soit tensée ou non. On peut formuler autrement cette généralisation et dire que la transformation *déplacer SN* ne peut pas faire « sauter » un SN par-dessus un sujet. C'est dans ces termes qu'est formulée la *condition du sujet spécifié*:

Condition du sujet spécifié (CSS) :

Aucune règle ne peut relier X et Y dans la structure suivante, où W est un sujet spécifié :

... X ... [W ... Y ...] ... X

Nous interprétons l'expression « sujet spécifié » comme équivalente à « sujet », qu'il s'agisse d'un sujet exprimé ou non exprimé (p. ex. PRO), avec contenu sémantique ou sans (p. ex. *il* explétif). Les représentations ci-dessous montrent comment la condition du sujet spécifié bloque la dérivation des phrases agrammaticales dans lesquelles l'objet direct est déplacé par mouvement de SN.

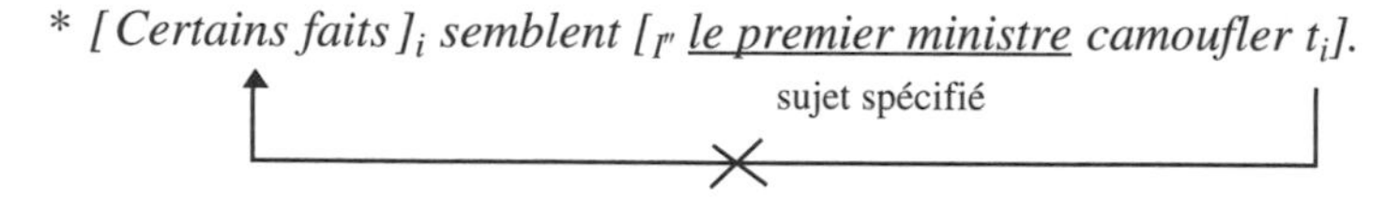

Enfin, la phrase agrammaticale suivante implique la montée d'un objet direct hors d'une proposition tensée. Elle est donc exclue en vertu de la condition des propositions tensées et également en vertu de la condition du sujet spécifié :

* [*Certains faits*]$_i$ *semblent* [$_{C''}$ *que* [I''] *le premier ministre camoufle* t_i].

prop. tensée — sujet spécifié

(Il est à noter que ces deux phrases contreviennent aussi au filtre du Cas ; voir le chap. 11.)

Nous avons postulé deux contraintes générales qui ont pour effet d'exclure des phrases agrammaticales mettant en jeu l'application de la transformation *mouvement de SN*. Un aspect fort intéressant de ces contraintes est qu'elles ne s'appliquent pas uniquement à *déplacer SN*. Comme nous le verrons dans les prochaines sections, elles s'appliquent aussi au placement des clitiques, et même à certaines constructions qui n'ont rien à voir avec le mouvement.

15.3. Extensions des contraintes

15.3.1. *Le placement des clitiques*

Nous avons vu au chapitre 13 que les pronoms clitiques en français sont soumis à la transformation *placement de clitiques*. Cette transformation a pour effet de déplacer un SN ou un SP marqué [+cl] à la gauche du verbe (ou de l'auxiliaire, lorsqu'il est présent). Nous pouvons ainsi dériver, à partir des structures-D de gauche, les phrases grammaticales de droite (le signe « + » représente l'adjonction).

Je crois que Josiane connaît le → *Je crois que Josiane le*$_i$ + *connaît* t_i
Je veux connaître le → *Je veux le*$_i$ + *connaître* t_i

Mais rien dans la formulation de la transformation *placement de clitiques* ne nous empêche de dériver aussi, à partir des structures-D de gauche, les phrases agrammaticales de droite :

Je crois que Josiane connaît le → **Je le*$_i$ + *crois que Josiane connaît* t_i
Je veux connaître le → **Je le*$_i$ + *veux connaître* t_i

Dans ces deux phrases, un pronom faible (donc, marqué [+cl]) qui remplit la fonction d'objet direct du verbe enchâssé a été adjoint à la gauche du verbe de la principale. Rappelons que la deuxième phrase à droite est agrammaticale en français contemporain courant, bien qu'elle puisse être employée en français littéraire (voir les remarques faites à ce sujet au chapitre 13).

Or il est étonnant de constater que les contraintes postulées pour le mouvement de SN s'appliquent parfaitement à ces phrases. Cela est étonnant dans la mesure où, à première vue, la distribution des clitiques n'a rien à voir avec la montée du sujet avec des verbes comme *sembler*. Le fait que les mêmes contraintes s'appliquent aux deux constructions milite en faveur de cette analyse, puisqu'elle permet d'établir une relation entre deux ensembles de faits qui semblent de prime abord disparates (on se rappellera le critère d'unification de Popper, mentionné au chapitre 14). Voyons comment la condition des propositions tensées et la condition du sujet spécifié excluent les cas mal formés de placement de clitiques. Comme l'indiquent les représentations détaillées, la première phrase est exclue parce qu'elle ne satisfait ni à la condition des propositions tensées ni à la condition du sujet spécifié :

* *Je le$_i$ + crois [$_{C''}$ que [$_{I''}$ Josiane connaît t$_i$]].*

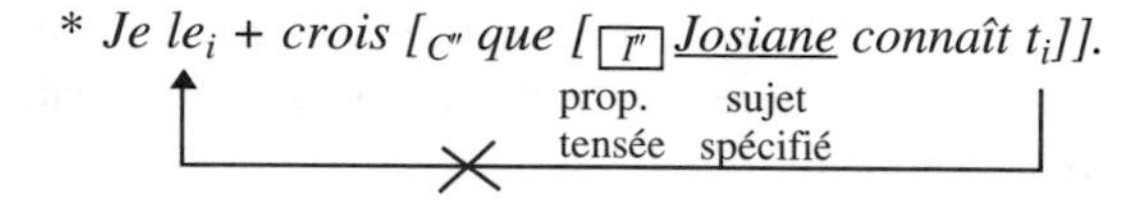

Mais qu'en est-il de la deuxième phrase agrammaticale ?

* *Je le$_i$ + veux connaître t$_i$.*

La condition des propositions tensées ne s'applique pas dans ce cas, car la proposition enchâssée est une infinitive. Reste la condition du sujet spécifié. Mais où se trouve le sujet qui pourrait bloquer le mouvement du clitique objet hors de sa proposition ? Nous avons proposé au chapitre 7 que le complément infinitif des verbes à contrôle comme *vouloir* est une proposition qui a pour sujet un élément pronominal inaudible, PRO, dont l'interprétation est contrôlée par un des arguments du verbe principal. PRO étant en position sujet, il doit être considéré comme un sujet spécifié, et la phrase contrevient à la condition du sujet spécifié :

* *Je le$_i$ + veux [$_{C''}$ [$_{I''}$ PRO connaître t$_i$]].*

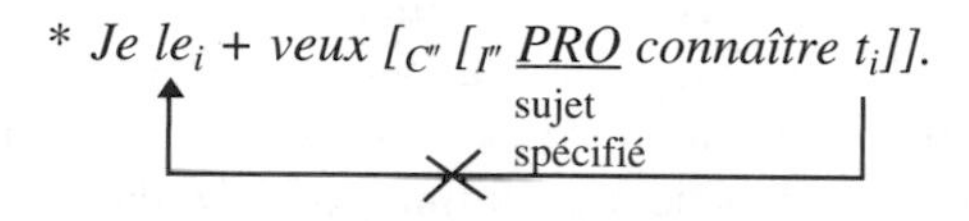

Nous supposons que la condition des propositions tensées et la condition du sujet spécifié appartiennent à la grammaire universelle. Cela appelle quelques précisions, particulièrement en ce qui concerne les clitiques. Dans certaines langues qui comportent des clitiques (comme l'italien et l'espagnol), des phrases comme celles ci-dessous sont grammaticales :

Italien : *(io) lo voglio conoscere*
Espagnol : *(yo) lo quiero conocer*

Si la condition du sujet spécifié est universelle, pourquoi exclut-elle la montée du clitique objet hors d'une infinitive en français, mais non pas en italien et en espagnol ? Ce problème, qui ne sera que brièvement évoqué ici, a été largement discuté dans les travaux de syntaxe comparative (et dans les travaux de syntaxe diachronique, puisque des phrases comme **Je le veux connaître,* agrammaticales en français moderne, étaient considérées comme bien formées jusqu'à une époque relativement récente). En bref, si l'on peut démontrer à l'aide d'arguments indépendants que les verbes comme *volere* en italien et *querer* en espagnol ont des propriétés différentes de *vouloir* en français, on peut alors attribuer les différences dans la montée des clitiques à des facteurs indépendants, qui ne mettent pas en cause l'universalité des contraintes. En fait, il existe des arguments qui montrent que ces verbes en italien et en espagnol se comportent pratiquement comme des auxiliaires. Autrement dit, les phrases ci-dessus comportent une seule proposition et non pas deux comme en français, et le verbe à l'infinitif n'a pas de sujet PRO. En conséquence, la condition du sujet spécifié ne s'applique pas à ces phrases.

En résumé, nous avons montré que les deux contraintes postulées pour exclure certaines phrases agrammaticales dérivées par *mouvement de SN* s'étendent aux phrases mal formées dérivées par *placement* de *clitiques.* Dans la prochaine section, nous verrons que ces deux mêmes contraintes servent aussi à exclure d'autres phrases agrammaticales qui, elles, ne sont pas dérivées par transformation.

15.3.2. La distribution des anaphores

On appelle anaphores les expressions réciproques (p. ex. *l'un l'autre*) et les expressions *réfléchies* (p. ex. *elle-même, eux-mêmes,* etc.). Les anaphores ont ceci de particulier qu'elles n'ont pas, intrinsèquement, une véritable valeur référentielle. Elles diffèrent en cela des pronoms: alors que l'on peut employer le pronom *ils* dans une phrase pour désigner, par exemple, un groupe d'hommes présents au moment de l'énonciation ou connus des interlocuteurs, on ne peut pas utiliser l'expression *l'un l'autre* dans ce contexte:

Ils sont partis.
* *L'un l'autre sont partis.*

(Il ne faut pas confondre l'anaphore *l'un l'autre* avec le SN coordonné *l'un et l'autre,* qui n'a pas les mêmes propriétés.) Les anaphores acquièrent leur valeur référentielle d'un antécédent qui doit être présent dans la phrase. Cela n'est pas sans rappeler la relation de contrôle dont nous avons parlé au chapitre 7: le sujet de l'infinitive PRO, dans certains contextes, ne peut être interprété qu'en relation avec un antécédent (un «contrôleur») présent dans la phrase.

Nous allons illustrer la relation anaphorique (la relation entre une anaphore et son antécédent) au moyen de l'anaphore réciproque *l'un l'autre.* Le comportement de cette anaphore appelle toutefois au préalable quelques commentaires. *L'un l'autre* est une expression discontinue, en ce sens que ses deux éléments peuvent être séparés par une préposition (bien qu'en fait les deux éléments réunis soient interprétés comme un complément de cette préposition). Voici un exemple de cette discontinuité:

Ils comptent l'un sur l'autre.
Ils parlent l'un de l'autre.

Ceci étant dit, notre propos n'est pas d'expliquer pourquoi les deux parties de l'anaphore réciproque encadrent la préposition. Nous allons par conséquent faire abstraction du caractère discontinu de l'anaphore, qui de toute façon n'a pas d'incidence directe sur la relation antécédent-anaphore dont il sera question ici.

Une phrase est exclue lorsqu'elle contient une anaphore qui n'a pas d'antécédent. Le première phrase ci-dessous est bien formée (la relation antécédent-anaphore est indiquée par la coindexation), mais la seconde est agrammaticale :

[$_{N''}$ Ces candidats]$_i$ votent [l'un pour l'autre]$_i$
* *[$_{N''}$ Clara] compte [l'un sur l'autre].*

Le seconde phrase est exclue parce que l'anaphore *l'un l'autre* requiert un antécédent pluriel ; le SN *Clara* étant singulier, il ne peut pas servir d'antécédent.

Cependant, la présence d'un antécédent ayant des traits de genre et de nombre compatibles avec l'anaphore ne garantit pas à elle seule la grammaticalité d'une phrase. Par exemple, les phrases ci-dessous sont agrammaticales, en dépit du fait que chacune d'elles contient un SN pluriel qui peut servir d'antécédent :

* *[$_{N''}$ Ces candidats]$_i$ disent que [l'un l'autre]$_i$ voteront.*
* *[$_{N''}$ Ces candidats]$_i$ croient que Carla votera [l'un pour l'autre]$_i$.*
* *[$_{N''}$ Ces candidats]$_i$ ont convaincu Carla de voter [l'un pour l'autre]$_i$.*

Pourquoi ces phrases sont-elles agrammaticales ? Si l'on examine de plus près ces constructions, on constate que l'anaphore *l'un l'autre* se trouve à l'intérieur d'une proposition enchâssée tensée dans les deux premières phrases ; dans les deux dernières phrases, elle assume une fonction de complément à l'intérieur de la proposition enchâssée. Cela rappelle étrangement les configurations décrites dans les sections précédentes : en effet, nous avons vu que ni le mouvement de SN ni le placement de clitiques ne peuvent s'appliquer à partir d'une proposition enchâssée tensée (CPT) ou à partir d'une position de complément dans une proposition enchâssée (CSS).

La relation entre une anaphore et son antécédent, cependant, n'est pas dérivée par mouvement. Mais comme la similitude que nous venons d'évoquer n'est sûrement pas le fruit du hasard, il convient de considérer la CPT et la CSS comme des contraintes qui s'exercent non pas sur le mouvement, mais sur les représentations, de sorte qu'elles puissent s'appliquer à la relation anaphorique. Ainsi, nous pouvons concevoir la coindexation comme une règle qui relie l'anaphore à son antécédent, c'est-à-dire qui « relie X et Y » conformément à la condition des propositions tensées et la condition du sujet spécifié.

Les configurations ci-dessous montrent comment ces deux contraintes s'appliquent parfaitement à la relation de dépendance référentielle entre une anaphore et son antécédent (l'utilisation de traits hachurés vise à rappeler que la relation entre l'antécédent et l'anaphore n'est pas une relation de mouvement, mais simplement de coindexation).

* *[$_{N''}$ Ces candidats]$_i$ disent [$_{C''}$ que [I'' [l'un l'autre]$_i$ voteront]].*

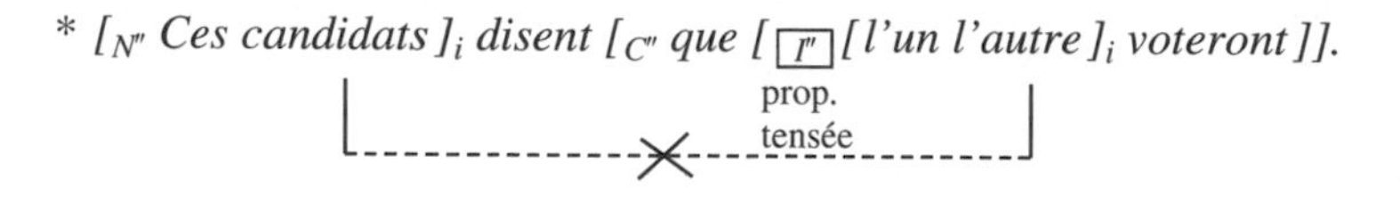

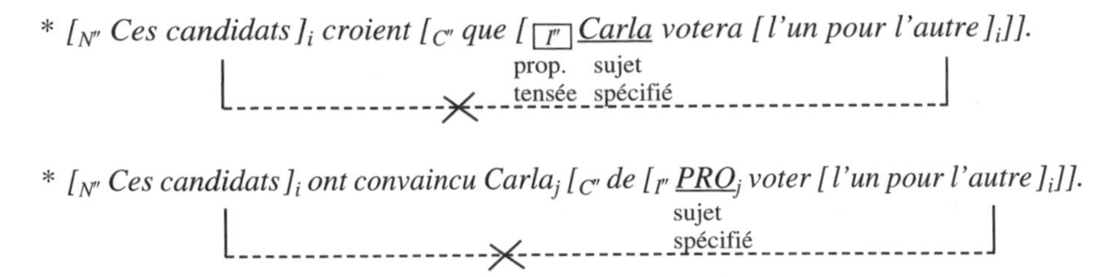

En ce qui concerne la troisième phrase, rappelons que *convaincre* est un verbe à contrôle par l'objet (chapitre 7). Le sujet PRO enchâssé porte donc le même indice (et les mêmes traits) que l'objet direct *Carla.* Comme il est ici féminin singulier, PRO ne peut pas servir d'antécédent pour l'anaphore. Le seul antécédent possible est le SN *ces enfants,* mais la relation entre l'anaphore et ce SN est bloquée par la condition du sujet spécifié.

15.4. La théorie du liage

Jusqu'ici, nous avons examiné la distribution des anaphores. Considérons maintenant l'interprétation des pronoms. Un pronom, contrairement à une anaphore, ne requiert pas d'antécédent. Cependant, dans certains cas, il peut être coindicé à un SN, qui lui sert alors d'antécédent.

Il est intelligent.
Luc croit qu'il est intelligent.

Dans la première phrase, le pronom *il* n'a pas d'antécédent. Dans la seconde phrase, *il* peut renvoyer à une autre personne (= Luc croit que Julien est intelligent) ou à Luc lui-même. Nous nous intéresserons ici aux cas où la coréférence (= identité de référence) entre le pronom et un antécédent est possible. Nous indiquerons la coréférence au moyen d'indices :

Luc$_i$ *croit qu'il*$_i$ *est intelligent.*

Alors que la coréférence entre un pronom et un antécédent est possible dans certains contextes, elle ne l'est pas dans d'autres. Comparons les phrases suivantes :

Luc$_i$ *prétend [que Julie partira avec lui*$_i$*].*
Luc$_i$ *a persuadé Julie*$_j$ *[de [PRO*$_j$ *partir avec lui*$_i$*]].*
* *Luc*$_i$ *lui*$_i$ *en veut.*
* *Luc*$_i$ *veut [PRO*$_i$ *partir avec lui*$_i$*].*

Dans les deux dernières phrases, l'antécédent du pronom (Luc et PRO, respectivement) se trouve dans la même proposition que le pronom. Ceci entraîne l'agrammaticalité de la phrase. On constate donc que la coréférence des pronoms est soumise à une contrainte d'anti-localité : le pronom peut avoir un antécédent, mais ce dernier ne doit pas être « trop près » du pronom.

Il est frappant de constater que les pronoms semblent de ce point de vue avoir un comportement contraire à celui des anaphores, qui requièrent justement que leur antécédent se trouve dans leur proposition. En fait, les anaphores et les pronoms sont en distribution complémentaire : dans les positions où l'on peut trouver une anaphore, on ne peut pas trouver un pronom coindicé, et inversement. Ainsi les trois phrases agrammaticales données à la section précédente sont-elles grammaticales si l'anaphore est remplacée par un pronom coindicé :

* *Ces candidats disent que l'un l'autre voteront.*
* *Ces candidats croient que Carla votera l'un pour l'autre.*
* *Ces candidats ont convaincu Carla de voter l'un pour l'autre.*

Ces candidats$_i$ *disent qu'ils*$_i$ *voteront.*
Ces candidats$_i$ *croient que Carla votera pour eux*$_i$.
Ces candidats$_i$ *ont convaincu Carla de voter pour eux*$_i$.

À l'inverse, lorsque l'anaphore est possible, le pronom coindicé ne l'est pas :

Ces candidats voudraient compter l'un sur l'autre.
* *Ces candidats*$_i$ *voudraient compter sur eux*$_i$.

On exprimera cette distribution complémentaire en définissant un domaine D unique : dans ce domaine, les anaphores devront être *liées* (en gros, avoir un antécédent coindicé), alors que les pronoms devront être *libres* (c'est-à-dire ne pas avoir d'antécédent coindicé). Commençons par apporter une précision aux termes « libre » et « lié » ; nous déterminerons ensuite en quoi consiste le domaine D.

Lié / libre :

Un constituant X est lié s'il est coindicé avec un constituant Y qui occupe une position de sujet ou d'objet et qui m-commande X.
Un constituant X est libre s'il n'est pas lié.

M-commande :

Y m-commande X si la première projection maximale qui domine Y domine aussi X.

Pour illustrer, comparons les phrases suivantes :

Ces candidats comptent l'un sur l'autre.
* *La mère de ces candidats compte l'un sur l'autre.*

L'anaphore *l'un l'autre* requiert la présence d'un antécédent pluriel dans la phrase. L'agrammaticalité de la seconde phrase indique que la seule présence d'un SN pluriel ne suffit pas : ce SN doit lier (= m-commander) l'anaphore. Les représentations qui suivent illustrent la relation entre le SN pluriel et l'anaphore :

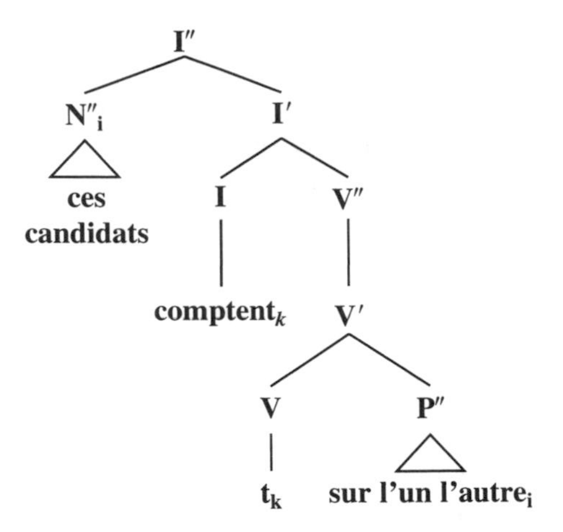

Le N″ *ces candidats* m-commande l'anaphore: la première projection maximale qui domine le N″ *ces candidats* est I″, qui domine aussi l'anaphore. L'anaphore est donc liée par son antécédent. En revanche, dans la seconde phrase, le N″ *ces candidats* ne m-commande pas l'anaphore:

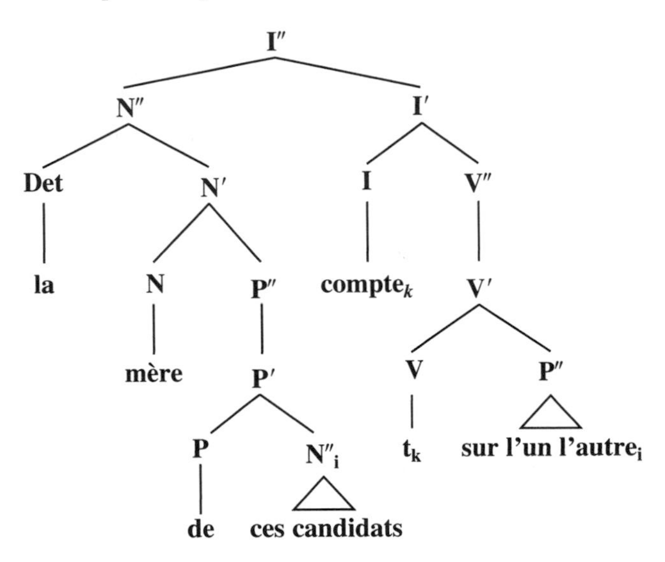

La première projection maximale qui domine le N″ *ces candidats* est P″, qui ne domine pas l'anaphore. En conséquence, l'anaphore n'est pas liée par son antécédent.

Cela étant établi, revenons maintenant au domaine D. Nous avons déjà vu que la distribution des anaphores est régie par les deux contraintes CPT et CSS. Ces deux contraintes définissent un domaine qui contient un I [+Temps] et un sujet spécifié. Appelons ce domaine le *domaine de liage*:

Domaine de liage :

Le domaine de liage de X (X= anaphore ou pronom) est le I″ minimal qui contient X, un I [+Temps] ou un sujet.

Nous énonçons maintenant les principes du liage pour les anaphores et les pronoms :

Principes du liage (anaphores et pronoms) :

Principe A : Une anaphore doit être liée dans son domaine de liage.
Principe B : Un pronom doit être libre dans son domaine de liage.

Voyons maintenant comment s'appliquent les principes du liage aux exemples ci-dessus.

> *Ces candidats$_i$ disent que [$_{I''}$ *l'un l'autre/ils$_i$] I $_{[+ Temps]}$voteront].*
> *Ces candidats$_i$ croient que [$_{I''}$ Carla I $_{[+Temps]}$ votera *l'un pour l'autre/pour eux$_i$].*
> *Ces candidats$_i$ ont convaincu Carla$_j$ de [$_{I''}$ PRO$_j$ voter *l'un pour l'autre/pour eux$_j$].*
> *Ces candidats$_i$ voudraient [$_{I''}$ PRO$_i$ compter l'un sur l'autre / *sur eux$_i$].*

Dans toutes ces phrases, le domaine de liage est le I″ enchâssé, défini soit par la présence d'un I [+Temps] (2 premières phrases), soit par la présence d'un sujet (PRO, 2 dernières phrases), soit par la présence à la fois d'un I [+Temps] et d'un sujet (= Carla, 2e phrase). On pourra vérifier que les principes du liage énoncés ci-dessus donnent le bon résultat pour toutes ces phrases.

Cependant, nous avons commencé ce chapitre en faisant remarquer que le mouvement de SN était soumis aux contraintes CPT et CSS. Nous avons ensuite vu qu'il en allait de même pour le placement des clitiques. Comme les contraintes CPT et CSS sont remplacées par la notion de domaine de liage, il nous faut intégrer dans la théorie du liage le comportement du mouvement de SN et du placement de clitiques.

Pour ce faire, il nous suffit simplement de stipuler que la trace du mouvement de SN et la trace d'un clitique déplacé sont des anaphores. Il y a donc deux types d'anaphores : les anaphores lexicales (c'est-à-dire audibles) comme *l'un l'autre* et les anaphores inaudibles (trace de SN et trace de clitique). Ainsi, comme les anaphores lexicales, les anaphores inaudibles sont soumises au Principe A de la théorie du liage :

> * *Le premier ministre$_i$ semble que [$_{I''}$ t_i I $_{[+Temps]}$ camoufle certains faits].*
> * *Certains faits$_i$ semblent que [$_{I''}$ le premier ministre I $_{[+Temps]}$ camoufle t_i].*
> * *Certains faits$_i$ semblent [$_{I''}$ le premier ministre camoufler t_i].*

Le domaine de liage est le I″ enchâssé, défini par la présence d'un I [+Temps] (2 premières phrases), ou d'un sujet (= *le premier ministre*, 2 dernières phrases). Dans ce domaine, l'anaphore (la trace de SN) n'est pas liée par son antécédent, qui se trouve à l'extérieur de I″. Les phrases sont donc exclues par le principe A de la théorie du liage. Le lecteur pourra vérifier que la trace laissée par le placement des clitiques (section 15.3.1.) est, elle aussi, soumise au principe A de la théorie du liage.

Enfin, la théorie du liage régit aussi la distribution d'autres SN par rapport à un antécédent coindicé. Les SN comme *Luc* sont appelés des *expressions référentielles*. Bien que de tels SN puissent être coréférentiels d'un autre SN (comme un pronom), ils ne peuvent jamais être *liés* par un autre SN :

La femme qu'il$_i$ aime croit que Luc$_i$ est charmant.
* *Il$_i$ croit que Luc$_i$ est charmant.*
* *Il$_i$ dit que ma mère prétend que Luc$_i$ est charmant.*

Comme on peut le constater, pour une expression référentielle, l'interdiction de liage (= coindexation avec un SN qui la m-commande) n'est pas limitée à un domaine. On intégrera cette observation en introduisant dans la théorie du liage un principe régissant les limites de coindexation pour les expressions référentielles. La théorie du liage révisée s'énonce donc comme suit :

Théorie du liage :

Principe A : Une anaphore doit être liée dans son domaine de liage.
Principe B : Un pronom doit être libre dans son domaine de liage.
Principe C : Une expression référentielle doit être libre.

Exercices

1. *CPT, CSS et le mouvement Qu-*. Nous avons spécifié que la CPT et la CSS ne s'appliquent pas au mouvement Qu- (c'est-à-dire au mouvement d'un syntagme Qu- vers la position de [Spec,C″]). Expliquez à l'aide d'exemples pourquoi cette spécification est nécessaire.

2. *Principes de la théorie du liage.* Appliquez les principes A, B ou C de la théorie du liage aux phrases ci-dessous et montrez comment ces principes les admettent ou les excluent.

a. Ces candidats ont juré à Carla de voter l'un pour l'autre.
b. * Ils$_i$ ont l'intention de voter pour [ces candidats]$_i$.
c. La copine de [Max]$_i$ le$_i$ traite mal.
d. * [Les étudiants]$_i$ ont promis à Julie de les$_i$ aider.
e. [Les étudiants]$_i$ ont permis à Julie de les$_i$ aider.

3. *Montée d'un syntagme Qu-*. La transformation *mouvement de SN* décrite au chapitre 10 peut déplacer n'importe quel N″, quels qu'en soient les traits. Par conséquent, un N″ marqué [+Qu] peut être déplacé vers la position sujet d'un verbe à montée. Dans la phrase ci-dessous, le SN *quels films* est d'abord déplacé dans la position sujet de *sembler* (par mouvement de SN), puis déplacé en [Spec,C″] (par mouvement Qu-) :

Je sais [$_{C''}$ quels films$_i$ [$_{I''}$ t$_i$ semblent [$_{I''}$ t$_i$ intéresser Julie]]].

Une autre analyse aurait pu être envisagée : le syntagme Qu - aurait pu être déplacé uniquement par *mouvement Qu -* (c'est-à-dire dans les [Spec,C″], sans passer par [Spec,I″]). Fournissez un argument qui montre que le mouvement *doit* nécessairement passer par la position sujet de *sembler*.

Pour en apprendre davantage...

La condition des propositions tensées et la condition du sujet spécifié ont été proposées par Chomsky (1980)** ; pour un résumé, voir van Riemsdijk et Williams (1986, chap. 7)*, Radford (1981, chap. 7)*. La théorie du liage est due à Chomsky (1991)***. On trouve des résumés de cette théorie dans la plupart des ouvrages d'introduction ; voir entre autres Rouveret (1987, Postscript, sect. II)[F]*, Lasnik et Uriagereka (1988, chap. 2)*, Ouhalla (1999)**, et Brousseau et Roberge (2000)[F].

Les clitiques ont été considérés comme étant assujettis à la CPT et à la CSS par Kayne (1977)[F]* pour le français, Quicoli (1976)* pour le portugais, et Rizzi (1982, chap. 1)* pour l'italien. Dans ce dernier article, il est aussi question des particularités des verbes comme *volere* en italien, qui permettent la montée des clitiques exclue en français moderne. Les travaux récents tendent toutefois à dissocier, du point de vue des contraintes qui s'y appliquent, les clitiques des anaphores et des SN déplacés. Voir à ce sujet les travaux cités à la fin du chapitre 13 et, pour un résumé, Haegeman (1994, chap. 12)*.

Épilogue

Dans la première partie de ce livre, nous avons vu comment établir la structure d'une phrase en français. Nous avons identifié les mots de la phrase selon leur catégorie, nous les avons regroupés entre eux et nous avons vu comment ces mots et ces groupes de mots s'organisent hiérarchiquement à l'intérieur de la phrase.

Nous avons ensuite construit un modèle qui reproduit (du moins en partie) la compétence des locuteurs natifs du français, en ce sens qu'il permet de produire un nombre infini de phrases grammaticales du français accompagnées de leur structure et qu'il ne permet pas de produire des phrases agrammaticales. Ce modèle comprend diverses composantes, notamment un lexique, des règles de réécriture et des transformations ainsi qu'un ensemble de principes généraux et de contraintes (résumées sous forme de tableau en annexe) qui visent à limiter la puissance du modèle en excluant les phrases agrammaticales qui pourraient être produites.

Mais le modèle présenté n'est pas seulement adéquat dans sa description des faits. Il a aussi une valeur explicative, puisqu'il nous a permis d'exprimer certaines généralisations et de relier entre elles des constructions qui, à première vue, pourraient sembler indépendantes les unes des autres. Ceci n'est pas sans conséquences : si une construction A et une construction B relèvent d'une même analyse en français, on pourrait s'attendre à ce qu'une langue où la construction A diffère du français dans sa forme manifeste aussi des différences dans la construction B. En syntaxe comme ailleurs, le fait de tirer des généralisations nous permet de mieux comprendre non seulement les phénomènes à l'étude, mais aussi d'entrevoir le système qui sous-tend l'organisation d'autres phénomènes non encore envisagés.

Nous avions commencé notre récit en compagnie d'un Martien, envoyé sur Terre pour tenter d'élucider la grammaire des langues humaines, ou au moins de l'une d'entre elles. Le voyage se termine ici, avec un Martien qui peut dorénavant intégrer à son programme quelques transformations et quelques contraintes. Cela suffit sans doute à éviter le pire ; mais il est certain qu'avec une telle grammaire, les humanoïdes seront encore bien loin d'avoir atteint le niveau de compétence des locuteurs natifs. Il doit donc y avoir une suite à tout ceci, dans laquelle le Martien approfondit son étude de la grammaire des Terriens, découvre de nouveaux principes, réduit le nombre des exceptions, trouve des points communs au français et au swahili et, pourquoi pas, arrive à décrire la grammaire universelle. Il y a aussi une suite à cette théorie dont nous n'avons présenté, dans cette introduction, que les rudiments. Mais c'est, bien entendu, une autre histoire.

Annexe 1
Transformations et contraintes
tableau récapitulatif

Dans la deuxième partie de ce livre, nous avons décrit quatre transformations : mouvement Qu-, mouvement du verbe, mouvement de SN, placement de clitiques. Chaque transformation s'applique à un ou des constituant(s) de type catégoriel spécifique, qu'elle déplace vers une position (ou point de chute) précise. De plus, chaque transformation est soumise à des contraintes particulières. Le tableau ci-dessous résume ces divers aspects des transformations.

		Mouvement Qu-	**Mouvement de SN**	**Placement de clitiques**	**Mouvement du verbe**
Type de construction		Interrogatives ; relatives	Montée ; passif	Phrases avec pronoms clitiques	Phrases avec auxiliaire fléchi ou verbe fléchi
Constituant déplacé	*Traits*	[+Qu]	–	[+cl]	Temps ; mode
	Catégorie	N″, P″, Adv″	N″	N″, P″	Aux, V
Point de chute		[Spec,C″]	[Spec,I″]	Adjoint à Aux ou à V	I
Contraintes		Sous-jacence (contraintes d'îlots)	Liage (CPT ; CSS)	Liage (CPT ; CSS)	Contrainte sur le mouvement des X^0*

* Contrainte dont il n'a pas été question dans le texte.

Annexe 2
Lexique anglais - français
des termes et abréviations

La plupart des ouvrages et articles en grammaire générative ne sont pas traduits en français. Pour faciliter la lecture de ces documents, nous donnons ci-dessous par ordre alphabétique les principaux termes et abréviations utilisés en anglais ainsi que leur traduction française.

ANGLAIS	*FRANÇAIS*
Adjective	Adjectif
Adverb	Adverbe
Agreement	Accord
Binding	Liage
Bound	Lié
Bounding nodes	Nœuds-bornes
Complementary distribution	Distribution complémentaire
Complementizer	Complémenteur
Complex NP Constraint	Contrainte du SN complexe
D-structure	Structure-D
Embedding	Enchâssement
Free	Libre
Head	Tête
Inflection	Flexion
Innateness	Innéisme
Labeled brackets	Parenthèses étiquetées
Landing site	Point de chute
Lexical entry	Entrée lexicale
Lexical insertion	Insertion lexicale
Lexicon	Lexique
Move α	Déplacer α
Noun	Nom
Parasitic gaps	Vides parasites

Phrase	Syntagme
adjectival phrase (AP, A″)	adjectival (SA, A″)
adverbial phrase (AdvP, Adv″)	adverbial (SAdv, Adv″)
complementizer phrase (CP, C″)	complémenteur (SC, C″)
inflectional phrase (IP, I″)	flexionnel (I″)
noun phrase (NP, N″)	nominal (SN, N″)
prepositional phrase (PP, P″)	prépositionnel (SP, P″)
verb phrase (VP, V″)	verbal (SV, V″)
Phrase markers	Arbres syntagmatiques
Phrase structure rules (PS-rules)	Règles de réécriture
Predicate	Prédicat
Selectional restrictions	Restrictions sélectionnelles
Sentence (S)	Phrase
Sentential Subject Constraint	Contrainte du sujet propositionnel
Specified Subject Condition (SSC)	Condition du sujet spécifié (CSS)
S-structure	Structure-S
Subcategorization	Sous-catégorisation
Subjacency	Sous-jacence
Subject Condition	Condition du sujet
Tensed S Condition (TSC)	Condition des propositions tentées (CPF)
Thematic roles	Rôles thématiques
Agent	Agent
Experiencer	Psy-chose
Instrument	Instrument
Locative	Locatif
Theme	Thème
Theta criterion	Critère thématique ou critère thêta
Ungrammatical, ungrammaticality	Agrammatical, agrammaticalité
Universal Grammar (UG)	Grammaire universelle (GU)
Wh-Island Constraint	Contrainte des îlots Qu-
Wh-movement	Mouvement Qu-
Wh-phrases	Syntagmes Qu-

Bibliographie

Abeillé, Anne. 1993. *Les nouvelles syntaxes: grammaires d'unification et analyse du français*. Paris: Armand Collin.

Allwood, Jens, Lars-Gunnar Adnersson et Östen Dahl. 1977. *Logic in Linguistics*. Cambridge: Cambridge University Press.

Anderson, John M. 1977. *On Case Grammar*. Londres: Croom Helm.

Atkinson, Martin. 1992. *Children's Syntax: An Introduction to Principles and Parameters Theory*. Oxford: Basil Blackwell.

Auger, Julie. 1995. Les clitiques pronominaux en français parlé informel: une approche morphologique. *Revue Québécoise de linguistique*, 24:1.

Baudot, Jean. 1987. *Introduction aux grammaires formelles*. Montréal: Sodilis.

Belletti, Adriana. 1988. The Case of Unaccusatives. *Linguistic Inquiry* 19:1, p. 1-35.

Besten, Hans den. 1983. On the Interaction of Root Transformations and Lexical Deletive Rules. Dans W. Abraham (réd.), *On the Formal Syntax of Westgermania*. Amsterdam: John Benjamins, p. 47-131.

Bloom, Paul. 1994. Overview: Controversies in Language Acquisition. Dans Paul Bloom (réd.), *Language Acquisition: Core Readings*. Cambridge, Mass.: MIT Press, p. 5-48.

Boivin, Marie-Claude, Reine Pinsonneault et Marie-Élaine Philippe. 2003. *Bien écrire: la grammaire revue au fil des textes littéraires*, 2e édition. Montréal: Beauchemin.

Borer, Hagit. 1984. *Parametric Syntax: Case Studies in Semitic and Romance Languages*. Dordrecht: Foris Publications.

Borsley, Robert D. 1991. *Syntactic Theory: A Unified Approach*. Londres: Edward Arnold.

Bouchard, Denis. 1982. Les constructions relatives en français vernaculaire et en français standard: étude d'un paramètre. Dans Claire Lefebvre (réd.), tome 1, p. 103-133.

Bracken, Harry M. 1984. *Mind and Language: Essays on Descartes and Chomsky*. Dordrecht: Foris.

Bresnan, Joan. 1982. Control and Complementation. *Linguistic Inquiry* 13, p. 343-434.

Brousseau, Anne-Marie et Yves Roberge. 2000. *Syntaxe et sémantique du français*. Montréal: Fides.

Brown, Roger et Camille Hanlon. 1970. Derivational Complexity and Order of Acquisition in Child Speech. Dans John R. Hayes (réd.), *Cognition and the Development of Language*. New York: Wiley.

Brunot, Ferdinand. 1967. *Histoire de la langue française. Des origines à nos jours*. Paris: Armand Colin.

Burzio, Luigi. 1986. *Italian Syntax*. Dordrecht: Reidel.

Chalmers, Alan. 1987. *Qu'est-ce que la science? Récents développements en philosophie des sciences: Popper, Kuhn, Lakatos, Feyerabend*. Paris: La Découverte.

Chomsky, Noam. 1959. A Review of B.F. Skinner's *Verbal Behavior. Language* 1, p. 26-58. Réédité dans Jerrold J. Fodor et Jerry A. Katz (réd.). 1964. *The Structure of Language*. New York: Prentice Hall.

Chomsky, Noam. 1964. *Current Issues in Linguistic Theory*. La Haye: Mouton.

Chomsky, Noam. 1966. *Topics in the Theory of Generative Grammar*. La Haye: Mouton.

Chomsky, Noam. 1969. *Structure syntaxiques*. Paris: Seuil (trad. de *Syntactic Structures,* 1957).

Chomsky, Noam. 1971. *Aspects de la théorie syntaxique*. Paris: Seuil (trad. de *Aspects of the Theory of Syntax*, 1965).

Chomsky, Noam. 1975. Remarques sur la nominalisation. Dans *Questions de sémantique*. Paris: Seuil, p. 73-131 (trad. de «Remarks on Nominalization». 1970).

Chomsky, Noam. 1977a. *Dialogues avec Mitsou Ronat*. Paris: Flammarion.

Chomsky, Noam. 1977b. On Wh-Movement. Dans Peter Culicover, Thomas Wasow et Adrian Akmajian (réd.), *Formal Syntax*. New York: Academic Press, p. 71-132.

Chomsky, Noam. 1980. Conditions sur les transformations. Dans *Essais sur la forme et le sens*. Paris: Seuil (trad. de «Conditions on Transformations». 1973).

Chomsky, Noam. 1985. *Règles et représentations*. Paris: Flammarion (trad. de *Rules and Representations*, 1980).

Chomsky, Noam. 1986. *Barriers*. Linguistic Inquiry Monograph 13. Cambridge, Mass.: MIT Press.

Chomsky, Noam. 1987. *La nouvelle syntaxe*. Paris: Seuil (trad. de *Some Concepts and Consequences of the Theory of Government and Binding*, 1982: présentations et postcript d'Alain Rouveret).

Chomsky, Noam. 1990. Sur la nature, l'utilisation et l'acquisition du langage. *Recherches linguistiques de Vincennes* 19, p. 21-44 (trad. de «Language in A Psychological Setting», *Sophia Linguistica* 22, Tokyo, 1987).

Chomsky, Noam. 1991. *Théorie du gouvernement et du liage: les conférences de Pise*. Paris: Seuil (trad. de *Lectures on Government and Binding*, 1981).

Chomsky, Noam. 1995. *The Minimalist Program.* Cambridge: Cambridge University Press.

Couquaux, Daniel. 1986. Les pronoms faibles sujet comme groupes nominaux. Dans Mitsou Ronat et Daniel Couquaux (réd.), *La grammaire modulaire*. Paris: Éditions de Minuit, p. 25-46.

Cook, V.J. et Mark Newson. 1996. *Chomsky's Universal Grammar*, Oxford: Blackwell.

Cowper, Elizabeth A. 1992. *A Concise Introduction to Syntactic Theory: The Government-Binding Approach*. Chicago: University of Chicago Press.

Cyr, Francine. 1991. *La quantification à distance en français québécois*. Mémoire de maîtrise, Université de Montréal.

Damourette, Jacques et Édouard Pichon. 1911-1940. *Des mots à la pensée. Essai de grammaire de la langue française*. Paris: Éditions d'Artrey.

Daoust-Blais, Denise. 1975. *L'influence de la négation sur certains indéfinis en français québécois*. Thèse de doctorat, Université de Montréal.

Diesing, Molly. 1990. Verb Movement and the Subject Position in Yiddish. *Natural Language and Linguistic Theory*, 8:1, p. 41-79.

Di Sciullo, Anne-Marie. 1985. *Théorie et description en grammaire générative*. Montréal: Office de la langue française, collection «Langue et sociétés».

Di Sciullo, Anne-Marie et Sylvie Robidoux. 1985. Vers une théorie des représentations lexicales. *Revue québécoise de linguistique (revue de l'association québécoise de linguistique)*, 4:4, p. 147-157.

Drapeau, Lynn. 1982. L'utilisation adverbiale des adjectifs. Dans Claire Lefebvre (réd.), tome 2, p. 17-48.

Dubuisson, Colette et Louisette Emirkanian. 1982. Acquisition des relatives et implications pédagogiques. Dans Claire Lefebvre (réd.), tome 2, p. 321-397.

Dupuis, Fernande et Daniel Valois. 1992. The Status of (Verbal) Traces: The Case of French Stylistic Inversion. Dans Paul Hirschbühler et Konrad Koerner (réd.), *Romance Languages and Modern Linguistic Theory*. Amsterdam: John Benjamins, p. 325-338.

Emonds, Joseph. 1978. Le groupe verbal composé V′-V en français. *Cahier de linguistique n° 8: Syntaxe et sémantique du français*. Montréal: Presses de l'Université du Québec, p. 121-161 (trad. de «The Verbal Complex V′-V in French», *Linguistic Inquiry*, 9:2, p. 151-175).

Frei, Henri. 1929. *La grammaire des fautes*. Paris: Librairie Paul Geuthner.

Gadet, Françoise. 1989. *Le français ordinaire*. Paris: Armand Colin.

Gadet, Françoise. 1992. *Le français populaire*. Paris: Presses Universitaires de France, collection «Que sais-je?».

Gardes-Tamine, Joëlle. 1988. *La grammaire 2: syntaxe*. Paris: Armand Colin.

Georgin, René. 1953. *Pour un meilleur français*. Paris: Éditions André Bonne.

Georgin, René. 1966. *Le code du bon langage*. Paris: Les Éditions Sociales Françaises.

Greenberg, Joseph H. 1963. Some Universals of Grammar with Particular Reference to the Order of Meaningful Elements. Dans Joseph Greenberg (réd.), *Universals of Language*, Cambridge: MIT Press.

Grevisse, Maurice. 1993. *Le bon usage*. 13e édition refondue par André Goosse. Paris/Louvain-la-Neuve: Duculot.

Gruber, Jeffrey. 1976. *Lexical Structures in Syntax and Semantics*. Amsterdam: North Holland.

Guiraud, Pierre. 1965. *Le français populaire*. Paris: Presses Universitaires de France, collection «Que sais-je?».

Guiraud, Pierre. 1966. Le système du relatif en français populaire. *Langages* 3, p. 41-48.

Haegeman, Liliane. 1994. *Introduction to Government and Binding Theory*, 2e édition. Oxford: Basil Blackwell.

Haider, Hubert et Martin Prinzhorn (réd.). 1986. *Verb Second Phenomena in Germanic Languages*. Dordrecht: Foris Publications.

Hirschbühler, Paul et Marie Labelle. 1992. *Syntaxe du français: l'universel et le particulier dans la langue*. Miméo, Université d'Ottawa et UQAM.

Hornstein, Norbert et David Lightfoot. 1981. Introduction. Dans Norbert Hornstein et David Lightfoot (réd.), *Explanation in Linguistics: The Logical Problem of Language Acquisition*. Londres: Longman, p. 9-31.

Huot, Hélène. 1981. *Constructions infinitives du français: le subordonnant «de»*. Genève: Droz.

Jackendoff, Ray. 1972. *Semantic Interpretation in Generative Grammar*. Cambridge, Mass.: MIT Press.

Jackendoff, Ray. 1977. *X-bar Syntax: A Study of Phrase Structure*. Cambridge, Mass.: MIT Press.

Jaeggli, Osvaldo. 1982. *Topics in Romance Syntax*. Dordrecht: Foris Publications.

Jaeggli, Osvaldo. 1986. Passive. *Linguistic Inquiry*, 17:4, p. 587-622.

Jakubowicz, Celia. 1995. Grammaire universelle et acquisition du langage. *Recherches linguistiques de Vincennes* 24, p. 7-32.

Jones, Michael Allan. 1996. *Foundations of French Syntax*. Cambridge: Cambridge University Press.

Kayne, Richard S. 1976. French Relative « Que ». Dans Marta Luján et Fritz Hensey (réd.), *Current Studies in Romance Linguistics*. Washington : Georgetown University Press, p. 255-299.

Kayne, Richard S. 1977. *Syntaxe du français : le cycle transformationnel*. Paris : Seuil (trad. de *French Syntax*, 1975).

Kayne, Richard S. 1986. Connexité et inversion du sujet. Dans Mitsou Ronat et Daniel Couquaux (réd.), *La grammaire modulaire*. Paris : Éditions de Minuit, p. 127-147.

Kayne, Richard S. et Jean-Yves Pollock. 1978. Stylistic Inversion. Successive Cyclicity, and Move NP in French. *Linguistic Inquiry* 9, p. 595-621.

Koopman, Hilda. 1984. *The Syntax of Verbs : From Verb Movement Rules in the Kru Languages to Universal Grammar*. Dordrecht : Foris Publications.

Koster, Jan. 1975. Dutch As an SOV Language. *Linguistic Analysis* 1, p. 111-136.

Koster, Jan. 1978. Why Subject Sentences Don't Exist. Dans Jay S. Keyser (réd.), *Recent Transformational Studies in European Languages*. Cambridge, Mass. : MIT Press, p. 53-64.

Koster, Jan et Robert May. 1982. On the Constituency of Infinitives. *Language* 58, p. 116-143.

Lai, C.S., S.E. Fisher, J.A. Hurst, F. Vargha-Khadem et A.P. Monaco. 2001. A forkhead-domain gene is mutated in a severe speech and language disorder. *Nature* 413, p. 519-523.

Lamiroy, Béatrice. 1990. Des aspects de la théorie syntaxique à la nouvelle syntaxe chomskyenne : rupture ou continuité ? *Cahiers de l'institut linguistique de Louvain* 16:1, p. 101-124.

Lasnik, Howard et Juan Uriagereka. 1988. *A Course in GB Syntax : Lectures on Binding and Empty Categories*. Cambridge, Mass. : MIT Press.

Léard, Jean-Marcel. 1990. L'hypothèse que je crois qui est négligée : le statut de *que*, *qui* et *dont* dans les imbriquées. *Travaux de linguistique* 20, p. 43-72.

Leclère, Christian. 1976. Datifs syntaxiques et datif éthique. Dans Jean-Claude Chevalier et Maurice Gross (réd.), *Méthodes en grammaire française*. Paris : Klincksieck, p. 73-96.

Lecours, André-Roch et François Lhermitte. 1979. *L'aphasie*. Paris/Montréal : Flammarion médecine-sciences/Les Presses de l'Université de Montréal.

Lefebvre, Claire. 1982. Qui qui vient ? ou Qui vient ? Voilà la question. Dans Claire Lefebvre (réd.), tome 1, p. 45-101.

Lefebvre, Claire (réd.). 1982. *La syntaxe comparée du français standard et populaire : approches formelle et fonctionnelle*. Québec : Office de la langue française.

Lemieux, Monique. 1982. M'as/tut/vous conter ça. Dans Claire Lefebvre (réd.), tome 2, p. 49-71.

Lerdahl, Fred et Ray Jackendoff. 1983. *A Generative Theory of Tonal Music*. Cambridge, Mass. : MIT Press.

Lightfoot, David. 1982. *The Language Lottery : Toward a Biology of Grammars*. Cambridge, Mass. : MIT Press.

Long, Mark E. 1974. *Semantic Verb Classes and Their Role in French Predicate Complementation*. Thèse de doctorat, University d'Indiana, Bloomington. Distribué par le Indiana University Linguistics Club, 1976.

McNeill, David. 1966. Developmental Psycholinguistics. Dans Franck Smith et George A. Miller (réd.), *The Genesis of Language : A Psycholinguistics Approach*. Cambridge, Mass. : MIT Press, p. 15-84.

Miller, Philip. 1992. *Clitics and Constituents in Phrase Structure Grammar*. New York : Garland.

Moreau, Marie-Louise. 1971. L'homme que je cois qui est venu. Qui, que : relatifs et conjonctions. *Langue française* 11, p. 77-90.

Morin, Jean-Yves. 1989. *Syntaxe*. Miméo, Département de linguistique et de traduction, Université de Montréal.

Morin, Yves-Charles. 1975. Remarques sur le placement des clitiques. *Recherches linguistiques à Montréal* 4, p. 175-181.

Morin, Yves-Charles. 1979. More Remarks on French Clitic Order. *Linguistic Analysis* 5:3, p. 293-312.

Morin, Yves-Charles. 1981. Some Myths about Pronominal Clitics in French. *Linguistic Analysis* 8:2, p. 95-109.

Morin, Yves-Charles et Marie-Christine Paret. 1990. Norme et grammaire générative. *Recherches linguistiques de Vincennes* 19, p. 45-71.

Newmeyer, Frederick. 1986. *Linguistic Theory in America*, 2e édition. Orlando/Toronto: Academic Press.

Newmeyer, Frederick. 1995. *Generative Linguistics: A Historical Perspective.* Londres: Routledge.

Nølke, Henning (réd.). 1990. *Classification des adverbes*. Numéro spécial (no 88) de *Langue française*. Paris: Larousse.

Obenauer, Hans-Georg. 1976. *Études de syntaxe interrogative du français: quoi, combien et le complémenteur*. Tübingen: Max Niemeyer Verlag.

O'Connor, Neil et Beate Hermelin. 1991. A Specific Linguistic Ability. *American Journal on Mental Retardation* 95, p. 673-680.

O'Grady, William et Michael Dobrovolsky. 1992. *Contemporay Linguistic Analysis: An Introduction*. 2e édition, Toronto: Longman.

Ouhalla, Jamal. 1999. *Introducing Transformational Grammar: From Principles and Parameters to Minimalism,* 2e édition. Londres: Arnold.

Partee, Barbara, Alice ter Meulen et Robert Wall. 1990. *Mathematical Methods in Linguistics*. Dordrecht: Kluwer Academic Publishers.

Perlmutter, David. 1978. Impersonal Passives and the Unaccusative Hypothesis. *Proceedings of the 4th International Meeting of the Berkeley Linguistics Society.*

Piattelli-Palmarini, Massimo. 1979. *Théories du langage, théories de l'apprentissage: le débat entre Jean Piaget et Noam Chomsky*. Paris: Seuil.

Pinker, Steven. 1999. *L'instinct du langage* (trad. de *The Language Instinct*, 1994). Paris: Éditions Odile Jacob.

Pinker, Steven. 2002. *The Blank Slate: The Modern Denial of Human Nature*. New York: Viking Press.

Platzack, Christer. 1986. Comp, Infl and Germanic Word Order. Dans Lars Hellan et K. Koch Christensen (réd.), *Topics in Scandinavian Syntax*, p. 185-234.

Pollock, Jean-Yves. 1986. Sur la syntaxe de *en* et le paramètre du sujet nul. Dans Mitsou Ronat et Daniel Couquaux (réd.), *La grammaire modulaire*. Paris: Éditions de Minuit, p. 211-246.

Pollock, Jean-Yves. 1989. Verb Movement, Universal Grammar, and the Structure of IP. *Linguistic Inquiry* 20:3, p. 365-424.

Pollock, Jean-Yves. 1992. Opérateurs nuls, dont, questions indirectes et théorie de la quantification. Dans Liliane Tasmowski et Anne Zribi-Hertz (réd.), *De la musique à la linguistique: hommages à Nicolas Ruwet.* Ghent: Communication et cognition, p. 440-463.

Popper, Karl. 1985. *Conjectures et réfutations : la croissance du savoir scientifique*. Paris : Payot (trad. de *Conjectures and Refutations : The Growth of Scientific Knowledge*, 1969).

Postal, Paul. 1974. *On Raising*. Cambridge, Mass. : MIT Press.

Quicoli, Carlos. 1976. Conditions on Clitic Movement in Portuguese. *Linguistic Analysis* 2, p. 199-223.

Radford, Andrew. 1981. *Transformational Syntax : A Student's Guide to Chomsky's Extended Standard Theory*. Cambridge University Press.

Radford, Andrew. 1988. *Transformational Grammar : A First Course*. Cambridge : Cambridge University Press.

Radford, Andrew. 1997. *Syntax : A Minimalist Introduction*. Cambridge : Cambridge University Press.

Riegel, Martin, Jean-Christophe Pellat et René Rioul. 1994. *Grammaire méthodique du français*. Paris : Presses Universitaires de France, collection « Linguistique nouvelle ».

Riemsdijk, Henk van et Edwin Williams. 1986. *Introduction to the Theory of Grammar*. Cambridge, Mass. : MIT Press.

Rizzi, Luigi. 1978. Violations of the Wh-Island Constraint in Italian and the Subjacency Condition. Dans Colette Dubuisson, David Lightfoot et Yves-Charles Morin (réd.), *Recherches linguistiques à Montréal* 11. Réédité dans Rizzi (1982).

Rizzi, Luigi. 1982. *Issues in Italian Syntax*. Dordrecht : Foris Publications.

Rizzi, Luigi. 1997. On the Fine Structure of the Left Periphery. Dans Liliane Haegeman (réd.), *Elements of Grammar*. Dordrecht : Kluwer, p. 281-337.

Roberge, Yves. 1990. *The Syntactic Recoverability of Null Arguments*. Montréal : McGill-Queen's University Press.

Roberge, Yves et Marie-Thérèse Vinet. 1989. *La variation dialectale en grammaire universelle*. Montréal : Presses de l'Université de Montréal.

Rochette, Anne. 1988. *Semantic and Syntactic Aspects of Romance Sentential Complementation*. Thèse de doctorat, Massachusetts Institute of Technology.

Rochette, Anne. 1991. La structure d'arguments et les propriétés distributionnelles des adverbes. *Revue québécoise de linguistique* 20:1, p. 55-75.

Rooryck, Johan. 1988. Critères formels pour le datif non lexical en français. *Studia Neophilologica* 60, p. 97-107.

Rooryck, Johan. 1990. Montée et contrôle : une nouvelle analyse. *Le Français moderne* 58:1-2.

Rooryck, Johan. 1992. On the Distinction between Raising and Control. Dans Paul Hirschbühler et Konrad Koerner (réd.), *Romance Languages and Modern Linguistic Theory*. Amsterdam : Benjamins, p. 225-250.

Ross, John Robert. 1967. *Constraints on Variables in Syntax*. Thèse de doctorat. Massachusetts Institute of Technology.

Rouveret, Alain. 1987. Présentation et postcript. Dans Noam Chomsky, *La nouvelle syntaxe*. Paris : Seuil, p. 7-73 et p. 205-364.

Ruwet, Nicolas. 1968. *Introduction à la grammaire générative*. Paris : Plon.

Ruwet, Nicolas. 1972. *Théorie syntaxique et syntaxe du français*. Paris : Seuil.

Ruwet, Nicolas. 1981. Linguistique et poétique : une brève introduction. *Le Français moderne* 49:1, p. 1-17.

Ruwet, Nicolas. 1983. Montée et contrôle : une question à revoir ? *Revue romane* 24, p. 17-37.

Saussure, Ferdinand de. 1906-1911. *Cours de linguistique générale*. Publié par Charles Bally et A. Sechehaye, édition critique préparée par Tullio de Mauro. Paris: Payot, 1972.

Sells, Peter. 1985. *Lectures on Contemporary Syntactic Theories*. Stanford: Center for the Study of Language Information (CSLI).

Smith, Neil et Ianthi Maria Tsimpli. 1991. Linguistic Modularity? A Case Study of a «Savant» Linguist. *Lingua* 84, p. 315-351.

Soutet, Olivier. 1992. *Études d'ancien et de moyen français*. Paris: Presses Universitaires de France.

Sportiche, Dominique. 1981. Bounding Nodes in French. *The Linguistic Review* 1:2, p. 219-246.

Sportiche, Dominique. 1996. Clitic Constructions. Dans Johan Rooryck et Laurie Zaring (réd.), *Phrase Structure and the Lexicon*. Dordrecht: Kluwer, p. 213-275.

Sportiche, Dominique.1998. *Partitions and Atoms of Clause Structure*. Londres: Routledge.

Stowell, Timothy. 1981. *Origins of Phrase Structure*. Thèse de doctorat, MIT, Cambridge, Mass.

Tellier, Christine. 1987. Predicative Quantifiers. *Cahiers linguistiques de McGill* 4:1, p. 1-41.

Tellier, Christine. 1990. Subjacency and Subject Condition Violations. *Linguistic Inquiry* 21:2, p. 306-311.

Tellier, Christine. 1991. *Licensing Theory and French Parasitic Gaps*. Dordrecht: Kluwer Academic Publishers.

Tellier, Christine. 1993. «Que» en français populaire: distribution et contraintes. *Actes du XVe congrès international des linguistes*, vol. 2. Québec: Presses de l'Université Laval, p. 377-380.

Tellier, Christine. 2001. On Some Distinctive Properties of Parasitic Gaps in French. Dans Peter Culicover et Paul Postal (réd.), *Parasitic Gaps*. Cambridge: MIT Press, p. 341-367.

Travis, Lisa De Mena. 1984. *Parameters and Effects of Word Order Variation*. Thèse de doctorat, Massachusetts Institute of Technology.

Uriagereka, Juan. 1998. *Rhyme and Reason: An Introduction to Minimalist Syntax*. Cambridge: MIT Press.

Valois, Daniel. 2000. Introduction. Dans D. Valois (réd.), «Syntaxe et acquisition du français langue maternelle», numéro spécial de la *Revue canadienne de linguistique*, vol. 45:1-2, p.1-5.

Vinet, Marie-Thérèse. 1984. La syntaxe du québécois et les emprunts à l'anglais. *Revue de l'association québécoise de linguistique* 3:3, p. 221-242.

Vinet, Marie-Thérèse. 1985. Le *Comp* des propositions infinitives non enchâssées. *Revue québécoise de linguistique (revue de l'association québécoise de linguistique)* 4:4, p. 131-143.

Walter, Henriette. 1988. *Le français dans tous les sens*. Paris: Robert Laffont.

Williams, Edwin. 1981. Argument Structure and Morphology. *The Linguistic Review* 1, p. 81-114.

Yaguello, Marina. 1981. *Alice au pays du langage. Pour comprendre la linguistique*. Paris: Seuil.

Yaguello, Marina. 1988. *Catalogue des idées reçues sur la langue*. Paris: Seuil.

Yamada, Jeni Ellen. 1990. *Laura: A Case for the Modularity of Language*. Cambridge, Mass.: MIT Press.

Index

E

F

G

H

I

J-K

L

M

N

O

P

Q-R

S

W-X-Y